主　　编：罗勇兵　江西省社会科学界联合会党组书记、主席
执行主编：刘清荣　江西省社会科学界联合会党组成员、副主席
副　主　编：姚　婷　江西省社会科学界联合会学术中心副主任
　　　　　　　刘忠林　江西省社会科学界联合会学术中心副研究员
编辑（按姓氏笔画排序）：史慧芳　刘　倩　曹高明

智汇

2022

江西省情调研成果选编

主　　编　罗勇兵
执行主编　刘清荣
副 主 编　姚　婷　刘忠林

图书在版编目(CIP)数据

智汇.2022江西省情调研成果选编/罗勇兵主编.--南昌:江西人民出版社,2023.9
ISBN 978-7-210-14864-7

Ⅰ.①智… Ⅱ.①罗… Ⅲ.①区域经济发展－研究成果－汇编－江西－2022 ②社会发展－研究成果－汇编－江西－2022 Ⅳ.①F127.56

中国国家版本馆CIP数据核字(2023)第182498号

智汇:2022江西省情调研成果选编 罗勇兵 主编
ZHIHUI: 2022 JIANGXI SHENGQING DIAOYAN CHENGGUO XUANBIAN

责 任 编 辑:吴艺文
装 帧 设 计:章 雷

出版发行

| 地 址:江西省南昌市三经路47号附1号(330006)
| 网 址:www.jxpph.com
| 电 子 信 箱:wuyiwen008@126.com
| 编辑部电话:0791-86898470
| 发行部电话:0791-86898893
| 承 印 厂:南昌市红星印刷有限公司
| 经 销:各地新华书店

开 本:787毫米×1092毫米 1/16
印 张:16.25
字 数:231千字
版 次:2023年9月第1版
印 次:2023年9月第1次印刷
书 号:ISBN 978-7-210-14864-7
定 价:68.00元
赣版权登字-01-2023-463

版权所有 侵权必究
赣人版图书凡属印刷、装订错误,请随时与江西人民出版社联系调换。
服务电话:0791-86898820

前 言

当今世界百年未有之大变局加速演进,当代中国正经历着历史上最为广泛而深刻的社会变革。问题是时代的声音,习近平总书记号召广大哲学社会科学工作者积极为党和人民述学立论、建言献策,担负起历史赋予的光荣使命。

2022年,在江西省委省政府的正确领导下,江西省社会科学界联合会充分发挥自身优势,组织引导省情研究特聘专家聚焦全省经济社会发展重点、热点问题,深入基层一线调查研究真问题、分析提出真对策,及时将调研成果转化为工作思路和具体举措,推出了一批高质量、有影响的省情调研报告,得到省领导肯定性批示和有关部门的采纳和应用。编者从众多优秀的成果中精选了29篇,编辑成册、结集出版。收录的调研报告,共获得省级以上领导肯定性批示45人次,按内容分为双"一号工程"、改革创新、农业农村、文化教育、社会民生五个部分,直观地展示了2022年省情研究特聘专家坚持以习近平新时代中国特色社会主义思想为指导,深入学习贯彻党的二十大精神,紧跟中央和省委决策部署,努力为全省经济社会高质量发展建言献策的智慧结晶。

昂首奋进新征程，接续奋斗再出发。江西省社会科学界联合会将进一步团结带领全省社科界专家学者围绕中心、服务大局，深入基层一线开展调查研究，大力弘扬寻乌调查唯实求真精神，用足用好"深、实、细、准、效"五字诀，推出更接地气、更高质量、更具实效的研究成果，为奋力谱写中国式现代化的江西篇章提供理论支撑和智力支持。

目 录

双"一号工程"

003　加快江西工业数字化转型升级的对策建议——基于昌鹰饶抚四个省级数创区的跟踪调研与思考
…………………………………… 省社联省情调研课题组

011　开展营商环境品牌跟踪研究　全力打响江西营商环境品牌…………………………………… 省社联省情调研课题组

024　江西省数字经济发展背景下民营企业数字化转型形势、难点与建议…………… 叶国良　胡欢　万骁　余佳

032　关于江西中小型制造业企业数字化转型的对策建议
………………… 甘卫华　桂夏芸　李卓群　李春芝　赵小晶

040　解决营商环境"一号改革工程"堵点难点　推动江西省民营企业融入新发展格局……………………… 刘飞仁

048　关于赣州市打造新时代"第一等"营商环境的建议
………………………………… 胡建华　黄彦菲　赖彦如

改革创新

055 加快推进井冈山国家农高区升建的若干建议
　　……………………………………………………省社联省情调研课题组

064 优化江西省生态产品价值实现路径的对策建议
　　……………………………………………………省社联省情调研课题组

071 江西推动低空经济高质量发展对策建议
　　……………………………………………………省社联省情调研课题组

082 抢抓全球稀土格局剧变机遇　全面提升江西省稀土全产业链竞争力……………………………………省社联省情调研课题组

090 关于进一步加强江西省国资监管、深化国资国企改革创新的建议…………程月明　于海燕　林楚轩　谢洁　陈春容

099 RCEP生效实施对江西外贸的影响及对策
　　………………………………………………江西省社会科学院课题组

110 推动江西工业经济高质量发展策略建议
　　………………………………………………陈春林　邹慧　卢翔宇

119 推进"跨链、集链、融链"　打造"链长制"升级版
　　…………………………………………………………省委党校课题组

农业农村

127 江西乡村人才振兴的困境及对策建议
　　……………………………………………………………李小红　曹高明

| 137 | 江西省民营资本参与乡村产业振兴的现状、问题与对策建议……………廖文梅 乐志为 王佳伟 王智鹏 吴芝花 |

| 145 | 江西省推进数字乡村试点实践探索、现实挑战及对策建议——基于4个国家数字乡村试点的调研……………………………………………………郑瑞强 李剑富 张宜红 |

| 153 | 借力传统年俗 助推乡村产业振兴——基于黄元米果产业的调查与思考……………刘忠林 史慧芳 刘倩 |

| 159 | 破解江西省油茶产业高质量发展"五矛盾"和"五瓶颈"的思考与建议………………………章敏 邓敏惠 |

文化教育

| 171 | 把梅岭建设成为国家级旅游度假区的思考与建议………………………………………黄细嘉 惠荣 熊志翔 谢珈 |

| 178 | 把南昌打造成江西省文化产业发展新高地………赵坤 陈灵燕 李茜 鲁远 宗妍 刘敏 周云 姜鹰骏 |

| 185 | 以武昌首义文化为借鉴 打造南昌"第一枪"品牌赋能南昌新发展的建议 程宇昌 邱小剑 徐亮 陈付龙 吴晓丽 |

| 193 | 江西省人才引进中存在的问题及对策建议………………………………………………龚剑飞 盛方富 谭若愚 |

| 201 | 加快推进江西省高职教育提质创优的对策研究……………………………熊花 段为松 欧阳锦 况小春 |

社会民生

213 | 江西社会治理智能化现状与提升对策…………鲍韵

224 | 当前江西城市功能与品质提升中存在的问题与思考
………………………………………………余达锦

232 | 江西推动共同富裕的基础分析——打造"富裕江西"专题研究之一…………………张启良 陈全才

242 | 加快城乡融合发展 扎实推动共同富裕——来自鹰潭的调查………盛方富 项志成 朱羚 刘东 杨鹏 李清

248 | 江西省推进紧密型县域医共体改革的调查与建议
………………………………王立元 章德林 万晓文

双『一号工程』

加快江西工业数字化转型升级的对策建议
——基于昌鹰饶抚四个省级数创区的跟踪调研与思考

□ 省社联省情调研课题组

摘要：数据是工业数字化转型的核心生产要素，工业数字化过程的本质是数据价值释放过程。南昌、鹰潭、上饶、抚州入选江西省首批数字经济创新发展试验区（以下简称"数创区"）以来，四个省级数创区通过抢先布局新基建、搭建工业互联网平台、建设大数据中心、开展智能制造试点示范，实现了数据在产业链、价值链上的汇聚和流通，打造了一批数字化标杆企业，工业数字化转型取得明显成效，但也面临着数字基建失衡、数据流通不畅、数据上云不积极、数据利用率不高等突出问题。为此，报告提出几点建议：一是优化升级数字基础设施，推进云网算网协同发展；二是加强数字化工作的组织领导，形成工业数字化发展合力；三是降低数字化成本，提高中小企业转型积极性；四是提高要素保障能力，促进数据要素的高效利用。

数据是工业数字化转型的核心生产要素，工业数字化过程的本质是数据价值释放过程。中共江西省委、江西省人民政府《关于深入推进数字经济做优做强"一号发展工程"的意见》明确指出要打造产业数字化转型先行区。南昌、鹰潭、上饶、抚州作为江西省首批省级数字经济创新发展试验区（以下简称"四个省级数创区"），在工业数字化转型方面进行了大量有益探索。课题组以"数据赋能"为主题，先后赴四个省级数创区开展实地调研，并提出加速推进全省工业数字化转型的对策建议。

一、四个省级数创区工业数字化转型的探索和成效

近年来,四个省级数创区通过抢先布局新基建、搭建工业互联网平台、建设大数据中心、开展智能制造试点示范,实现了数据在产业链、价值链上的汇聚和流通,打造了一批数字化标杆企业,工业数字化转型取得明显成效。

(一)数字基建环节:新型信息基础设施加速布局

截至2022年6月底,四个省级数创区总计开通5G基站31020个,占全省5G基站开通总数的41%。其中,南昌累计开通5G基站15364个,实现乡级行政区5G网络全开通;IPv6完成385家属地网站升级改造,改造完成率位居全省首位。鹰潭累计开通5G基站2757个,实现城乡区域和重要功能区5G网络全覆盖,拥有物联网终端接入数20万个,人均网络基础设施存量居全省第一。上饶累计开通5G基站8522个,规模居全省第三,已实现全市城区、重点园区5G网络连续覆盖。抚州累计开通5G基站4377个,上半年全市电信业务总量累计达到12.4亿元,同比增幅达到30.38%,排名全省第四。

(二)数据采集环节:"5G+工业互联网"扎实推进

四个省级数创区以工业互联网平台建设为抓手,全面推进企业数据上云。工业互联网标识解析体系加快完善。四个省级数创区共建成工业互联网标识解析二级节点6个(全省共11个),江西联通、江西移动和信通院江西研究院等3个综合型二级节点在南昌成功上线,南昌国家互联网骨干直联点项目建成并试运行,鹰潭、上饶分别建成有色金属冶炼及压延加工业、光伏设备及元器件制造二级节点,抚州建成"高新数发"综合二级节点。"万企上云"加快推进。截至2022年6月底,全省累计上云企业143327家,其中,南昌27208家、鹰潭5448家、上饶13371家、抚州8205家。工业互联网平台普及率不断提升。截至6月底,四个省级数创区5G+工业互联网项目数分别为20个、8个、62个和13个;工业互联网普及率分别为14.92%、10.10%、13.69%和12.52%。

（三）数据解析环节：大数据分析能力日益增强

四个省级数创区均已建成大数据中心，云服务能力不断提升。如，南昌陆续建成中国移动大数据中心、中国联通智·云数据中心等一批数据中心并投入使用；鹰潭建成华为（江西）物联网云计算创新中心，并成立鹰潭市大数据中心；上饶与华为公司签署云计算战略合作协议，合作建设华为江西云数据中心，作为华为在江西唯一省级云数据中心节点；抚州积极推进卓朗云计算数据中心建设，旨在打造成为华中地区最大的云计算数据中心。截至6月底，南昌接入标识解析二级节点企业达480家，累计注册量4374万，累积解析量4.86亿次，均列全省第一。鹰潭累计接入企业数85家，累计注册量1035万，累积解析量49万次。上饶累计接入企业数164家，累计注册量1579万，累积解析量1.9亿次。抚州累计接入企业数209家，累计注册量477万，累积解析量146万次。

（四）数据应用环节：数据赋能工业升级提速

四个省级数创区持续实施智能制造升级工程，推动"5G+智慧工厂"示范建设，打造一批智能工厂和数字化车间。2021年，南昌市规模以上工业企业关键工序数控化率达45%，数字化车间/智能工厂普及率达15%，高新区、经开区、小蓝经开区被评为省级智能制造基地，江中药业、洪都航空、欧菲光、煌上煌等4家企业获评工信部智能制造综合标准化与新模式应用项目，27个项目获得省级智能制造试点示范项目支持。鹰潭建成升级版智能工厂、数字车间10家，完成24家铜企业智能化改造，省级以上"两化融合"企业达到24家，江铜"铜冶炼智能工厂"成功入选国家工业互联网平台领航案例；8家企业列入国家和省级试点示范智能改造企业，江西鑫铂瑞科技有限公司获"5G+工业互联网"应用示范工厂，江西华尔达线缆股份有限公司获江西省首批"5G+工业互联网"示范企业等；鹰潭高新区获省级两化融合示范区、"5G+工业互联网"应用示范区。上饶成功争创国家级智能制造试点示范项目2个、省级两化融合示范区4个，省级智能制造试点示范项目13个，省级两化融合示范企业 34 家,5 家企业入选全省"5G+工业互联网"示范工厂及场景。上饶晶科能源融合应用新模式入选国家级试点示范,上饶经济技术开发区的车联网身份认证和安全信任试点项目获批国家试点。抚州建成了一批高质量"5G+"应用场景项目,培育省级"两化"融合示范企业 33 家,抚州高新区和崇仁工业园区获批省级两化深度融合示范园区。

二、当前江西省工业数字化转型面临的主要问题

通过对四个省级数创区的调研,课题组发现江西在推进工业数字化转型取得积极成效的同时,也面临数字基建失衡、数据流通不畅、数据上云不积极、数据利用率不高等突出问题。

(一)数字基建失衡:数字化基础设施结构性短缺

经调研,当前江西省数字新基建整体推进力度较大,但是支撑工业数字化转型中的数字化基础设施仍存在结构性短缺问题,产业上下游产业链融合应用的设施不齐全、政府投资与社会资本多元共建的市场机制尚未形成等问题仍然存在,上饶经开区反映目前社会资本还无法介入新基建领域的专项债项目。适合铜加工、航空制造、锂电新材料、有色金属、陶瓷等区域重点产业发展的通用型数字化转型工具及解决方案供给不足。

(二)数据流通不畅:数据共享共用机制有待完善

经调研,全省各地在推进工业数字化转型的部门协作机制仍不健全。作为市级数字经济牵头部门的市发改部门缺乏专门的干部队伍和专业背景,工信系统的业务范围无法覆盖数字经济的整体产业领域,科技和大数据部门虽有专业能力但无法协调统筹其他部门工作,"九龙治水""多头管理"问题比较突出。部门间和平台间信息系统共享服务的横纵向协同不足,数据共享平台建设、异构数据库集成和数据质量控制等技术支持能力有待提高。数据产

权配置不清制约数据高效共享交换。工业企业数据具有产权属性，数据的产权配置不清既妨碍了政府数据开放共享，也影响到企业间、政企间的数据交换，产权配置不清意味着难以有效界定各数据主体的权益和对应的责任。

（三）数据上云不积极：中小企业数字化转型缓慢

经调研，江西省中小工业企业普遍存在满足现状"不想转"、缺乏能力"不会转"、成本偏高"不能转"、担心数据泄露"不敢转"等问题。华为公司江西区域负责人反映，一次性投入几百上千万资金进行数字化改造，对于中小企业压力过大。当前针对本地企业工业数字化转型设立的专项资金还比较少，如抚州和上饶建立的大量数据中心用电用能成本较高，针对用能成本的政策支持和数字金融服务创新还比较匮乏，中小企业信贷可获得性还远远不够，难以形成完善的产业数字化金融支撑体系。同时，有的企业担心数据被云服务提供商偷窥或利用，影响企业的正常运行和生存。如某铜企业反映，工厂的铜材生产线经过数字化改造后，生产数据每隔5分钟将自动报送至市大数据中心，而通过报送数据能间接测算出其加工参数和技术工艺，导致企业核心商业机密存在泄漏风险。

（四）数据利用率不高：产业仍处在数字化初级阶段

经调研，部分企业对于产业数字化的认识不足，多数企业仍停留在信息化初级阶段。目前，江西省上云企业已经突破14万家，已收集了相当规模的工业企业数据。但经现场调研，只有部分大型企业通过对数据的挖掘利用，实现了从信息化到数字化再到智能化的升级，大多数企业数据只是完成了上传云端的过程，数据作为生产要素的价值并未在产业数字化升级中实现释放。此外，各地对数据中心建设均进行了超前规划，但也带来了一定的"后遗症"，机房闲置率高、算力相对过剩等问题凸显。如，抚州的卓朗云计算数据中心建设进度缓慢，仅完成一期600个标准机柜，离1.07万个机柜目标相差甚远，部分地块被迫改作商业地产项目，明显偏离产业发展初衷。

三、加速推进江西省工业数字化转型升级的对策建议

抢抓数字化革命机遇，进一步挖掘数据潜能、用好数据要素、释放数据红利，加速推进江西工业数字化转型，打造全国数字经济发展新高地。

（一）优化升级数字基础设施，推进云网算网协同发展

一是优化数据中心空间布局。全面融入国家"算力"网布局，主动对接"东数西算"工程，推动全省数据中心空间集聚、绿色发展、协同联动，积极打造区域性和行业性的云计算中心、大数据中心，形成以南昌为核心，九江、上饶、赣州、宜春为补充，抚州、鹰潭为备份的"一核四副两备"数据中心空间布局。二是完善多层次的工业互联网平台体系。培育一批跨行业跨领域的综合型平台，同时立足航空、电子信息、中医药、装备制造、新能源、新材料等产业特点和差异化需求，建设面向重点行业的特色型工业互联网平台，支持发展面向特定技术领域的专业型工业互联网平台，引进、培育一批全国领先的数字化解决方案供应商，推动低成本、模块化的设备和系统部署应用。三是强化工业大数据汇聚共享。推进江西工业大数据融合平台云平台资源扩容升级，支持重点企业研制工业数控系统，引导工业设备企业开放数据接口，实现数据全面采集。鼓励"链主"企业建设数据汇聚平台，带动产业链上下游企业开展协同设计和协同供应链管理，实现多源异构数据的融合和汇聚。加快国家工业互联网大数据中心江西分中心建设，推进与智慧园区、智能制造等平台数据共享，提升数据资源管理能力。

（二）加强数字化工作的组织领导，形成工业数字化发展合力

一是强化部门协作。在省工业强省建设工作领导小组、省数字经济发展领导小组的统筹协调下，由各级发改部门负责培育建立数据要素市场，完善数据要素市场化配置机制；由各级工信部门负责各地区工业数据开发利用工作，以及工业数字化转型具体实施、协调推进工作。借鉴广东试点经验，探索建立我省各级政府首席数据官制度，强化数据跨部门、跨层级、跨领域统

筹协同机制。借鉴粤港澳大湾区经验，加强数字孪生技术的普及，分属不同行政部门的监管权责、监测数据在统一平台上汇聚，推动工业数字化转型跨层级、跨部门协同。二是加大领导干部数字素养培训力度。要把提高领导干部数字治理能力作为各级党校（行政学院）的重要教学培训内容，研究制定领导干部和公务员数字素养与技能培训基本大纲，以实训教学基地为平台，形成完善的培训体系，增强各级领导干部的数据化意识和专业认识。三是完善工业数据安全管理体系。各级党委（党组）对本地区工业数据安全工作负主体责任；各地工业和信息化主管部门在职责范围内负责本地区工业数据安全监管；工业和电信数据处理者应当对数据处理活动负直接责任，按照《数据安全法》等法律法规要求切实履行责任和义务，建立涵盖设备安全、控制安全、网络安全、平台安全和数据安全的多层次安全保障体系。

（三）降低数字化成本，提高中小企业转型积极性

一是降低企业上云费用。按照"平台降一点，政府补一点，企业出一点"的原则降低企业上云负担，通过发放"云使用券"等方式补贴工业企业上云用云费用。同时积极探索企业免费上云模式，如：支持云服务商免费提供计算资源、储存资源、安全防护等基础设施类"云服务"，对购买数据库、物联网、软件开发等平台系统类，以及研发设计、生产管理、财务管理等业务应用类"云服务"的企业，可按一定比例对相关费用进行补助，进一步降低企业上云门槛。二是降低综合用电成本。建议借鉴《山东省支持数字经济发展的意见》，对符合条件的各类数据中心、灾备中心、超算中心、通信基站等执行工商业及其他电价中的两部制电价，根据实际用电量和产业带动作用，分级分档给予支持。对于采用蓄能设备的5G基站，进一步降低低谷时段用电价格；对具备转供电条件的基站，纳入直接供电改造计划优先改造。开通数字技术企业电力接入绿色通道，优先保障数字经济园区、企业和各类基础设施的电力接入。三是深化工业数据融合应用。大力促进数据全过程应用，支持"黑灯工厂"建设，引导企业用好各业务环节的数据。结合我省产业实际，重点围绕电子信息、有色金属、装备制造、生物医药、纺织、航空等产业开展工业大数据

应用试点示范，总结推广应用典型案例，提升工业企业数据应用水平。

（四）提高要素保障能力，促进数据要素的高效利用

一是加强数字人才引进和培育。总结和推广江西师范大学数字产业学院（上饶）的校企合作模式，充分借力本省高校师资力量培养本土数字化人才。以高端研发机构为载体引育高水平数字人才，重点引进服务于数字化操作的技工型人才和管理人才。比如东华理工大学与抚州的誉鸿锦公司合作开展的本、硕人才联合培养"定制班"等模式，加快形成数字人才与数字研发机构同步引育的新生态。二是整合工业数字化转型资金支持体系。加快疏通各业务条线在推进工业数字化转型的政策"堵点"，统筹两化融合、中小企业发展、能源结构调整、大数据发展、高新技术产业投资等专项资金，以及新型工业化、新动能产业发展基金等资金，高效整合针对江西产业发展特点的数字新基建，形成"有奖有补、奖补结合"的工业数字化转型政策支持体系。三是构建工业数据应用生态。强化省内大数据企业、平台服务商、工业企业、科研院所与国家级研究机构的合作，培育和发展一批优秀的工业大数据应用和解决方案供应商；发挥我省大数据领域专家和省大数据协会作用，持续开展"大数据企业专家行"活动，为省内相关企业开展数据应用提供咨询服务。

本文系省社科基金重点项目"江西数字经济发展跟踪研究——以四个试验区为例"（22SQ02）研究成果。

课题组组长：
郭金丰　省委党校教授
课题组成员：
花　晨　省委党校助理研究员、省情研究特聘专家
曾　光　省委党校副研究员、省情研究特聘专家
杨和平　省委党校助理研究员
张　扬　省委党校讲师
余　漫　省委党校助理研究员

开展营商环境品牌跟踪研究　全力打响江西营商环境品牌

□省社联省情调研课题组

摘要：党的二十大报告再次强调，"营造市场化、法治化、国际化一流营商环境"。长期以来，江西省认真贯彻落实党中央、国务院关于优化营商环境的决策部署，将优化营商环境作为"一号改革工程"。课题组选取上饶、抚州、景德镇3个具有代表性的营商环境样本区，开展为期3年的蹲点跟踪研究。从现实逻辑和企业视角出发，归纳市域发展特征和品牌打造举措，深挖营商环境存在的现实瓶颈和深层次矛盾，立足营商环境工作面临的新形势与现实挑战，提出推动企业办事从"反复求"向"主动帮"优化、促进政策落地由"执法官"向"帮扶员"转变、实现办事平台由"面对面"向"背靠背"升级、推动惠企服务由"统一式"向"定制式"提升、推动产业生态由"分散式"向"集成式"改革等5个方面举措。

党的二十大报告再次强调，"营造市场化、法治化、国际化一流营商环境"。长期以来，江西省认真贯彻落实党中央、国务院关于优化营商环境的决策部署，将优化营商环境作为"一号改革工程"。通过选取3个具有代表性的营商环境样本区，开展为期3年的跟踪研究，以点见面，深入挖掘江西省营商环境品牌建设瓶颈问题。梳理样本区优化营商环境典型案例，系统总结适用于全省推广的经验做法，并基于江西实践，探索江西优化营商环境工作的突破点。

一、跟踪样本区营商环境建设情况

基于2020—2021年营商环境企业评价数据和各设区市特色,选择3个比较有代表性的地区作为样本区。其中,景德镇以瓷为媒,是国际瓷都,最具国际性,将其划分为潜力区(排名进步潜力大)。上饶毗邻浙江,商业氛围浓,最具参照性;抚州产业新城,是全省首批数字经济创新发展试验区,最具爆发性,将上饶、抚州划分为波动区(排名变化幅度大)。前往样本区14个县(市、区)开展蹲点调研,共召开企业座谈会14场,访问企业200余家。同时,发放2022年营商环境企业评价问卷,回收问卷10072份,结合前2年问卷结果,总结样本区近3年营商环境企业评价情况(见图1-1),并根据2022年上半年经济绩效数据,计算得出营商环境品牌指标得分(见表1-1)。

(一)跟踪样本区近3年营商环境企业评价情况

从评价变化趋势看。样本区企业评价得分均逐年提升,表明样本区营商环境持续向好,展现出江西营商环境逐年优化态势,企业满意度和获得感稳步提升。其中,抚州进步最为明显,2年间,得分提高了12.17分;其次是景德镇,提高了9.361分。

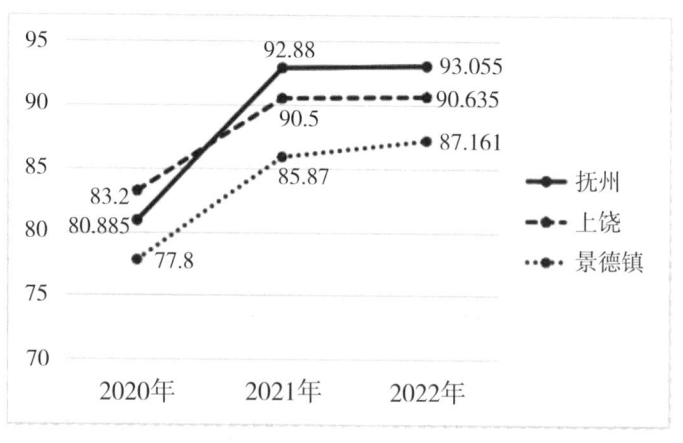

图1-1 2020—2022年江西省营商环境企业评价变化趋势图

（二）跟踪样本区 2022 年营商环境品牌指标得分情况

从营商环境经济绩效指标体系看，各地区得分差异化分布，"波动区"得分总体上高于"潜力区"，抚州表现最好。结合企业评价和经济绩效指标体系得出营商环境品牌指标，从综合情况看，抚州最高，上饶次之。从子环境情况看，抚州市场环境和人文环境得分最高；上饶政务环境得分最高；景德镇法治环境得分最高。

表 1-1　2022 年江西省营商环境品牌指标得分

一级指标	营商环境企业评价指标体系得分			营商环境经济绩效指标体系得分			营商环境品牌指标得分		
	上饶	景德镇	抚州	上饶	景德镇	抚州	上饶	景德镇	抚州
市场环境	93.433	88.184	95.026	87.206	64.335	93.574	90.942	78.644	94.445
法治环境	86.478	85.416	92.353	71.415	98.293	78.567	80.453	90.567	86.839
政务环境	91.553	88.003	92.083	84.022	75.591	82.938	88.541	83.038	88.425
人文环境	91.087	86.640	92.933	71.285	80.151	78.750	83.166	84.044	87.260
总分	90.635	87.161	93.055	79.909	77.667	84.417	86.344	83.363	89.600

注：①因样本区 2020—2021 年经济绩效指标缺失，故只能得出样本区 2022 年营商环境品牌指标得分；②综合 2022 年企业评价指标体系（权重 0.6）和 2022 年经济绩效指标体系（权重 0.4）计算营商环境品牌指标得分。

二、跟踪样本区营商环境品牌建设经验

聚焦样本区典型做法，总结可复制、可推广经验做法，得出适用于江西营商环境优化的"江西方案"。

（一）以精准举措为抓手，打通市场环境"中梗阻"

市场环境品牌中，"获得电力""获得用水用气"指标提升显著。上饶获得电力指标95.879分，抚州获得用水用气指标97.112分（见附件2，后同）。一是多点发力，聚焦办事多个"一"。抚州组建重点企业用电服务小分队开展"一对一服务"；上饶推进通水"117"服务模式。二是精准服务，建设服务市场主体标杆。上饶成立专门劳务中介专项整治行动领导小组，开展专项整治行动。三是创新模式，推进政务服务便利化。抚州创新开发远程异地评标系统后，开启公共资源"线上交易"新模式。

（二）以温情执法为突破，根除法治环境"大顽疾"

法治环境品牌中，"劳动力市场监管""市场监管"指标提升显著。抚州劳动力市场监管指标92.915分，景德镇市场监管指标89.847分。一是建立容错机制。抚州建立首次轻微违法经营行为容错机制，并将免罚清单制度融入法治政府示范创建工作。二是组建团队开展多元调解。南丰打造"和事佬"工作室，组建"人民调解专家库"。三是探索"智慧"监管。景德镇中院研发审判管理可视平台，实现监管全覆盖；抚州建立企业信用信息大数据综合平台，为监管部门提供数据支撑。

（三）以集成改革为切口，治理政务环境"庸懒散"

政务环境品牌中，"办理建筑许可""登记财产""政府采购"指标提升显著。抚州登记财产、办理建筑许可指标分别为95.761分、94.704分，上饶政府采购指标90.852分。一是推行"一门式""一件事"政务服务。上饶重塑实体政务大厅，5千平米以上智能化政务大厅达到10个；抚州创新打造企业生命周期"一件事"服务平台。二是建立部门联动机制。上饶"人生十件事"联办改革入选"2021年度江西省全面深化改革十佳案例"。三是创建集成服务平台。抚州在全省率先上线不动产登记集成服务平台，办件时间最快压缩至1个工作日。

（四）以政策落实为要点，杜绝人文环境"假大空"

人文环境品牌中，"知识产权创造、保护和运用""包容普惠创新""政府政策与落实"指标提升显著。抚州政府政策与落实指标92.068分，上饶包容普惠创新指标90.743分，景德镇知识产权创造、保护和运用指标87.022分。一是实行"一事一议"对接帮扶。上饶、景德镇深入推进产业链链长制，2021年上饶有效解决301个问题，截至2022年7月景德镇减免登记办证费用334.909万元。二是加强知识产权保护，培育高价值专利。2021年抚州以优秀等次通过国家知识产权试点城市验收。三是消除从业者后顾之忧。2021年年底上饶解决子女入学5888人；景德镇规定新业态从业人员因工受伤最高可享50万元伤亡补助。

三、营商环境品牌建设瓶颈问题

立足江西营商环境工作面临的新形势与现实挑战，重点聚焦国际化、法治化、便利化三个维度，深度分析江西营商环境优化升级过程中的深层次矛盾。

（一）市场环境瓶颈：生存发展空间较为局限，企业易受"资源困扰"

一是民企竞争加剧。市场不断饱和，低门槛领域竞争持续加剧，民企在要素资源、市场开拓等方面容易陷入恶性竞争。二是资源供给服务待提升。以用能供给为例，有个别企业反映，现在政府部门办事人员态度大为改善，但部分资源供给型企业还存在"事难办"的官僚作风。他们新引进生产线需要通燃气，处理时间过长，至今未解决。三是本土民营企业较新招商企业更不易享政策红利。本地政府更看重"外引"，缺乏"内培"关怀，让一些企业难免产生"不如换个地方发展"的"放弃式"想法。

（二）法治环境瓶颈：监管执法水平较为老旧，企业经常"有苦难言"

一是部分基层执法缺乏依据。有些司法判决因缺少明确法律条文作为依据,导致存在一定执法空间,企业只能"各凭本事"争取"宽容处理"。二是个别任性执法成顽疾。有些执法部门罚款裁量权较大、寻租空间广,如有企业反映,超载罚款动辄五万元,找关系降至五千元,某些外聘执法人员演变成靠"执法业绩"补收入。三是有些监管水平偏低偏旧。部分行政执法还不够规范,个别地方和部门还存在多头执法、重复执法等问题;监管方式不够创新,对企业的信用分级分类监管机制尚未形成,"互联网+监管"推广力度不大。

（三）政务环境瓶颈：政策制定落实存在背离，企业难享"政府红利"

一是部分政策制定前瞻性、灵活性不足。如某企业反映,2019年起经营数字化茶厂,至今仍无相关指引政策,企业期盼能与政府携手成长。二是审批改革未完全到位,效率有待提高。如企业反映,商标注册、专利申报、不动产权证办理审批时间长,湖南、湖北专利申请审批4~8个月,我省却需要13~14个月。三是数字化服务水平不强。省内办事大厅网办自助交件、自助取件服务模式尚未全部推广;有的数字平台流于形式、含金量较低,如某地斥资千万搭建县级优化营商环境大数据综合服务平台,仅能用于数据展示,无法打通跨部门数据共享。

（四）人文环境瓶颈：创业环境氛围不够浓厚，企业难投"创新热情"

一是所有制歧视尚未消除。社会面"商文化"氛围不浓、"学而优则仕"观念较重,青年创业主动性不强。二是解决企业疑难杂症手段还不够有力。企业反映,参加各类企业座谈会,企业问题解决的时效性还不够快,会后开展专项整治,处理专项问题的渠道还不够畅通。三是有关部门思想偏保守,缺乏创新思维。个别干部对执法或约束性政策"走上限",对宽容性政策"走下限",外出招商习惯"出差式"对接,基层干部熟练掌握项目、融资、市场化运作实操的不多。

四、全力打响江西营商环境品牌努力方向及对策建议

针对调研发现的营商环境面上问题和深层次矛盾,对标企业美好期待和国内外一流先进地区做法,提出凝心聚力打响江西营商环境品牌、激发市场主体活力和社会创造力的思路和重点举措。

（一）摒弃局外思想,推动企业办事从"反复求"向"主动帮"优化

一是推动对接机制由"政府思维"向"企业视角"转变。在政务服务大厅推广设立"中小企业专办窗口",提供中小企业优质服务;建立一流企业帮扶工作机制,提供企业全生命周期保姆式服务,例如,推广招商项目"三帮三促"帮扶工作做法,确保企业项目100%落地;打造助企服务直播间,通过"直播带政策"为企业提供贴心服务。二是推动问题解决由"店长式"向"店小二式"转变。在企业突发性、历史遗留性、行业瓶颈性问题上再发力,定期召开行业集中度高的小型政企座谈会,分行业、分规模精准解决问题;推广设立为企服务"办不成事"反映窗口,建立"办不成事"收集登记、分类转办、跟踪处理、及时反馈等环节于一体的运行机制。三是推动营商环境评价由"监控式"向"匿名式"转变。推广智慧监测评估,不断提高营商环境评估客观科学性,如,依托全省营商环境监测评价系统和营商全媒体平台,创新增加市县部门评价、银行评价等"匿名式"评价方式,将评价结果同部门考核、绩效评价挂钩。

（二）突破惯性思维,促进政策落地由"执法官"向"帮扶员"转变

一是加大"送政策""问需求"力度,实现惠企政策"不来即享"。在"惠企通"上对范围确定、依据充分、事实清楚、非竞争性奖补政策项目,采取"免申即享""应享尽享""早享快享"方式兑现;强化对中小微企业、个体工商户政策宣传支持力度,及时掌握辖区内各类企业对政策落实落细的"所思所想、所困所惑"。二是细化执法监管方式,探索人才队伍管理模式。安排执法监督员,

重点监督基层执法人员工资来源、执法规范性等，严厉打击利用"执法业绩"充当收入行为，坚决杜绝"任性执法"。

（三）跨越数字障碍，实现办事平台由"面对面"向"背靠背"升级

一是搭建智慧宣传平台。发挥"惠企通"作用，配备专业政策线上解读客服，增加政策兑现24小时线上咨询渠道，让企业足不出户享受服务。二是提升实体大厅智慧化水平。加快建设营商环境态势监控分析大脑，联通线上线下企业诉求直达通道、开发建设"一表制"智慧系统、汇聚窗口涉企服务关键信息等做法，通过数据赋能对营商环境问题辨证施治。三是提升线上线下和区域间协作水平。推动"一网通办"迈向"一网办好"，实现线上线下"分类办理、无缝链接"，例如，可设立"24小时自助办理区"，配备自助服务终端，实现网办自助交件、自助取件政务服务新模式。

（四）转变政府思维，推动惠企服务由"统一式"向"定制式"提升

一是分级优化，推动政策制定由"全省统一"向"百城百策"转变。鼓励各地结合地方财力，针对"用地""用工""融资""物流""用能"等制约企业发展的要素供给困境，制定务实管用的具体政策。二是精准导向，推动政策由"全面铺开"向"一企一策"转变。精准对接需求，制定政策前全面征求不同行业和规模市场主体意见，集中听取商协会意见，深入龙头企业调研重点问题，提高政策精准性。三是全面升级，推动营商环境由"硬指标提升"向"软环境优化"升级。借鉴厦门推行营商环境体验制度，建立"事项征集—问卷生成—招募体验—发现问题—组织核查—建账定责—督促整改—成效反馈—常态复查"工作运行机制。

（五）破除要素制约，推动产业生态由"分散式"向"集成式"改革

一是推动大中小企业构建稳定配套联合体。由职能部门搭建核心配套企业和主要客户企业名录，建立省内省外、市内市外产业链需求清单，推动形

成完整产业生态；搭建产业链供需平台，加强产业"链上"企业间沟通交流，帮助企业实现双向业务合作发展。二是构建"龙头＋配套"生态圈。促进中小企业与龙头企业合作，带动关联度高、协同性强的中小企业进链，打造大中小企业融通发展的活跃生态。三是以适度超前理念完善配套建设。综合考虑未来人口流动方向，立足未来我省经济进一步集聚，运用数字化技术赋能，加快完善现代化配套。

本文系江西省社会科学"十四五"（2022年）基金项目（22SQ04）研究成果。

课题组组长：

张新芝　江西省民营经济研究院院长、研究员，江西社会科学青年创新
　　　　团队带头人，省情研究特聘专家

课题组成员：

曹露菲　江西省民营经济研究院助理研究员

贾　青　江西省民营经济研究院助理研究员

刘璐瑜　江西省民营经济研究院研究实习员

肖　风　江西省民营经济研究院研究实习员

高　晟　江西省民营经济研究院研究实习员

刘飞仁　中南大学马克思主义学院讲师、副研究员

附件： 1. 江西营商环境企业评价指标体系和经济绩效指标体系
　　　　2. 2022年跟踪样本区营商环境企业评价得分情况

附件 1

江西营商环境企业评价指标体系

维度	一级指标	二级指标
总体情况	总体满意度	企业对所在地营商环境总体评价
		企业认为我市营商环境最好的 1~3 个地区
江西办事不用求人	市场环境	获得电力
		获得用水用气
		纳税
		跨境贸易
		获得信贷
江西办事依法依规	法治环境	执行合同
		劳动力市场监管
		市场监管
		办理破产
江西办事便捷高效	政务环境	开办企业与注销
		办理建筑许可
		登记财产
		政府采购
		招标投标
		政务服务
江西办事暖心爽心	人文环境	知识产权创造、保护和运用
		包容普惠创新
		保护中小投资者
		政府政策与落实

江西营商环境经济绩效指标体系

维度	子环境	指标	指标方向
江西办事不用求人	市场环境	非公有制经济增加值占 GDP 比重	正向
		非公有制经济增加值占 GDP 比重同比	正向
		非公有制经济固定资产投资增速	正向
		非公有制经济固定资产投资增速同比增长/下降	正向
		非公有制经济上缴税金同比增长	正向
		非公有制经济上缴税金占税金总额比重	正向
		非公有制经济第二产业增加值增速	正向
		非公有制经济第三产业增加值增速	正向
		非公有制经济出口创汇同比增长	正向
		2022 年以来普惠型小微企业贷款户数较年初增幅	正向
江西办事依法依规	法治环境	民商事案件平均审理天数	负向
		民商事案件结案率	正向
		破产案件平均办理周期（天）	负向
		首次执行案件结案平均用时	负向
		"双随机"监管类型数在检查实施清单总数中占比	正向
		市场主体信用风险信息户均归集数（条）	正向
		市级层面出台并实施包容审慎监管清单的行业数	正向
		在职职工养老保险参保率	正向
		根治欠薪平台问题线索回复率	正向
江西办事便捷高效	政务环境	"一照通办"改革事项占总许可事项数的比例	正向
		市级层面推行"一件事一次办"事项数	正向
		市内通办事项数（项）	正向
		2022 年以来惠企政策兑现总户数（万户）	正向
		2022 年以来惠企政策兑现额（亿元）	正向
		电子证照上线率	正向
		采购项目意向公开占比	正向
		政府采购电子卖场渗透率	正向

续表：

维度	子环境	指标	指标方向
江西办事暖心爽心	人文环境	私营企业、个体工商户户数同比增长	正向
		私营企业、个体工商户注册资金同比增长	正向
		高新技术产值增加值占规上工业增加值比重	正向
		每万人有效发明专利	正向
		新增知识产权融资质押登记金额（万元）	正向
		组织中小投资者公益性法律宣传（普法活动宣传）次数	正向
		2022年以来创业担保贷款发放金额完成全年任务比例	正向
		新增外来户籍人口迁入量（人）/占总户籍人口比例	正向

附件 2

2022 年跟踪样本区营商环境企业评价得分情况

一级指标	二级指标	上饶	抚州	景德镇
总体满意度	企业对所在地营商环境总体评价	93.706	94.824	89.254
	企业认为我市营商环境最好的1~3个地区	66.699	63.592	76.390
市场环境	获得电力	95.879	96.732	91.043
	获得用水用气	95.606	97.112	89.790
	纳税	87.630	90.009	82.309
	跨境贸易	90.857	95.508	88.939
	获得信贷	91.043	93.348	85.982
法治环境	执行合同	76.269	90.095	74.805
	劳动力市场监管	91.205	92.915	85.921
	市场监管	92.890	94.611	89.847
	办理破产	90.274	95.093	91.597
政务环境	开办企业与注销	92.608	94.605	92.608
	办理建筑许可	90.735	94.704	92.784
	登记财产	95.403	95.761	92.010
	政府采购	90.852	92.708	84.895
	招标投标	90.770	92.779	85.111
	政务服务	92.789	84.712	89.171
人文环境	知识产权创造、保护和运用	91.418	94.019	87.022
	包容普惠创新	90.743	92.711	85.381
	保护中小投资者	91.484	93.663	87.984
	政府政策与落实	90.704	92.068	86.174
营商环境企业评价指标得分		90.635	93.055	87.161

江西省数字经济发展背景下民营企业数字化转型形势、难点与建议

□叶国良　胡欢　万骁　余佳

摘要：近年来，江西省民营企业受内外部环境复杂性、严峻性、不确定性上升及国内疫情反复的影响，面临着生产要素价格上涨、订单需求下降、产业链供应链不畅等诸多困难，民营企业原有发展模式不断受到冲击，数字化转型成为民营企业应对未来生存竞争的必答题。本课题针对江西省民营企业数字化转型存在的困难和问题开展调研，发现主要存在产业链效应未有效激发、供给侧生态尚不完善、企业资源整合能力较弱、自身核心要素缺乏等困难和问题。为此，提出通过头部企业"带动转"、供给侧"保障转"、提升服务"协同转"、赋能企业"扶持转"等对策建议，供省委省政府有关部门决策参考。

民营企业数字化转型是企业适应新发展阶段、贯彻新发展理念、融入新发展格局、实现高质量发展的现实需要，也是助推数字经济做优做强、经济社会高质量跨越式发展的必然要求。为此，本报告深入调研江西省民营企业数字化转型现状和问题，对民营企业数字化转型面临的形势与难点进行系统化分析，并提出针对性的政策建议，为促进全省民营经济高质量发展、数字经济做优做强提供决策参考。

一、江西省民营企业数字化转型形势分析

近年来,江西民营企业受内外部环境复杂性、严峻性、不确定性上升及国内疫情反复的影响,面临着生产要素价格上涨、防疫成本攀升、订单需求下降、产业链供应链不畅、经营困难加大等诸多风险挑战。这些风险挑战不断冲击着民营企业原有发展模式,数字化转型成为企业应对未来生存竞争的必答题。调研发现,国内发达省市的企业数字化转型已迈向基于云架构的智能化运营(数字化转型2.0)阶段,而江西绝大部分民营企业数字化转型仍处于基于传统IT架构的信息化管理(数字化转型1.0)阶段,在产业数字化大势面前处于被动应对状态,以观望或仅在局部尝试数字化转型为主,从认知到资源能力都难以适应数字经济变革。在江西数字经济做优做强"一号发展工程"把舵定向下,民营企业亟须立足新发展格局和新发展理念寻找系统性破局之道,加快实施数字化转型。

二、江西省民营企业数字化转型难点分析

为了解江西省民营企业数字化转型的问题和困难,课题组赴省发展和改革委、省工信厅等省直有关部门和南昌、上饶、赣州等地民营企业,通过座谈会、实地走访等形式进行了专项调研,并开展了《全省民营企业数字化发展情况》问卷调查,调查覆盖全省11个设区市和赣江新区,共收回有效问卷2113份,参与调查企业的类型、规模与全省民营企业总体构成基本一致。综合调研结果,江西省民营企业数字化转型主要存在产业链效应未有效激发、供给侧生态尚不完善、民营企业聚合资源能力较弱、民营企业核心要素缺乏等困难。

难点一:产业链转型效应不足致使"不会转"

一是转型示范"灯塔"效应发挥不足。调研发现,产业链头部企业数字化转型效果较为显著,而其在产业链转型标杆示范方面存在不足。一是牵头作用发挥有限,产业链不同规模企业在融通创新、转型方案沟通中缺乏信任、

存在堵点，使得头部企业很难在技术路径、人才支持、资金使用等方面真正发挥牵头作用。另外，江西尚未出台鼓励支持头部企业"技术溢出"赋能中小微企业转型的相关政策，也影响头部企业的动力。二是江西的领军企业技术引领作用还未彰显，全省规模以上工业企业研发投入强度不到1%，只有全国平均水平的一半，有研发机构的企业仅占16%，有研发活动的企业仅占29%，排在中部省份靠后位置。

二是转型"共振"效应尚未形成。调研发现，民营企业数字化转型的重要价值之一，是实现产业链多方企业主体超越自身资源能力局限的协同协作和动态优化，放大转型的价值效益并反哺各参与方。但江西各产业内的不同规模民营企业技术和人才共享不足、跨企业协作机制和平台缺失的现象突出，企业间联动协同的摩擦系数和交易成本较大，"共振"效应尚未形成，很大程度上影响到产业链整体转型成效的实现。

难点二：供给侧生态不完善致使"不敢转"

一是数字基建难以适配企业现实需求。问卷显示，江西省目前数字基础设施建设仍处在起步阶段，支撑民营企业数字化转型仍然表现不足。当问及"我省哪些数字基础设施对企业转型支持不足"，排在前三的分别是大数据（34%）、云计算（27%）和人工智能（27%），这三个选项与江西倡导的"上云用数赋智工程"政策导向高度一致，说明政策对现状的准确把握，也反映出这些方面仍需加强。

二是数字化转型应用服务不强。问卷显示，数字应用服务方面不能较好满足企业转型，存在缺乏企业数字化转型服务平台和数字化服务商（31%）、缺乏行业级工业互联网平台（20%）、缺乏统一的数字化管理服务平台（19%）以及行业数字化标准不健全（14%）等不足。2021年，江西省上榜中国软件百强企业仅一家（中至集团），互联网百强企业仅一家（巨网科技），电子信息百强无一上榜。

难点三：民营企业聚合资源能力较弱导致"转不好"

一是企业协同创新难。调研发现，广大中小微民营企业专注于细分行业领域单一的技术创新和运用，这本身与国有或大型民营企业在创新总体和关键技术上形成了技术互补、优势共享、创新协同的关系。但因国有或大型民营企业的地位优势、规模优势和实力优势，这种数字化协同的必要性、互利性往往得不到重视，在实践中很难形成领军型企业负责创新总体和关键技术、中小企业负责细分技术，上下游联手、全产业链协同的积木式数字化转型格局。

二是部门管理较松散。调研发现，政府部门对民营企业数字化转型的管理服务相对松散宽泛，这虽便于民营企业市场化导向的自主决策，但却难以使其有效纳入政府管理数字经济大盘，也无法使其同国企一样享受举国体制下的资源配置优待，制约了民营企业数字化转型的统筹推进。例如，在政策落实方面，由于宣传、指导力度不足，部分民营企业无法快速准确获得相关数字政策信息，问卷显示，23%的企业对数字经济相关政策表示不了解，而十分了解的仅占14%。在被调研企业的主观反馈中，多数企业对相关数字政策、概念一知半解，对数字化转型表示不知从何下手。

难点四：民营企业核心要素缺乏导致"不能转"

一是数字人才短缺。问卷显示，企业（57%）认为数字人才缺乏是数字化转型面临的最主要困难。其中，最紧缺需求基础技术人才（25%），其后依次为企业复合型人才（22%）和数字化运营人才（22%）。调研发现，上规模民营企业对数字化管理人才、高端研发人才普遍需求迫切。

二是转型资金不足。问卷显示，企业传统业务利润率下降，自有资金不足，2021年经营状况不佳企业达49%，亏损企业达14%。另外，转型资金来源单一，企业主要依靠自有资金（43%）和银行贷款（35%）进行数字化转型，获得政府扶持资金的企业仅为9%，而获得各项基金的企业（3%）更是寥寥无几，目前多数地市尚未建立数字经济产业引导基金，政府在推进企业数字化转型方面也无税收优惠等方面的政策支持。

三是数字技术不强。问卷显示，企业自主研发能力不强，65%的企业数字技术是从外部获取。而江西省数字技术相关产业不强，在众多外部制约民营企业数字化转型因素中，选择"数字技术相关产业不强"的企业占比达

51%，为最高选项，说明全省数字技术供给不足。调研还发现，江西软件服务业、先进装备制造业以及能够提供大数据、人工智能等数字技术服务领域的企业数量较少且实力有限。

三、全面推进民营企业数字化转型思路与建议

总体思路是：把握经济发展规律和时代特征，紧扣江西省情特点，围绕"十四五"期末实现数字经济占全省生产总值比重达到45%左右的目标，加快以数字经济为引领，坚持把产业数字化的着力点放在民营企业上，全面推进民营企业数字化转型。战略层面要抓好"总体规划—重点突破—分步实施—全面推进"，优化民营企业数字化转型生态，选好民营企业数字化转型着力点和落脚点，重点把握以下四个战略维度，实施10项具体措施。

战略维度一：坚持产业转型，通过头部企业"带动转"破解"不会转"难题

聚集"2+6+N"产业，从各产业中遴选培育1~2家、全省打造100家具有数字生态主导力的链主型民营企业。制定"一企一策"扶持方案，推动链主企业牵引产业链中小企业加快数字化转型。

1. 建立以链主企业为主导的企业转型协同机制

发挥链主企业牵头引领作用、产品辐射能力、技术溢出效应，从中小企业数字化转型需求迫切的环节赋能，提供技术、人才、设备、资金支持，加快推进远程协作、数字化办公、智能生产线等应用，由点及面向全业务全产业数字化转型延伸拓展，实现关键技术全链自主可控。

2. 支持链主企业开展前沿应用创新

一是支持链主企业发挥技术创新主体示范作用，牵头围绕产业特点、产业延伸方向、产业融合难点等开展研究，保证研究成果直接实现成果转化。二是支持链主企业牵头建设省级产业集群数据库，打造产业千企互联数字化

生态圈，开发数字化转型相关技术标准、共性服务和模块化产品，为中小企业提供高可用、上线快、标准化、低成本的数字化转型服务。

战略维度二：加强数字配套建设，通过供给侧"保障转"破解"不敢转"难题

坚持设施供给与专业服务双轮驱动，完善数字化转型供给侧服务生态，力争实现民营企业"十四五"期末"上云上平台"数量较目前（14万家左右）翻一番。

1. 夯实基础支撑

一是推进企业级数字基础设施建设与开放，完善以企业为主体的大数据网络中心、智能计算中心和工业互联网平台，为民营企业采集、存储、处理和分析海量数据提供支持。二是从资金、人才、实验设施等方面大力引进和培育本省软件服务业、先进装备制造业企业，做强转型配套本土保障。

2. 加强专业服务

一是加强对省内第三方数字化专业服务机构的支持，在全省培育和遴选50~60家技术实力雄厚、服务能力强的数字化解决方案供应商，提升市场服务的规模和活力。二是健全和推广"企业出题、高校解题、政府助题"的模式，加快推进省属有关本科高校"现代产业学院项目"建设，促进高校、企业、数字经济协会等加强合作协同，提高企业数字化转型解决方案的供给。

战略维度三：优化创新治理，通过提升服务"协同转"破解"转不好"难题

围绕共性转型需求，立足线上平台和线下开发区，引导各类要素加快向平台和开发区集聚，构建"虚实结合"的数字化转型服务新格局。

1. 加快搭建民营企业数字化转型线上平台

依托政府部门和数字经济商协会共同建立"民营企业数字化转型平台"，发布"民营企业数字化发展指数"，为企业数字化转型提供一站式服务，为评估企业数字化水平提供科学依据。同时，利用线上平台为产业集群建样板、树典型，推动各类解决方案和应用在线上落地。

2.加快提升开发区数字化管理服务水平

一是引导全省103个开发区加快数字基础设施建设，引进专业人才，利用数字技术提升开发区自身管理和服务能力。二是引导开发区成立企业数字化转型服务中心，通过"一企一档"模式，做好企业数字化转型监测服务，提供面向民营企业数字化转型政策宣传兑现、人才引培、专题业务培训、融资供给等精准服务，提升开发区企业的数字化水平。

战略维度四：加强要素供给，通过赋能企业"扶持转"破解"不能转"难题

从人才引培、数据赋能、金融服务、技术供需等方面进一步丰富政策措施体系，推动人才链、数据链、资金链、技术链，与产业链、供应链、创新链实现"七链融合"，加快释放民营企业的数字化转型动能。

1.完善人才引育体系

一是通过开展民营企业家数字论坛、培训班、训练营等系列活动，每年培育100名民营企业数字化转型领军人才，锻造新时代懂数字、会数字的民营企业家队伍。二是搭建省级学习云平台与开展"千名数字专员入万企行动"相结合，全方位助力提升民营企业从业人员的数字化能力。三是加大数字化"高精尖缺"人才的引进力度，出台略高于沿海省市的数字人才引进相关优惠政策，同时，支持第三方机构建立数字高端人才共享资源池，打造人才服务交易流转体系。四是围绕培育2万名以上"数字工程师"发展目标，聚焦高职院校、技工学校和民营企业"订单式培养"模式，为民营企业输送"用得了，留得住"的人力资源。

2.强化数据赋能效应

一是建立全省性的民营企业数据运用公共服务体系，形成数据"导入—管理—交易—赋能"的全服务链体系。二是建好南昌大型（超大型）数据中心，加快建成覆盖全省东西南北区域的赣州、九江、宜春、上饶等地大型（超大型）数据中心，推动各设区市大数据中心成为民营企业数字化转型的有力数据支撑。

3. 完善财税金融支持

一是精准支持高成长性企业，综合采取财政奖补、基金引导、股权投资等方式，力争每年培育数字化转型领域"专精特新"民营企业100家。二是给予民营企业在数字技术改造阶段软硬件设备购置补贴以及购置费用支出方面税收优惠。三是搭建全省民营企业数字化转型金融服务平台，筹建民营企业数字化转型帮扶基金，开发"数字贷"等新型金融产品，通过IOT等技术收集企业能耗及经营数据，指导金融授信。

4. 健全技术供需机制

借鉴浙江省行业"轻量化智改＋样本化推广"模式，大力推动"政府搭台、企业出题、市场答题"的应用技术对接模式，通过市区试点，政府部门定期与企业联合发布应用技术、场景需求清单等方式，构建完善民营企业之间的技术应用供需对接体系，逐步健全全省性应用技术、场景的供需对接机制，推动形成具有内在驱动力的多方参与长效机制。

本文系江西同心智库2022年度委托研究课题（20220531003）研究成果。

作者：

叶国良　省委办公厅信息决策咨询专家，江西同心智库特聘专家，江西社会科学青年创新团队成员，省民营经济研究院助理研究员，省情研究特聘专家

胡　欢　省民营经济研究院助理研究员

万　骁　省民营经济研究院研究实习员

余　佳　省民营经济研究院研究实习员

关于江西中小型制造业企业数字化转型的对策建议

□甘卫华　桂夏芸　李卓群　李春芝　赵小晶

摘要： 制造业是数字技术与实体经济深度融合的主战场，贡献了江西省80%左右的数字经济核心产业增加值。2021年末江西省规模以上工业企业15142家，其中中小企业14931家，占比超98%。目前江西省大部分工业企业以制造加工为主，处于价值链中低端，迫切需要产业链上下游紧密协同、信息集成与共享，以数字化赋能生产效率、产能和价值链的提升。课题组在充分调研江西省制造业的基础上，提出"以四个关键（关键工序、关键岗位、关键人才、关键资金）带动四个全面（全流程、全层级、全产业链、全生命周期）"的举措推动江西省中小型制造业企业数字化转型。

"十三五"以来，江西省编制出台了系列数字产业规划，并推出《深化新一代信息技术与制造业融合发展的实施意见》《江西"十四五"信息化和工业化深度融合发展规划》、物联江西建设、促进虚拟现实（VR）产业发展等30多项数字经济政策文件，有力促进数字经济与实体经济高质量融合发展。

2021年11月—2022年7月，课题组先后深入南昌、赣州、九江、上饶、抚州等地市，赴南昌矿机集团股份有限公司、江西亿能电气设备有限公司、江西太平洋电缆集团有限公司、星火有机硅、九江石化、江西中城通达新能源装备有限公司、江西铂易鸿电子有限公司、虔东稀土、龙南骏亚精密电路有限公司、江西志浩电子科技有限公司、江西超联光电科技、上饶中材机械有限公司、上饶市西中光学科技有限公司、抚州比克电池有限公司等20余家企业开展调研,召开了多次座谈会,综合分析了广东省、浙江省等先进省份的成功经验,现提出推动江西中小型制造业企业数字化转型的对策建议。

一、江西省制造业数字化转型的现状

截至2021年12月底,江西省规上工业中小企业14931家,较上年末净增1427家,超额完成1000户的全年新增目标。2021年,江西省规上工业中小企业实现营业收入33445.3亿元,同比增长27.4%,增速高于全国平均7.5个百分点;实现利润2415.4亿元,同比增长30.7%,增速高于全国平均5.1个百分点。营业收入和利润总额两项指标绝对值均位列全国第7位、中部第1位,实现历史性突破。

2021年,江西省制造业企业上云数量突破10万家,建成了786个数字化车间(工厂),培育了9个智能制造公共服务平台,工业云平台应用率为40.5%,智能制造能力成熟度指标值达到2.47,超过全国均值,位列全国第8位。2021年末,江西工业数字化转型水平在全国排名11位,高于江西GDP在全国排名(第13位)。其中企业网络化协同比例、个性化定制比例等指标处在全国前列,但是其余指标均低于全国平均水平,导致江西"两化融合"指数在全国排位靠后(见图1-2)。

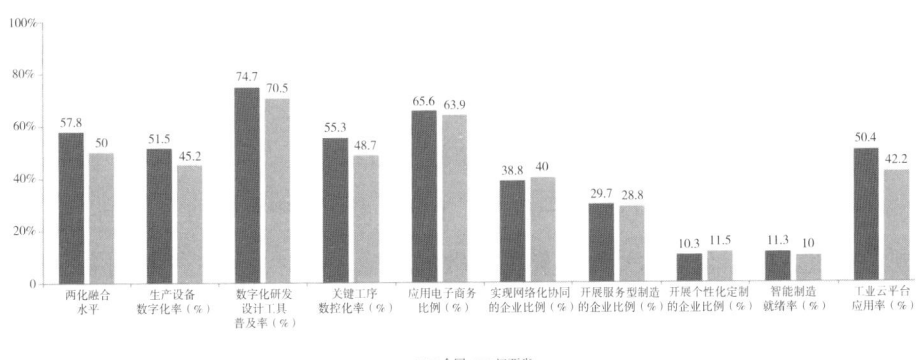

图1-2 江西省与全国平均"两化融合"指数的比较(2021年)

电子信息产业作为江西省制造业中数字化转型的"领头羊",2021年产业规模达6688亿元,居全国第7、中部第1。VR产业作为江西数字产业的"未来星",产业规模达604亿元。物联网核心产业及其关联产业也发展迅猛,2021年营业收入达1600多亿元。

从调研中发现,江西省仅有20%左右的中小型制造业企业步入了数字化转型的成熟阶段,近八成中小型制造业企业仅开展了数字化转型初步尝试或局部改造,有的仍不知道从哪里着手,尚未起步。

二、江西省中小型制造企业数字化转型面临的问题

目前江西省中小型制造企业数字化转型的最大问题来自转型门槛、转型方案、数字化人才和政府兜底保障。"高、无、少、危"导致中小制造业企业不敢转、不能转。

一是高——转型门槛高。有的企业认为数字化转型很难,门槛太高,动辄百万元、千万元的数字化转型投入令中小企业望而却步。

二是无——没有照搬的模板,转型方案借鉴困难。每个制造企业的瓶颈工序和应用场景都不同,没有可以直接照搬的模板。传统网络最多有230多种协议,工业门类涉及广,多达27000余种协议,方案能复用的不到70%,而决定成败的是剩下的30%。

三是少——数字化人才少。疫情之下,多数制造业企业勉强生存,仅靠3%~5%的利润率维持正常运转,出不起高薪难以招聘关键人才,导致中小企业数字化水平低,数字化基础薄弱。

四是危——企业担心数据一旦上云上网,商业秘密和数据安全难以保证,顾虑重重。中小企业承受不了转型失败的风险。同时,不太了解国家、省、市的优惠政策,也难以享受到和国有大企业、超大型企业同等、公平的优惠政策机会。

三、江西省中小型制造企业数字化转型的对策建议

针对上述中小企业反映的转型门槛、转型方案、数字化人才和政府兜底保障的问题,课题组提出"以四个关键(关键工序、关键岗位、关键人才、关键资金)带动四个全面(全流程、全层级、全产业链、全生命周期)"的举措推动江西省中小型制造业企业数字化转型(见图1-3)。

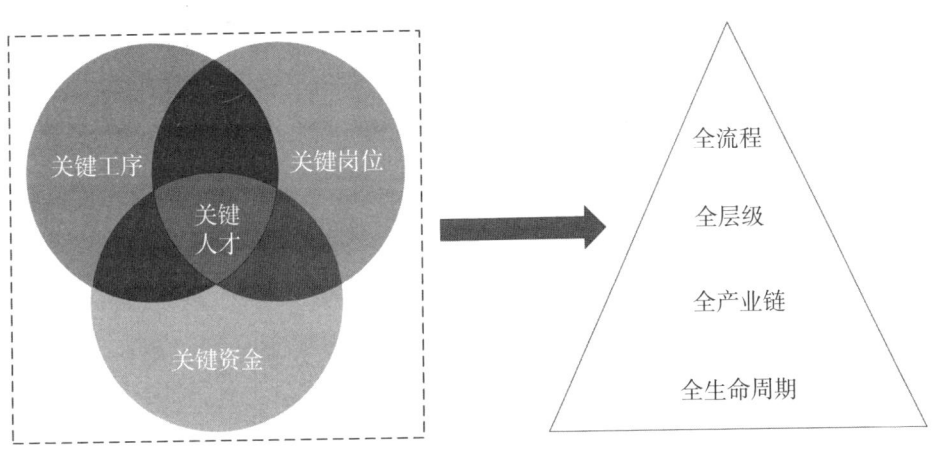

图1-3 "四关四全"江西省中小企业转型对策

(一)关键工序为抓手带动全流程数字化转型

制造业企业涵盖"研发设计—采购—加工生产—销售—物流—售后支持"等环节,江西省中小制造业企业面临的市场形势要么供不应求要么供大于求。对于供不应求的企业,应主抓产能提升。对于供大于求的企业,要主抓市场营销。

如果是产能提升,就要攻克制造执行系统(MES),这是企业生产管理服务的核心信息系统,通过生产流程、绩效管理、品质管理等来改变整个制造车间的规范。企业导入MES时,不能亦步亦趋,选择行业竞争对手的MES功能系统,而应在制造工序上作自我审视,明确企业生产管理需求,MES不仅是将工厂信息透明化及数据化,更是要结合企业有效的管理制度与规则,对

生产信息做出管理上的应用。MES将大数据、全方位追溯、制造现场可视化、智能物流、商业智慧、精益思想等新技术及理念与企业的制造管理相结合，能有效降低总体成本，改善整体质量、成本、效率，塑造制造企业长期竞争力，迈向智能制造（见图1-4）。

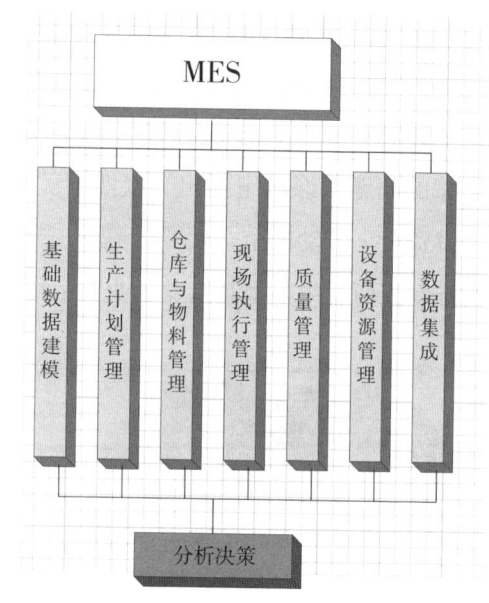

图1-4 制造执行系统（MES）的核心模块

调研企业中，龙南骏亚精密电路有限公司通过上线MES，打通其与ERP、财务系统、工程设计系统等的连接，实现了跨平台数据集成，建立了可视化生产运营绩效管理体系，目标分解，全员参与，为公司决策、生产运营、设备管理、现场管理提供了全方位的数据分析和决策支持，工厂整体生产效率提升10%，人均产值提升30%以上，整体产品优良率提升了2%。

如果是打开市场提升销量，就要攻克"电商平台""直播带货"。传统的线下销售已经萎缩，线上销售平台是必由之举。建议政府主导建立"电商企业+制造基地"模式，将同类产业链的企业集中在一起，发挥产业集群的优势，"直播带货"的主播们可以集中推销同类型产品。例如九江永修的电商孵化园、赣州南康的家具电商园，消费者下单后就可在园区直接发货，降低企业的物流成本，方便当地政府对全国性的或跨区域性的物流进行统一管理。

（二）关键岗位为引领促进全层级数字化转型

数字化转型关键取决于企业的中高层，建议政府有关部门通过开展系列活动，提升企业管理层对数字化转型的认识和行动自觉。

一是借鉴"浙商会客厅""广东政策沙龙"的做法，定期组织企业开展数字化转型学习交流，召集同行业、同类型的企业举办数字化转型的沙龙或研讨会，让企业广开眼界，收集共性的诉求，建立更快捷畅通的企业与政府之间的信息交流渠道，把政府政策更好更快传递到企业。

二是对中层管理人员和技术岗位人员，组织学习数据采集、标注、清洗、脱敏、脱密、聚合、分析等相关的数字化转型基础知识，引导企业增强数字化思维，提升数据规模与质量。

三是当前全国有 21732 家企业通过贯标，江西有 338 家、约占 1.56%，还有大量企业没有参加或通过贯标。建议利用江西作为两化融合度评价工作试点省份的契机，对全部规上工业企业进行贯标宣讲，以两化融合促进数字化转型。

四是将培训与政府部门政绩考核挂钩，与企业评先挂钩，推出培训积分奖励，形成热爱学习的氛围。工业和信息化部印发了《优质中小企业梯度培育管理暂行办法》，从 2022 年 6 月开始替代原来的专精特新企业评定。建议江西省前瞻性紧跟《暂行办法》的要求，将数字化转型的内容纳入选拔优质中小企业的考核指标，例如数据管理能力成熟度等，可以从自动化设备应用、数据集成等内容进行评价，分为初、中、高三个等级（见表 1-2）。

表 1-2　优质中小企业梯度分级标准

等级	类型	具体解释
1	初级	购买自动化设备，通过各种方式得到设备的数据并对数据进行整理
2	中级	将数据集成到一起并进行分析，提供生产决策信息
3	高级	打通整个上下游（包括供应商、消费者），将数据集成并连通

（三）关键人才为支撑突破全产业链数字化转型

数字化人才队伍需要一批算法工程师、架构工程师、机械工程师、物联网工程师、信息工程师、工业工程师、物流工程师、质量管理师、软件工程师、安全工程师等不同背景和专业的专家，建议江西采取外引内育的手段尽快吸引人才、留住人才、培养人才。

江西省及各地市正在围绕"2+6+N"重点产业，大力实施链长制。因此，可以结合数字经济核心制造业项目、数字化生产大项目和未来产业项目等，比如VR和电子信息产业寻求重点产业突围。

一是建议VR和电子信息产业强强结合，合作开发市场，解决"缺芯少魂"的问题。近年来，通过南昌作为世界VR产业大会的永久举办地的影响力，江西VR企业已增至400余家，包括华为、阿里、微软、高通、紫光、海康威视等一批国内外VR头部企业和华勤电子、龙旗信息、小派科技、立讯智造等一批VR硬件制造"明星"企业。因此，为了引爆VR和电子信息产业链，建议专项设立电子信息专业、智能制造专业、大数据专业的毕业生的补贴政策（高于周边省份的人才落户补贴），吸引紧缺专业的毕业生来赣工作。

二是鼓励高校和企业尽快组建若干人工智能、大数据产业学院，为数字化转型提供人才支撑。例如华东交通大学2019年成立了智能制造研究院、江西师范大学2021年开设了大数据产业学院。

三是积极引进行业领军人才和紧缺人才，提供安家费、住房、解决子女入托入学等问题，免除高端领军人才和紧缺人才的后顾之忧。

四是加大职业技术人才培训和就业保障的政策支持。建设一批数字化人才实训基地，加强新型数字化技能人才培训，打造多层次复合型人才队伍。

五是积极支持高校、科研机构、专业智库做优做强，成为全国的双一流高校、双一流学科，使高校、科研机构的科研实力得到大幅度提升，能将知识转化为生产力，直达企业。

（四）关键资金为保障服务全生命周期数字化转型

为了消除中小型制造企业的隐忧，政府应做好安全兜底工作。

一是发挥政府带量采购的优势，采取免费诊断、政府补贴等方式，消除中小企业数字化转型的失败担忧。例如，可以学习浙江江山木业的"6250"经验——聚焦6个典型应用场景、花费2个月、只需投入50万元，政府另给予50%补助，帮助浙江木门企业完成数字化转型升级。

二是统筹相关财政专项资金，创新设计多元化的企业融资产品，提供"数字化转型贷"产品。引导多层次资本市场加大对制造业数字化转型的支持力度，为企业转型提供资金支持，减轻企业转型负担。

三是建议政府设立扶危济困的产业波动资金池，帮助中小企业应对不确定的"灰天鹅"，度过困难期。例如，企业启动数字化工厂建设时，政府提早介入，提供数字化种子基金，或者引导中国移动、中国电信与制造业企业主动合作，避免后面推倒重来。

四是保障数据安全。学习北京市、浙江省的做法，构建安全态势感知平台，打击数据违法行为，围绕数据共享、流程再造、信用体系建设，重点针对数据汇聚、数据平台、数据安全、大数据应用等领域，规范数据标准建设，为企业数字化转型保驾护航，消除企业数据安全隐忧。

五是出台先进设备购置税、研发税抵扣政策，鼓励企业投入研发。中小企业技术资金、实力都不强，但数量众多，政府要放水养鱼，鼓励中小企业大胆尝试，给予这些企业在"先进技术研发""先进设备购置"等生产力革命方面的税收抵扣政策，享受免税的待遇。

作者：
甘卫华　华东交通大学交通运输工程学院副院长、教授，省情研究特聘专家
桂夏芸　华东交通大学交通运输工程学院讲师、博士
李卓群　华东交通大学交通运输工程学院教授、博士
李春芝　华东交通大学交通运输工程学院讲师、博士
赵小晶　华东交通大学知联会会长、副教授

解决营商环境"一号改革工程"堵点难点推动江西民营企业融入新发展格局

□刘飞仁

摘要：江西省营商环境存在政策环境堵点、载体通道堵点、执行落实堵点等三类堵点，同时面临市场主体、扩大生产、引才留才、技术品牌、资金保障等五大难点。为落实省第十五次党代会精神，建议以营商环境"一号改革工程"为抓手，狠抓工作落实，重点从营造一流融入政策环境、构建畅通高效融入通道、培育一批高能级融入龙头、构建一流推进落实机制等方面发力，推动江西省民营企业融入新发展格局走在全国前列。

民营企业为江西省贡献了60%以上国内生产总值和70%以上固定资产投资及税收，推动民营企业融入新发展格局是打造全国构建新发展格局重要战略支点的必然要求。当前，营商环境的堵点难点仍然是制约江西民营企业融入新发展格局的关键阻碍。江西省第十五次党代会提出坚持把优化营商环境作为"一号改革工程"，以"敢碰硬、勇突破"的担当实干来着力解决营商环境"一号改革工程"的堵点难点，切实推进民营企业融入新发展格局。为此，我们在全省范围内对典型产业进行深入调研，发现江西省营商环境存在政策环境、载体通道、执行落实等三类堵点和市场主体、扩大生产、引才留才、技术品牌、资金保障等五大难点，并提出相关建议，供参考。

一、营商环境"一号改革工程"工作落实的堵点难点

近年来,江西大力推动民营企业发展,坚持"两个毫不动摇""三个没有变",营商环境进一步优化。在全国构建新发展格局背景下,各地都在积极探索、主动作为,"不进则退""慢进则退"的态势愈发明显。通过调研,建议关注营商环境的三类堵点和五大难点。

(一)营商环境"一号改革工程"面临的三类堵点

1. 政策环境堵点:"引导型"政策引导不足、"门槛型"政策门槛过高。产业政策是引导和促进产业健康稳定发展的一种重要经济手段,也是直接影响各地在新发展格局中塑造竞争力的重要因素。与周边省份相比,江西部分产业政策存在以下问题。一是"引导型"政策引导不足,对资源循环利用、艾草产业等部分行业引导政策陷入"人多我少"困境。以固体废物处理为例,九江市民营企业反映由于缺少具体政策引导企业处理,企业只能去找专业机构,这不利于推动固体废物综合利用。数据显示,2020年江西一般工业固体废物综合利用率仅为45.5%,比全国平均水平约低10个百分点,居全国倒数第7、中部倒数第2、在4个国家生态文明试验区中居倒数第1。又如艾草产业,由于目前较为小众,但考虑到未来全国康养市场需求将不断释放,企业表示希望政府提前引导谋划、将艾产品纳入健字号管理。二是"门槛型"政策门槛过高,对碳酸钙等部分行业限制政策存在"人松我紧"现象。通过对永丰县等县市的碳酸钙企业调研发现,江西将碳酸钙产业列入化工行业目录,间接地拉高了产业发展要求和标准,制约了碳酸钙企业发展。相比之下,安徽、河南、广西等兄弟省份均支持碳酸钙产业发展,其中,广西在2012年就把碳酸钙产业纳入千亿元产业发展规划,如今产业规模已位居全国首位。

2. 载体通道堵点:平台不强、通道不畅、效率不高。载体通道是影响经济循环畅通高效的重要因素,江西主要有以下三方面问题:一是融入平台不强。民营企业"走出去"缺乏专业化服务平台,发展要素"引进来"少有综合经

济竞争力强的城市平台。数据显示，目前江西亿元以上商品交易市场营业面积居中部第4；2021年综合经济竞争力排名前50强城市中江西省仅南昌入围且排名靠后（排第40），远不如湖北武汉（排第9）、湖南长沙（排第16）、河南郑州（排第21）、安徽合肥（排第24）等周边城市。二是融入通道不畅。融入双循环的通道建设不够发达，南北向高速铁路还未贯通，国际航空航线航班偏少，对接长三角、粤港澳大湾区高速公路通道繁忙亟须扩容。在国内衔接通道方面，省内网络衔接不够顺畅，核心枢纽在全国影响力不足。瑞梅铁路尚未开工，大广高速亟须扩容，寻乌至龙川、信丰至南雄等出省高速通道还未打通，赣州民营企业反映每逢节假日出省通道拥堵严重。在国际对接通道方面，目前中欧班列大多向重庆、成都、西安等中心城市集结，相比之下，分配给南昌铁路局（赣州国际陆港）的班列计划不多，发运计划严重不足，如赣州—阿拉山口—布达佩斯线路每周1列的计划都无法保障。三是融入效率不高。通道不畅直接影响融入效率，进而拉升企业成本，影响企业经营效率。据省物流与采购联合会测算，我省运输成本偏高。2019年我省单位货运成本为168.54元/吨，高于全国平均水平（163.62元/吨），在中部六省中低于河南（190.42元/吨）、湖北（180.67元/吨），高于湖南（117.55元/吨）、安徽（108.7元/吨）、山西（91.2元/吨）。另外，我省民营企业在对接融入长三角、珠三角等区域时，各地方不同程度存在拼政策、拼资源的同质化竞争，"强链、补链、延链"产业协作不够高效。

3.执行落实堵点：缺乏认定标准等问题导致惠企政策落实不易。好的政策关键在于落实，仍有部分惠企政策存在落实不到位、执行起来难的现象。比如，国家层面已明确新一轮革命老区支持政策延续到2035年，其中提到赣州鼓励类产业可享受15%的企业所得税优惠。根据国家发改委目录，"纺织产业：数字化、网络化、智能化服装生产技术和装备开发、应用"属鼓励类产业，但从实际执行来看，由于缺乏智能制造服装企业认定标准，赣州大部分纺织服装企业未能享受到此优惠政策。

(二)营商环境"一号改革工程"面临的五大难点

1. 市场主体难点:缺乏强有力的融入"领头雁"带动产业融入双循环。综合实力强、行业知名度高的龙头企业是江西民营企业中融入国内国际双循环的最强方阵。目前,江西民营企业头部企业较少,大多数企业体量不大,市场竞争力不强,链条企业发展不平衡,进而带来产业集群度不高、集群结构不合理、外地企业引进难等问题。在新发展格局下,民营企业"不进则退""慢进则退"竞争压力更加凸显。据全国工商联发布的2021中国民营企业500强榜单显示,江西仅有6家民营企业上榜,比2020年减少1家,超七成的龙头企业在全国排名有所下滑,如晶科能源下降8名、位居第152位,正邦科技下降72名、位居第200位,济民可信下降63名、位居第428位,进入前100强民营企业数量由2家降到1家,仅双胞胎(集团)进入百强,排名第95位。

2. 扩大生产难点:原有规划不完善等问题导致民营企业扩大生产难,制约融入新发展格局后劲。江西省工业化正加速迈向中后期,产业发展需要更多承载空间,而随着城市化步伐加快,可用于工业发展的土地越来越少,不少项目存在等地开工现象。调研发现,部分地区土地承载空间已难以满足企业发展。比如,章贡高新区可供开发建设的工业用地仅剩2000亩左右,特别是威高、市立医院等重点项目落地后,青峰药谷可使用工业用地不足800亩,且配套用地缺乏,无法满足药谷发展。部分地区产城融合发展矛盾凸显,工业园厂区与居民区交织在一起,一方面导致企业改建、扩建面临无地可用的困境,制约了产业转型升级和企业做大做强;另一方面,企业生产导致周边居民对居住环境不满,屡次出现集体上访、越级上访现象。

3. 引才留才难点:人口净流出与企业自身吸引力不足的双重劣势相叠加,使企业人才问题更加凸显。一方面,江西省是"重度"人口流出大省。数据显示,江西有95.1%的地区处在人口净流出状态,比例全国领先。2020年全省跨省流出人口633.97万人,跨省流入人口127.90万人,净流出506.07万人。在人口净流出的同时,还面临劳务净输出,赣州跨省务工人数约147万人,大部分流向广东、福建、浙江三省。另一方面,民营企业大多为中小型企业,资源比较匮乏，不能给技术创新人才很好的研究环境、研究资源和发展空间，在薪酬待遇上，大型企业和高校研究院有一定差距，引才留才难成为企业当前反映最多、最为普遍的问题。

4. 技术品牌难点：技术不硬、品牌不响导致企业在新发展格局中备受挤压。江西民营企业大多缺乏自主创新能力，技术水平还不够硬、不够强，很多企业面临产品质量档次提高难、附加值增值难、品牌价值提升难等困境。在国内外市场上享有较高知名度的品牌很少，这使江西民营企业在新发展格局中更容易受到市场挤压。调研发现，赣州国机智骏因产品竞争力弱等原因，营收下降82.7%。此外，相关企业反映，家具等劳动密集型行业订单在疫情控制后可能再次向东南亚地区转移，甚至会出现局部产业链外迁风险，值得关注。

5. 资金保障难点：江西省金融市场欠发达导致中小企业融资难问题更加突出。江西现代金融体系建设不充分，金融市场体量整体偏小。2020年，全省金融业增加值1808.63亿元，占GDP的比重7.0%，比全国低1.23个百分点；贷款余额占全国比重2.34%，低于全省经济、人口全国占比。在这种背景下，中小微企业融资本就不易，再加上疫情影响，受上游原材料价格、人员工资上涨等影响，中小企业生产经营困难进一步加剧。2021年1月至7月，赣州大型企业增加值增长31.4%，而中型企业和小微企业仅分别增长17.2%和13.8%。

二、以营商环境"一号改革工程"为抓手，狠抓工作落实，推动我省民营企业融入新发展格局走在全国前列

注重问题导向、需求导向，以"作示范、勇争先"的昂扬斗志，下力气解决影响民营企业融入新发展格局的堵点难点，全力打响"江西办事不用求人、江西办事依法依规、江西办事便捷高效、江西办事暖心爽心"营商环境品牌，将打造全国构建新发展格局重要战略支点工作落到实处。

（一）营造民营企业融入新发展格局的一流政策环境

一是研究出台专项政策文件。环境好不好，关键看政策，理念开放不开放，关键也看政策。建议由省工商联、省发展和改革委、省工信厅、省商务厅等部门联合牵头，围绕有色、建材、航空、电子信息、装备制造、中医药、新能源、新材料、现代服务业等重点领域产业，研究出台《江西省民营企业融入新发展格局实施意见》，推动全省产业链、供应链、价值链与国内外大市场精准对接、深度融合。

二是开展政策扫盲补短攻坚行动。坚持把优化营商环境作为"一号改革工程"，持续关注国内外最新政策动态，全面梳理全省各类产业发展政策、惠企政策等与先进地区的差距及不足，针对政策薄弱点盲点开展攻坚行动，借鉴学习各地的先进做法，同时，结合江西实际及特色，围绕民营企业融入新发展格局面临的核心堵点难点，探索出台针对性的支持政策。针对碳酸钙产业问题，建议将碳酸钙产业移出化工行业目录；针对工业固废利用率问题，建议结合碳达峰碳中和工作出台专门引导政策，支持循环经济企业发展；针对艾草产业问题，建议省药监局、省中医药管理局等部门谋划推动艾产品等纳入健字号管理。

三是健全完善惠企政策落实机制。强化产业政策、惠企政策的公开度和透明度，探索建立"从市场反馈中找差距、从具体落实中找不足、从企业需求中找对策"的由下到上的政策落实反馈机制，不断扫除工作落实的空白点、薄弱点。建议充分发挥"赣服通"为民服务解难题平台作用，在赣服通中开设反馈专窗，并将企业反映的问题及时反馈到相关部门予以研究解决。

（二）构建畅通民营企业融入新发展格局的高效通道

一是打造高质量全方位融入通道。紧密衔接国家综合运输通道布局，加快建设全省"六纵六横"综合运输大通道，完善区际通道布局，不断畅通我省民营企业融入国内国际双循环的硬通道。重点要进一步加深与"一带一路"沿线地区合作，畅通民营企业到长三角、珠三角及周边地区出省通道，提升南昌、九江等枢纽城市集聚力、辐射力，精准补齐网络覆盖的短板，强化交通枢纽衔接、服务一体，促进交通运输跨方式、跨区域、跨产业协同融合发展。

二是全面提升融入效率。围绕赣州、上饶对接融入粤港澳大湾区、浙赣边际合作（衢饶）示范区等重大区域战略，积极争取国家层面出台专项支持政策，加快区域融入步伐。实施"互联网+"高效物流和物流降本增效专项行动，提升高质量物流服务实体经济能力。加快多式联运示范工程项目建设，大力发展智慧交通与智慧物流，推动不同运输方式合理分工、有效衔接，降低空载率。

（三）培育民营企业融入新发展格局的高能级龙头

一是打造一批龙头平台。围绕"2+6+N"重点领域，推进优势产业集群提能升级计划，着力提升南昌航空城、景德镇航空小镇、京九（江西）电子信息产业带、南昌中医药科创城等重大平台能级，加快赣深赣港产城特别合作区、赣粤合作园区等合作平台、赣鄂皖长江两岸合作发展试验区等建设。

二是建设一批龙头城市。全力打造南昌、赣州、九江、上饶四大开放门户，完善提升南昌空港陆港、九江航运中心、赣州国际陆港、上饶港等口岸功能，支持与沿海港口、世界航运中心、国际航运公司的合作，力争开设更多空运专线、赣欧班列、多式联运线路。

三是壮大一批龙头企业。瞄准行业龙头企业，强化与国内外头部企业合作，探索实行百强企业融入工程，推动前100强等有实力的龙头型民营企业带头融入。充分利用世界VR产业大会、世界赣商大会、对接粤港澳大湾区经贸合作、江西与跨国公司（上海）合作交流会等重大招商活动，培育引进一批头部企业、独角兽企业、瞪羚企业、专精特新"小巨人"企业，不断夯实民营企业融入新发展格局的最强方阵。

（四）构建民营企业融入新发展格局的一流推进落实机制

一是成立省民营企业融入新发展格局工作领导小组。建议由省领导任组长,由省工商联、省工信厅、省发展和改革委、省市场监管局、省司法厅、省商务厅、省文旅厅等为成员,成立省民营企业融入新发展格局工作领导小组,重点围绕江西民营企业融入新发展格局的重大政策、重大工程、重大改革、重大机制等进行统筹谋划部署、协同推进。

二是成立民营企业融入新发展格局服务中心。谋划打造全省民营企业融入国内国际双循环的高层次、专业化服务平台,成立民营企业融入新发展格局服务中心,重点在政策咨询、国内外合作、权益保护、问题反馈等方面为全省民营企业提供服务。

三是落实民营企业融入新发展格局要素保障。落实技术创新保障,全面加强对民营企业科技创新的部署,加强创新链和产业链对接融合,有力有序推进创新攻关的"揭榜挂帅"体制机制,借力国内外先进科研力量解决江西民营企业发展技术难题。落实资金保障,注重发挥财政政策资金引导撬动作用,激发市场主体活力,大力发展绿色金融、普惠金融、数字金融、科技金融、供应链金融、开放金融,持续提升金融服务民营企业能力。落实人才保障,深入实施一批人才引进和培育计划,不断壮大工匠型、技能型人才队伍,实施收入倍增行动,提升人才吸引力。落实土地保障,系统梳理重点园区、重点企业用地需求,支持园区扩区调区和改造升级,开展低效企业"腾笼换鸟"行动。

本文系 2021 年江西省民营经济研究课题"我省民营企业融入国内国际双循环的主要切入点研究"(21MJ01)阶段性成果。

作者:

刘飞仁　中南大学讲师,省民营经济研究中心智库专家,省侨联侨情研究员,省情研究特聘专家

关于赣州市打造新时代"第一等"营商环境的建议

□胡建华　黄彦菲　赖彦如

摘要：近年来，全国各地都将营商环境作为区域发展竞争的"核心筹码"，江西省更是把营商环境优化升级作为"一号改革工程"。赣州市在一系列改善营商环境的举措下，全市营商环境持续向好，但仍存在数据壁垒没有完全打通、集中审批改革没有全面到位、大众对线上政策平台知晓度低、政策平台使用不太便利等难点。对此，本报告提出四点建议：一是争取省委省政府支持，推动高频数据应开尽开、应放尽放；二是推行"市县同权"改革，实现市县一体化集成审批服务；三是抓好改革事项宣传评估，提高政策平台知晓度、使用率；四是线上平台应多从用户视角考虑，尽可能方便群众。

营商环境是市场经济的生长之"土"，是市场主体的生命之"氧"，是重要的软实力和生产力。近年来，全国各地都将营商环境作为区域发展竞争的"核心筹码"，江西省更是把营商环境优化升级作为"一号改革工程"。营商环境没有最好，只有更好。赣州对照世界银行评价指标和大湾区标准，紧扣"大湾区能做的，我们也要能做到"要求，积极探索开展施工图审查、豁免审批、惠企政策网上直兑等系列改革，全力打响"干就赣好"品牌，全市营商环境持续向好，多项改革创新做法走在全省前列。但通过调研发现，赣州的营商环境改革仍存在一些堵点和难点，需要突出重点、持续发力、久久为功，加快打造新时代"第一等"营商环境。

一、当前存在的主要问题

（一）数据壁垒没有完全打通

目前，赣州的线下和线上专区实际上没有实现真正意义上的"一链办"或"一网通办"，部分事项仍然需要线上线下结合起来办理，主要原因就是一些系统的数据壁垒没有打通，没有全面打破"信息孤岛"。比如，企业在办理注销、变更信息时，涉及社保、公积金等方面的信息，暂时无法实时共享；在"赣服通"查询公积金账户信息时，有些群众的账户显示错误，或因工作调动出现了多个账户的，系统却默认显示老账户；在"赣服通"平台上挂号完成就医后，系统自动跳转至微信或支付宝支付，不能直接使用医保支付。

（二）集中审批改革没有全面到位

从实地体验情况看，市、县两级基本实现了"一个大厅集成、一个窗口对外、一个机构履职、一枚印章签批"，审批流程更明了、办事材料更精简、办理时限更快了，但也有部分行政审批事项，存在划转力量不足、基层业务承接能力不足等问题，主要是因为该项工作涉及面广，业务部门的主动性不够，互相之间的联动性不强。比如，龙南、寻乌、会昌、全南县行政审批局划入了100多个审批事项，划转审批人员却不到15人；会昌县"危险化学品经营许可证"事项虽然划入了行政审批局，但划转的审批人员却不专业。另外，在工程项目建设"一站式集成"审批流程改革中，仍然有极少数有审批职能的单位还没有派驻审批人员到行政审批局专区办公，部分审批事项还需建设企业（单位）前往原办公地点单独审批。

（三）大众对线上政策平台知晓度低

通过访谈高校教师、学生和社区群众，发现很多人对"赣服通"等平台的相关服务功能不太了解，有的甚至没使用过。尤其是一些新上的服务事项或新出台的优惠政策，由于宣传不够到位，大众的知晓率普遍不高。比如，"清亲赣商"政策、29件高频事项"一件事一次办"专区、跨省通办专区等，不少被访谈的企业或群众表示不太清楚，有的甚至表示没有听说过。另外，不少符合人才引进资格的人员表示，对于"赣服通"上人才房申请、人才户口迁入等功能并不知晓。

（四）政策平台使用不太便利

通过亲身体验、实地调研，向市行政审批局相关科室负责人询问等方式了解到，目前"赣服通"平台网上办理主要是以个人事项查询、登记、简单办理类事项，涉及复杂事项还是多在线下窗口办理。据了解，主要是因为有些业务办理流程的表述不够清晰明确，且线上部分事项办理业务尚未开放。具体表现为：一是"赣服通"主页页面看起来很繁琐，没有重点，各个专区服务所涵盖的服务类目不清晰。二是赣服通部分业务如"引进人才户口迁入"页面的办事流程的表述比较笼统，目前网上办事指南不够全面、精细，办事企业和群众更习惯在窗口办理，便于当面直接交流，一次性告知。三是有些业务如本地居住证明，虽然已在平台开设线上办理专区，但进入页面以后仍然显示需要携带所需材料前往线下专区办理，部分群众表示线下所需材料繁多，且办理之后在线上仍然无法查看。

二、相关工作建议

（一）争取省委省政府支持，推动高频数据应开尽开、应放尽放

一是以省委、省政府推进"双一号工程"为契机，充分发挥国家部委、省直厅（局）对口支援赣州的优势，打好"老区牌"，进一步加强与省级层面的沟通对接，争取将赣州作为省级高频条管数据开放共享的试点地区，待取得经验后再向全省推广。二是大力推动数字化改革，加快整合政务服务和大数据管理两大职能，强化数字赋能，加快完善电子印章等基础工作，做到证照互认、材料共享、审批协同，提高办事效率。

（二）推行"市县同权"改革，实现市县一体化集成审批服务

一是对标大湾区，全面梳理市级权限和流程，提高市、县审批事项"入驻率"，对能够实现数据共享、上下联动的事项抓紧办，对一时还实现不了的事项专项研究、打通堵点，确保进驻的每个事项都能做到不同县（市、区）"同标准、同效率"办理，真正实现市内通办。二是加强业务部门之间的统筹协调，按照"应进必进"的原则，将工程建设审批事项及审批人员全部进驻，为建设企业（单位）提供更便利的审批服务。三是进一步优化审批流程，把好审批人员"入口关"，加大业务培训力度，提高专业技术水平。

（三）抓好改革事项宣传评估，提高政策平台知晓度、使用率

一是加大对惠企政策兑现平台的宣传力度，高标准编印简明易懂的宣传手册，办事流程要把"傻瓜式"的操作方法梳理出来，利用党委政府部门公众号、媒体公众号进行发布，组织业务部门、园区、乡镇、社区干部上门发放宣传资料，让办事群众和企业熟知平台的作用和操作指南。特别是要学习银行、电信等企业的宣传方式，在园区、商场、社区、学校等重要场所，定点定期开展面对面宣传。二是市行政审批局牵头，联合各县（市、区）、市有关部门定期对线上专门办理事项进行评估，及时发现问题及时改进。

（四）线上平台应多从用户视角考虑，尽可能方便群众

一是推动相关部门建立联动机制，进一步完善功能模块，增加热门服务推荐及分类展示，丰富信息展示内容，便于客户快速了解平台服务。二是简化"赣服通"主页页面，标注重点，厘清各专区分类，方便群众查找相应的事项；将各专区业务办理流程的说明按步骤具体化，最好结合图片，帮助群众理解和使用。三是针对线上已经开设专区但仍需携带相关资料线下办理的事项，进行专项研究，尽快打通数据壁垒，畅通线上办理路径，实现真正的"一网通办"。

作者：

胡建华　江西理工大学应急管理与安全工程学院党委书记、教授，省情研究特聘专家

黄彦菲　江西理工大学应急管理与安全工程学院硕士研究生

赖彦如　江西理工大学应急管理与安全工程学院硕士研究生

改革创新

加快推进井冈山国家农高区升建的若干建议

□ 省社联省情调研课题组

摘要：建设国家农高区是国务院立足"三农"长远发展做出的重要决策部署，也是加快推进农业高质量发展、建设农业强国的重要抓手。启动升建以来，井冈山农高区在基础设施建设、科创资源集聚、优势特色产业发展、创新主体培育等方面取得了明显成效，同时也存在协同推进升建工作氛围不够浓厚、政策瓶颈约束亟待突破、科创能力和显示度存在短板弱项、项目建设进度需要进一步加快、农业龙头企业引进和培育有待加强等困难与问题，需尽快建立完善定期调度推进和沟通汇报机制、尽快设置急难问题处置的"绿色快速"通道、着力引进一流大院大所建设四大研究院、着力推进重大项目建设和升建迎检内容提升打造、着力培育和引进农业龙头企业和行业头部企业。

井冈山国家农高区升建已纳入《江西省国民经济和社会发展第十四个五年规划和二○三五年远景目标纲要》，是加快江西现代农业强省建设和革命老区乡村振兴的强引擎，有望打造引领南方红壤丘陵农业综合高效开发可复制可推广的"井冈山"模式。2022年是升建井冈山国家农高区的关键一年，课题组就井冈山农高区建设成效、升建进展以及存在困难与问题展开调研，并提出思考和建议。

一、井冈山农高区升建重点工作取得明显成效

井冈山农高区认真贯彻落实省领导视察吉安提出的"通过几年的努力,把井冈山农高区建设为全国一流的国家农高区"工作指示,聚焦红壤主题和主导产业,在基础设施建设、科创资源集聚、优势特色产业发展、创新主体培育等方面取得明显成效。

(一)高位启动实施省级科技专项"揭榜挂帅"项目

省委、省政府高位推动,在原来批复支持措施的基础上,省财政从2022年起连续两年每年给予1亿元支持井冈山农高区建设。为用准用好省级专项资金,吉安市财政、农发行、园区及相关科研单位配套投入2.5亿元,按照"统筹考虑、一并安排、分年实施"的原则,经与中国科学院、华南农大等省内外大院大所联系沟通,与吉安市财政局和科技局共同研究协商,形成《井冈山农高区升建省级专项资金安排方案》,通过"揭榜挂帅"方式启动实施,致力于推进红壤研究院、智能农机研究院、食品研究院和数字农业研究院建设及其应用场景打造。

(二)核心区整体框架基本成型

一是规划布局建设"一心四园"。《井冈山国家农业高新技术产业示范区建设发展规划(2022—2026年)》,核心区7.39平方公里,布局建设"一心"即科技创新中心,"四园"即数字农业产业园、绿色食品产业园、智能农机产业园和生物科技产业园。二是基础设施"四梁八柱"基本确立。"七纵七横"路网基本成型,主干道科创大道全面竣工通车,13条市政道路、科创大桥有序推进;创新研发中心、实验楼、检测楼和人才公寓等项目主体全面完工,已进入装修阶段;食品产业园一期全面完工,食品标准厂房、企业孵化器项目全部封顶。三是产业能级加速提升。近两年成功签约中物冷链、吉泰生物、深圳斯玛等亿元以上项目11个,投资总额达72.8亿元;示范区发展绿色水稻9.5

万亩、井冈蜜柚 2.5 万亩、千亩蔬菜基地以及规模葡萄、芦笋基地等；拥有作物种植、果蔬加工、生物技术、智能农机等入驻企业 90 余家，其中高新技术企业 20 家，省级龙头企业 8 家。

（三）科创资源加速向园区集聚

一是集聚了一批大院大所资源。通过战略合作方式，井冈山农高区与 20 家省内外院所校签订了合作协议。中国科学院地理所、中国农科院柑橘研究所、江西省科学院、江西省农科院、江西农大和井冈山大学已在园区设立研发机构，其中多家机构已在园区建立科研试验基地。园区拟与中国科学院南京土壤研究所共同组建红壤研究院，国家果蔬产品及加工食品质量检验检测中心即将入驻。二是院士创新基地加速崛起。聚焦红壤主题和主导产业，园区已引进罗锡文、赵春江、任发政、颜龙安、谢明勇和单扬等 6 位院士，其中罗锡文院士主要开展智慧农场关键技术试验研究，赵春江院士团队开展智慧农业关键技术与装备研发试验研究，谢明勇院士团队开展果蔬冻干食品关键技术研究，颜龙安院士团队开展水稻新品种研究与引试，单扬院士开展柑橘深加工研究。

表 2-1 井冈山农高区与九个国家级农高区基本情况对比

序号	名称	批复或拟建设时间	面积（平方公里）	主题	主导产业
1	井冈山农高区	正在升建	125.62 建设用地 3.48	南方红壤高效农业	绿色食品
2	陕西杨凌国家农高区	1997.7	135	干旱半干旱地区现代农业	以现代农业为基础，现代服务业为支撑，以食品工业、生物产业、新型农资、新型材料、机械与装备制造业
3	山东黄河三角洲国家农高区	2015.10	350	盐碱地综合利用	盐碱地现代种业、农业生物、智能装备制造业、科技服务业和科普文化旅游产业
4	江苏南京国家农高区	2019.11	145.86 建设用地 3.08	绿色智慧农业	生物农业

续表：

序号	名称	批复或拟建设时间	面积（平方公里）	主题	主导产业
5	山西晋中国家农高区	2019.11	106.49 建设用地 3.11	有机旱作农业	农副食品加工
6	吉林长春国家农高区	2022.04	139.39 建设用地 3.07	松嫩平原绿色循环农业	玉米
7	黑龙江佳木斯国家农高区	2022.04	138.78 建设用地 3.77	黑土地现代农业	水稻
8	河南周口国家农高区	2022.04	118 建设用地 3.77	黄淮平原高质高效农业	小麦
9	内蒙古巴彦淖尔国家农高区	2022.04	118 建设用地 3.96	河套灌区生态农牧业	硬质小麦和肉羊
10	新疆昌吉国家农高区	2022.04	109.95 建设用地 3.85	干旱荒漠绿洲农业	棉花

二、存在的困难和问题

（一）协同推进升建工作氛围不够浓厚

受疫情、升建组长职务变更等因素影响，升建工作领导小组暂未启动调度推进现场会，相关责任单位和部门协同推进升建工作的氛围还不够浓厚，相关支持举措不够多。南京、晋中和长春等国家农高区成功升建经验表明，升建工作是一项系统工程，省市领导高度重视、多部门协同推进至关重要，以省领导为组长的升建工作领导小组开展多轮工作调度和专题研究，省市相关部门立足各自职能，提出切实有效的举措协同推进升建工作。

（二）政策瓶颈约束亟待突破

一是利用林地进行科研和发展农业产业存在障碍。井冈山农高区的主题是南方红壤高效农业，在红壤丘陵上进行科学研究不可避免要涉及林地。然而园区林地除了建设用地需办理林地审批外，在林地上开展科研试验的配套农业用地也需要办理林地审批手续，审批费时费力，而且经常由于林地指标、砍伐指标（园区所在吉州区无砍伐指标）受限，影响工作推进。二是园区新型研发机构划拨科研试验用地存在障碍。为解决红壤"酸、板、瘠、污、旱、蚀"等关键问题，拟由中国科学院南京土壤所牵头组建红壤研究院，按照"一站两区"的模式打造鹰潭红壤生态实验站井冈山片区，建设长期野外试验观测示范设施，致力于打造红壤改良与治理"井冈山"模式。根据科技部及中国科学院对野外实验站建设的要求，必须获得用于野外观测试验示范土地的长期土地使用权，由此才能获得认可并从国家及中国科学院获得建设相关科研设施的经费支持。但是，目前集体林地转为国有林地无政策依据，导致向园区新型研发机构划拨科研试验用地存在障碍。三是天然冰片使用的审批手续存在障碍。井冈山农高区生物技术板块拥有林科龙脑、文旭冰片等天然冰片生产企业，有望打造成世界最大的天然冰片基地，有助于加快推进全省中医药强省战略。但现已获准使用冰片（合成龙脑）投料生产相关药品的企业，如果改用天然冰片生产同名药品需走新药报批流程，手续繁琐且时间漫长，制约了产业发展。

（三）科创能力和显示度存在短板弱项

一是吉安本地缺乏原始涉农的本科院校和具有影响力的涉农科研机构，仅有一所综合类本科院校（井冈山大学）、一所大专院校（吉安职业技术学院）以及正在组建的综合性市本级农业科学院。省内大学和科研机构主要集聚在南昌，离井冈山农高区200多公里。二是入驻园区的高水平科研平台不够多，常驻园区科研人员不多尤其是高精尖科研人才少。目前，园区与20多家省内外科研院所签订了合作协议，引进的6家新型研发机构成立了领导班子，组建了科研团队，但合作深度不够，常驻园区基本为科研助理和管理人员。三是科技成果转化率和显示度还不够高，高端科技成果略显单薄。园区独立科技成果不多，尤其是国家级科技项目和省级以上科技成果奖少。依托省级专项资金实施的红壤研究院、农机研究院、食品研究院和数字农业研究院建设及其应用场景打造，实施周期三年，其建设成效尚未显现。

（四）项目建设进度需要进一步加快

2022年4月，国务院正式批复同意建设吉林长春等5家国家农高区，意味着第三批国家农高区申报工作随时可能启动。受疫情、土地报批、项目审批报建等进度偏慢、与省市相关部门协调不够顺畅等因素影响，目前，全面完工公建项目不够多，基础设施互联互通还不足，重大科技项目处于启动实施阶段，部分产业项目还未开工建设。按照升建时间节点要求，时间紧、任务重，园区公建项目、科技项目和产业项目建设进度需要高位推进、持续加快，争取升建专家现场考察时，大院大所入驻科创中心，实验楼和检测楼全面启用，园区果宝特攻等重点企业全面搬迁投产，科创资源精美呈现。

（五）农业龙头企业引进和培育有待加强

井冈山农高区大力发展水稻、井冈蜜柚、蔬菜等特色优势产业，但与之相匹配的重大龙头企业尤其是精深加工企业引进和培育相对不足，园区还没有一家国家重点龙头企业和上市公司，现有企业规模和数量还不够大。相比而言，南京农高区拥有省级以上龙头企业20多家，引进中饮巴比、丰码科技、中粮、华润、阿里巴巴、创业黑马等一批科技含金量足、产业契合度高的重大龙头企业。而井冈山农高区仅有省级龙头企业8家，一定程度上制约了产业发展质量、效益和竞争力提升。

三、加快推进井冈山国家农高区升建的几点建议

当前，井冈山国家农高区升建工作进入攻关期，时间紧、任务重，必须对标升建标准和要求，按照"升建规定事项提前到位、提升工作梯次推进"的思路，着力扬优势、补短板、促提升，全力推进升建工作。针对升建过程

中存在的困难和问题，提出"两个尽快、三个着力"的对策建议。

（一）尽快建立完善定期调度推进和沟通汇报机制

一是建立定期调度推进会制度。营造齐抓共管的浓厚氛围，建议升建领导小组建立定期调度推进会制度，进一步健全高效化推进的运行机制，压实责任、合力推进。明确相关责任单位和部门任务分工，加强对升建工作的支持和指导，帮助解决升建中遇到的困难和问题。二是建立定期沟通汇报机制。借鉴山西晋中、吉林长春等国家农高区成功升建经验，积极与科技部等相关部门汇报对接升建工作，争取更多指导和支持。省市相关部门以及井冈山农高区以专报形式或当面向科技部、省委省政府、省科技厅等有关方面汇报升建进展情况，及时掌握升建的新标准和新要求。

（二）尽快设置急难问题处置的"绿色快速"通道

一是破解科研试验用地划拨难题。试点"特区"政策，最大限度简化科研试验的配套农业用地林地审批手续，推进解决向园区新型研发机构划拨科研试验用地的难题，以破解其从国家获得重大项目和建设相关科研设施的经费支持障碍。二是破解进度慢难题。借鉴河源灯塔盆地国家农高区建设经验，为升建工作开辟"绿色快速"通道，重点项目、重点企业和重点工程审批流程全过程优化，简化土地审批、项目审批报建等环节程序，实行"容缺机制"，边建边办边补，企业投资项目实现"拿地即开工、完工即验收"办理模式，促进项目早落地、早开工、早见效。三是补齐智能农机短板。可将省级智能农机研发平台设在井冈山农高区，补齐园区智能农机产业短板，打造国内一流的智能农机装备创新研发中心和智能农机装备制造基地。四是协调畅通天然冰片使用论证审批通道。建议与国家药品监督管理局沟通协调，加快推进恢复天然冰片使用的论证审批工作，优化推进程序，分类施策，加快提升药企选择冰片原料生产的自主化水平。

（三）着力引进一流大院大所建设四大研究院

用好用活现有科创资源，加快已入驻园区科研单位平台建设，组建院士专家咨询委员会，推进院士创新基地建设。围绕推进红壤研究院、食品研究院、数字农业研究院和智能农机研究院建设，重点刚性引进中国科学院、中国农业大学、中国农业科学院等院士专家、高精尖科技人才团队，招聘一批专业科技人才，常驻园区深入开展研究，梯次推进解决红壤改良、丘陵农机等一系列关键核心技术攻关。加快建立"特殊人才特殊政策"制度，在居住生活和福利待遇、教育医疗、科研资助和学术团队建设、突出贡献奖励等方面，为特殊高端人才铺路架桥，增强他们的成就感、获得感和幸福感，产生群贤毕至的示范效应。

（四）着力推进重大项目建设和升建迎检内容提升打造

成立工作专班，对标国家农高区建设要求和标准，倒排工期、挂图作战，牢牢把握好国家农高区"农""科""高"三大特征，全面推进基建项目、科技项目和产业项目建设，提升科创显示度。重点推进省级财政专项资金项目、国家田园综合体项目及国家农村产业融合示范园等项目建设；加快科创中心投入运营，实验楼和检测楼加快装修并投入使用；加速推进园区水、电、路、气、污水处理等项目，实现园区与城区全面互联互通。突出显示红壤主题，壮大主导产业，完善提升园区规划馆、红壤科技馆和红壤应用馆，精心打造红壤创新试验基地、孵化器、科创平台、重点高新技术企业、美丽乡村等升建迎检现场。

（五）着力培育和引进农业龙头企业和行业头部企业

农高区核心在科技，支撑在产业，关键靠企业。聚焦主题和主导产业，加快培育壮大农业龙头企业，大力支持和推进吉安市甚至全省农业产业化龙头企业和高新技术企业向井冈山农高区集聚。运用全产业链思维，开展农高区专题招商，铆住绿色食品、生物技术、智能农机、智慧农业等产业，瞄准水稻、柑橘、蔬菜等特色优势产业集聚程度高地区重点企业进行延链补链拓链靶向招商,着力引进产业链条长、科技含量高、品牌影响力强、示范带动广的行业头部企业、国家重点龙头企业和大型企业集团。

本文系 2022 年江西省情调研课题(22SQ10)和江西省社会科学青年创新团队重大委托项目(22WT22)阶段性研究成果。

课题组组长:

彭柳林　省农业科学院副研究员、博士,省情研究特聘专家

课题组成员:

郑瑞强　江西农业大学副教授、博士,省情研究特聘专家

付江凡　省农业科学院农经信息所所长、研究员

余艳锋　省农业科学院副研究员,省情研究特聘专家

余永琦　省农业科学院助理研究员

王长松　省农业科学院助理研究员

袁婷婷　省农业科学院实习研究员

黄　微　省农业科学院实习研究员

优化江西省生态产品价值实现路径的对策建议

□省社联省情调研课题组

摘要：近年来，江西立足生态优势，积极推动"两山"双向转化，着力探索生态产品价值实现路径，取得了较好成效，但也还存在着对生态产品及其价值实现认识不深、核算不准、机制不全、市场不活、配套不力等现实难题，为此，课题组提出，要紧扣"产业化利用、市场化交易、价值化补偿"等重点领域，通过夯实生态产品价值核算基础、完善生态补偿激励约束机制、健全产权稳步开展市场交易、提升特色生态产业竞争优势、因地制宜探索差异化实现模式等手段，持续优化江西生态产品价值实现路径，助力全面建设美丽江西。

党的二十大报告提出：要"建立生态产品价值实现机制，完善生态保护补偿制度"。近年来，江西省以深入推进国家生态文明试验区和生态产品价值实现机制试点为契机，积极探索生态产品价值实现路径，取得了较好成效，但也存在一些问题。为此，课题组开展专题调研，并提出优化江西生态产品价值实现路径的对策建议。

一、江西省推动生态产品价值实现的有益探索

（一）高位推动工作机制初步形成

2021年6月，江西省委省政府下发《关于建立健全生态产品价值实现机

制的实施方案》。2021年11月，江西省第十五次党代会提出"加快完善政府主导、企业和社会各界参与、市场化运作、可持续的生态产品价值实现路径"，力争"生态产品价值实现机制建设走在全国前列"。

（二）价值核算评估体系逐步建立

一是完善生态产品价值核算体系。发布省级《生态系统生产总值核算技术规范》，以3个设区市、11个县（市）为重点开展核算试算。二是探索建立生态产品价值评估机制。抚州市明确了农村土地经营权和林权抵押贷款的评估标准、管理办法、操作流程和评估机构。

（三）价值实现重点领域基本明确

围绕"产业化利用、市场化交易、价值化补偿"重点领域深化改革。一是构建绿色产业体系，绿色食品、电子信息、中医药等产业发展态势良好。二是打造各类生态产品交易平台，上线中国南方生态产品交易平台，设立抚州生态产品、万年湿地资源运营中心，出台用能权、排污权、碳汇等生态产品交易制度。三是对各类生态功能区进行生态补偿，累计下达流域补偿资金200多亿元。与广东、湖南实施跨省流域横向生态补偿。

（四）价值实现配套政策正在完善

一是绿色金融不断创新。资溪"两山"转化中心、武宁生态产品储蓄银行稳定有序运营，各类金融机构积极拓展信贷、债券、保险等绿色金融业务。二是激励约束不断强化。将生态产品价值指标纳入高质量发展考核指标体系，全面推行自然资源资产离任审计和生态环境损害责任追究制度。在全国首创"绿宝"碳普惠制，推动形成绿色低碳社会新风尚。

（五）价值实现典型示范日益增多

截至2021年10月，江西获评8个全国"两山"实践创新基地和24个国家生态文明建设示范县市,多地因地制宜探索生态产品价值实现路径。比如,资溪通过"森林赎买"将商品林调整为公益林,靖安开创生态产业化经营"三产联动"模式,金溪探索开展农村承包土地经营权和林权抵押贷款。

二、江西省生态产品价值实现面临的主要问题

目前,江西生态产品价值实现总体仍处于探索起步阶段,还存在对生态产品及其价值实现认识不深、核算不准、机制不全、市场不活、配套不力等诸多现实难题。

（一）对生态产品价值实现认识不够深入

一是对生态产品的内涵和外延尚未形成共识,导致识别和核算等环节范围不一致、方法不统一。二是生态产品的多重价值容易被忽视,溢价效应被低估。三是有些领导干部不知道如何实现生态产品价值,存在"生态价值与经济价值割裂""增加生态产品就要牺牲经济发展"等思想偏差。

（二）生态产品价值核算体系还不够精准

一是生态产品类型众多,同一类别的核算方法仍有争议,整体核算就更难以形成共识。二是有些基础数据薄弱缺失、部门数据不统一,难以支撑核算需求。三是已核算的 GEP 数值较高,且未能与人们的物质使用和价格水平对接,影响了核算结果的决策应用。

（三）科学合理的生态补偿机制尚不健全

一是补偿主体单一。纵向财政转移支付的补偿力度小且难以大幅提高。横向生态补偿不多,还需考虑受益者的支付意愿和能力。企业和公众等多元主体参与的补偿较少。二是补偿方式单调。项目、技术、产业补偿和环境保护修复者通过市场交易获益的补偿方式不多。三是资金统筹不够。补偿资金

分散在生态环境、林业、自然资源等多部门，难以满足地方事权支出要求，资金统筹使用难度大。四是绩效评估不足。资金划拨未能体现出区域生态产品供给能力和生态保护成效差异，导致"生态保护好与不好、努力与不努力都一样"。

（四）产权清晰的交易市场还不够灵活

一是自然资源产权不明晰。存在着国家、集体等不同权属性质，缺乏人格化代表，所有者职责不到位。二是环境产权制度未建立。环境容量和排污的法律权属没有明确规定，排污权、碳排放权、用能权等环境权益初始分配、价格形成、交易机制等尚在探索。三是市场建设刚起步。只有电力行业参与了碳排放权交易市场。排污权仅开展了二氧化硫、氮氧化物等主要污染物交易试点。四是交易机制不健全。制度设计缺乏有效激励，参与主体相对单一，交易不活跃。

（五）绿色产品推广配套政策不够有力

一是绿色产品认证体系待规范。有机、节能、环保等产品存在第三方认证、评估、声明等多种形式，在管理层面造成监督职能交叉、权责不一致，企业层面增加重复检测和认证负担，消费者层面辨识困难。二是绿色产品追溯体系未建立，制约了产品溢价和消费者信任。三是政府采购绿色化程度不高，"指挥棒"作用发挥不够，难以有效引导社会公众的购买行为。

三、优化江西省生态产品价值实现路径的对策建议

（一）夯实生态产品价值核算基础

一是科学确定核算方法。借鉴生态系统服务功能价值评估方法，在规范生态产品指标体系基础上，根据不同类型生态产品和功能服务，优选适宜的核算方法。二是完善核算数据基础。建议以县域为单元，打通生态环境和自

然资源等部门现有数据平台，尽快编制完成自然资源资产负债表，推动 GDP 与 GEP 的核算数据对接。三是突出核算结果应用。将核算结果与相关部门制定价、税、费、补偿、补贴等各种政策挂钩。同时作为确定生态补偿标准、资源环境权益初始配额和定价的依据，并与绩效考核体系有机结合。四是深化核算理论研究。支持南昌大学等高校设立"两山"学院，在省级智库和科研院所设立"两山"研究部门，全面深化对生态产品及其价值实现重大理论和现实问题研究。

（二）完善生态补偿激励约束机制

一是合理确定生态补偿标准。现阶段，建议以生态保护成本为基准测算补偿标准，并且将资金支付与生态保护成效挂钩。随着国家相关制度和核算体系逐步完善，再按生态产品产出能力制定差异化补偿标准。二是科学统筹生态补偿资金。根据改革要求和工作实际，在省一级确定资金统筹办法和整合比例，赋予地方政府对下达资金的自主支配权，鼓励地方将补偿资金与本级资金捆绑使用，尽可能提高资金使用效率和地方政府工作积极性。三是建立绩效激励约束机制。加快建立涵盖森林、空气、水质等领域的生态补偿绩效考核指标体系，由财政部门根据考核结果下达补偿资金，倒逼地方更加注重绩效考核结果。四是优化现有生态补偿方式。建议将公益林由按面积改为按"面积＋生态功能"予以补偿。探索县域交接断面水质目标考核以"水量＋水质"进行横向流域生态补偿。

（三）健全产权稳步开展市场交易

在明晰自然资源和环境产权的基础上，多措并举拓宽市场交易路径。一是赋予交易权能。落实国家和集体所有权实现主体，推动形成产权明晰、界限分明的山水林田湖草确权登记制度。将耕地三权分离模式向林权、水权等领域延伸，适度扩大使用权（经营权）转让、抵押、入股等权能。建立排污权、碳排放权等环境产权体系，赋予权利人依法处置权利。二是建好交易市场。

科学确定交易权益品种，建立涵盖生态环境建设项目招投标、资源类、环境类生态产品交易平台，不断扩大平台影响力。三是拓展交易形式。比如，采取配额交易形式开展取水、排污许可证交易。拍卖生态养殖证，有效管控水域养殖污染。探索生态产品供给与建设用地指标增减"挂钩"、生态资产账户异地增减平衡，等等。四是完善配套制度。积极打造生态责任型政府，增强政府间生态产品交易内生需求。守正创新推广资溪"两山"转化中心、万年湿地银行等模式，在开发性和政策性金融体系中稳步提升绿色金融业务占比。

（四）提升特色生态产业竞争优势

立足生态优势加快构建绿色产业体系，持续巩固产业转化路径。一是提升生态农业溢价效应。深挖"绿色要素"，以竹木、茶叶、中药材等为重点，延伸全产业链条，以市场溢价提高产业附加值。二是深挖生态旅游文化内涵。用足"绿、红、古"资源，把乡村游、红色游、节庆游、农家乐等串点成线、连线成面，打造一批有品质、有品位、有品牌的特色生态小镇。三是适度布局环境敏感型产业。以优质生态要素吸引物联网、大数据、光学仪器、医药等产业，打造全国知名的环境敏感型产业集群。四是规范绿色产品认证。借鉴"丽水山耕"品牌打造经验，加快构建"政府信用+区域品牌"和"企业信用+企业品牌"两级"信用+品牌"体系，制定绿色产品统一标准、认证、标识体系。

（五）因地制宜探索差异化实现模式

建议在省级层面选择若干不同生态要素类型、经济社会发展阶段、主体功能定位的县市，试点差异化生态产品价值实现模式。经济较发达且对生态产品需求量大的地区，借鉴"浙江经验"，加大生态补偿力度，提高资金统筹使用效益。积极开展排污权、碳排放权、用能权等市场交易，创新投融资增加生态产品供给。大力发展生态农业、生态旅游、文化创意等多元化生态产业。经济发展一般但生态较好的地区，借鉴"贵州经验"，依托生态优势大力发展环境敏感型产业，打造生态产业名片，持续提升生态产品价值实现效率和规模，协同实现生产发展、生态保护、生活富裕。经济相对落后且生态较为脆弱的地区，借鉴"青海经验"，其中心任务是严格保护生态，经济发展主要靠财政转移支付。在允许开发区域，通过特许经营发展高端化、集约化、稀缺型生态产业，作为生态产品价值实现的有效补充。

本文系2022年江西省情调研课题"江西推动生态产品价值实现的路径与对策研究"（22SQ13）成果。

课题组组长：
刘　勇　省委党校教授，省情研究特聘专家

课题组成员：
张文君　省委党校教授，省情研究特聘专家
肖　坚　省生态文明研究院编审，省情研究特聘专家
张　铭　省委党校讲师，省情研究特聘专家

江西推动低空经济高质量发展对策建议

□ 省社联省情调研课题组

摘要：作为全国低空空域管理改革试点省份，江西开启了低空经济"军地民"数字化建设新篇章，出台了一系列优惠政策，推进了低空航线、站点和基地建设，成功举办了南昌飞行大会和吉安全国航模大赛，低空航空器制造、无人机物流、低空旅游等发展取得了新成绩。针对江西存在尚未形成低空产业链生态系统，尚未形成低空运输网络，通航机场、站点建设不足，低空经济人才培养亟待加强等问题短板。借鉴国内外经验，报告提出了成立南昌、吉安等地低空经济产业园，推动短途运输业、体育产业、文旅产业融合发展，推进物流产业与无人机产业融合发展，推进低空经济人才培养高质量发展等对策建议。

低空经济是以低空飞行活动为牵引，涉及低空飞行、低空旅游、低空物流、支线客运、通航服务、科研教育等跨行业融合发展的综合性经济形态。据预测，到"十四五"末，我国低空经济对国民经济的综合贡献将达到3万至5万亿元。江西作为航空大省以及全国低空空域管理改革试点省份，具备发展低空经济的良好基础和独特优势。江西应大力发展低空经济，抢占低空经济"新蓝海"先机，打造航空领域"新增长极"，为助推江西经济高质量发展提供强劲动能。

一、江西低空经济发展现状

（一）开启了低空经济"军地民"数字化建设新篇章

作为全国低空空域管理改革试点省份，2021年江西成立了以省政府主要领导挂帅的江西省低空协调运行委员会及其办公室，高位推动服务低空经济"军地民"数字化建设。2022年通航飞行协调与服务系统"一网通办"，审批时间由最慢15天变为最快15分钟，提供了数据全联通、服务全功能和飞行全流程的低空飞行服务。

（二）出台了推动低空经济发展的一系列优惠政策

强化扶持政策促江西低空经济发展。2021年7月，江西省人民政府办公厅印发了《关于支持低空经济发展的若干措施》，出台了推动低空经济重大项目建设，全面落实低空经济高新技术企业税收优惠政策等十八条具体措施。

（三）研制了直升机、无人机等一批系列化新产品

江西拥有深厚的低空制造产业发展基础。洪都集团研制生产了农5A/B、K8等一批具有自主知识产权的固定翼飞机。昌飞公司、602所研制生产了大、中、轻型直升机系列化产品。北京通航江西直升机公司、白龙马公司研制了系列无人机。

（四）推进了低空航线、站点、保障系统和基地建设

2022年7月，江西省域内已获批南昌高新地区、瑶湖地区等10个临时空域、28条临时航线，其中吉安通用机场至瑶湖机场、昌北机场至井冈山机场2条重要低空目视航线。

江西建成了南昌和景德镇2个通航飞行服务站。南昌、景德镇、鄱阳、抚州、鹰潭5个地面基站已联网运行，赣东北片区低空服务网络搭建完成。昌飞公司建成了南昌、景德镇、鄱阳三地的低空航管服务保障系统，实现三地互联互通。赣州南康、上饶鄱阳等地建设了无人机试飞基地。

（五）成功举办了南昌飞行大会和吉安全国航模大赛

2019—2021年，瑶湖机场持续举办了南昌飞行大会，为全国通航制造商、运营服务商、飞行器爱好者提供了展示、交流、体验平台。2022年6月，吉安桐坪通用机场举办了"天祥杯"全国航空模型公开赛，展示了低空飞行、跳伞、动力伞、三角翼和特技飞行等航空运动项目。

（六）无人机+高铁联运等物流运营发展呈现新亮点

2020年"双十一"期间，南昌铁路局和顺丰物流推出了赣南脐橙无人机+高铁联运模式。顺丰集团旗下的江西丰羽顺途科技公司获得国内首张无人机航空运营（试点）许可证。2022年，赣州无人机物流配送应用试点获中国民航局认可和推广。

（七）低空旅游和短途旅游发展中不断取得新成绩

安福武功山旅游区被列为国家通航旅游示范工程。"江西快线"获得135部载客类经营许可和运行许可证，已开通"南昌—赣州""南昌—井冈山""赣州—景德镇"、省际"赣州—郴州"、省外"桂林—北海"短途航线。

二、江西低空经济现存问题短板

（一）江西尚未形成低空产业链生态系统

低空产业链生态系统尚未形成，尚无定位发展低空经济类产业园。低空产业是航空产业的重要组成部分。2021年洪都航空低空通航相关业务收入约23.7亿元，低空通航产业助推江西省实现2025年航空产业2600亿元规模的任务艰巨。

在低空产业链供给端方面，低空产业链航空器及设施设备相关芯片、模块、板块等关键技术有待进一步突破。在低空产业链消费端方面，低空产品销售，综合应用不足。截至2021年底，全国通航运营企业599家，江西仅13家，运营主体商业模式创新不足，未形成低空消费龙头带动效应。

（二）通用机场数量少、站点建设不足和低空保障业务相对薄弱

一是通用机场数量少、尚未形成低空运输网络。截至2021年底，江西共建成通用机场8个，距离2025年江西省建成通用机场20个以上、起降点50个以上规划目标，还有较大的差距。

二是老龄化背景下应急医疗救助通航机场、起降站点建设不足。2021年江西省人均超1万美元，60岁及以上人口769万人，占17.02%。老龄化背景下江西11个地级市应急医疗救助通用机场偏少，飞行营地、飞行服务站建设有待进一步推进。高铁站+医院直升机起降点建设有待推进。

三是低空保障业相对较小。飞机加油、停机、维修、除冰、航空救援等低空保障业整体规模相对较小，有待提升。

（三）江西低空经济人才培养亟待加强

江西高校与国内双一流低空经济专业人才培养存在差距。低空经济领域专业技术工程师、科研管理高层次人才不足，吸纳低空经济相关军队退役转业高层次人才渠道不畅。低空经济全产业链所需一系列高素质人才教育培训体系有待完善。

（四）低空产业与文旅、物流、体育等产业融合不足

江西低空产业与文旅、物流、体育等产业融合不足，没有形成明显的协同效应。江西世界遗产低空游览、体育赛事、研学旅游融合发展有待推进。吉安"红绿古"文旅研学与桐坪机场低空体育运动融合不足。现有低空经济项目与物流发展结合有待深入推进。

（五）无人机低空物流网络建设有待推进

南昌尚未形成天地一体低空物流智慧网络。江西本土大型商超、物流企业直升机、无人机+物流配送发展落后于上海、深圳等城市。赣南脐橙、南丰蜜橘等江西特产+低空物流协调发展广度深度有待于拓展。江西推动短途物流运输等领域创新发展不够。

（六）空中游览和低空观光规划和招商运营有待推进

江西空中游览项目科学规划有待于进一步做细。聚集低空经济专家、赣文化学者、旅游专家、审美专家共同规划江西低空观光航线规划工作有待开展。挖掘江西航空文化、赣文化促江西低空经济发展的工作任重而道远。

三、他山之石

（一）美国 Teterboro 机场低空产业区立足区位优势，推动低空制造业、低空保障业发展和低空人才培养

一是美国 Teterboro 机场低空产业区区位优势显著。尽管美国联邦法案禁止美国 Teterboro 通航机场起飞超过 45 吨的飞机，但 2019 年该机场抵港和离港共计 173，625 架次飞机，这对一个通用航空机场来说是一个很大的数字。这是因为 Teterboro 通航机场距离纽约市曼哈顿中心区约 19 公里，区位优势突出。

二是助推低空制造业发展。Teterboro 通航机场规划了低空产业园助推低空制造业发展。

三是推动低空保障业发展。Teterboro 通航机场产业区设立低空管理办公室。低空管理办公室监管四个固定基地运营商 FBO，推动低空保障产业发展。FBO 是飞机加油、停机、维修、除冰、航空救援等低空保障产业的运营商。

四是成立航空学院以加强高技能人才培养。机场低空产业区 Teterboro 航空学院培训航空维修技师专业人才、飞行执照和考试。机场低空产业区建成了美国国家航空名人堂和博物馆，通过参观学习，激励航空学子成长。

（二）美国斯普鲁斯溪低空产业、旅游产业、体育产业融合发展

美国斯普鲁斯溪曾是空中办公和工业园区所在地，后期发展采用低空产业、旅游产业、体育产业融合发展模式。

一是拥有众多低空产业发展的优势条件。凭借云杉溪机场设施的完备，拥有年平均228个晴天、能见度高、冬季降雪少等利于飞行的气候条件，拥有足够的飞机维修站、飞机零配件店铺，拥有很多个飞行俱乐部，助推低空产业发展。

二是拥有世界一流的旅游资源。斯普鲁斯溪是风景优美低空旅游度假目的地，离世界闻名的旅游胜地代托纳海滩不过7英里。斯普鲁斯溪建设了高端酒店等生活配套设施。

三是开展多样性的飞行体育活动。斯普鲁斯溪各种俱乐部定期组织飞行表演活动、网球活动、自行车活动、独木舟活动等飞行体育活动。斯普鲁斯溪拥有一整套高品质的8个轻型网球场。斯普鲁斯溪不仅能充分体验低空飞行乐趣，还能领略自然之美和体育运动之美，吸引着包括飞行员、空管人员、商人等各行各业的飞行爱好者。

（三）美国发展无人机物流提高业务效率

美国沃尔玛、亚马逊等零售巨头，以及UPS和DHL等物流巨头通过无人机物流提高业务效率。谷歌旗下的翼航公司用无人机为数万户居民配送健康食品、宠物用品等。2021年11月，沃尔玛在美国阿肯色州使用无人机送货。顾客订单商品会在30分钟内，通过无人机空运送到顾客的院子里。

（四）上海着力推进无人机物流发展

一是推进海岛场景无人机物流运输。2021年8月，从上海金山水上机场跨海飞达浙江舟山，两架无人机装载20斤梭子蟹、大黄鱼等生鲜，低空运输返回上海用时1小时，相比较陆地运输则需要8小时。

二是推进城市无人机物流发展。2021年7月，上海市金山区政府与美团

共建全国首个城市低空物流运营示范中心,打造了"人机协同"15分钟低空城市物流配送圈。

(五)浙江建德短途运输和航空运动+研学旅游发展卓有成效

浙江省建德航空小镇开通建德—上海金山、建德—浙江舟山、建德—安徽黄山、建德—江苏镇江4条通勤旅游航线。建德推出高空跳伞、低空游览+直升机跳水、无人机、热气球、航空科普中心等低空项目,大力发展低空运动+研学旅游,促进了低空旅游经济发展。

综上所述,美国斯普鲁斯溪机场、Teterboro机场发展对应南昌瑶湖机场、吉安桐坪机场等通用机场发展,美国发展无人机物流提高业务效率,上海着力推进无人机物流发展,浙江省建德航空小镇短途运输、低空运动+研学旅游等经验做法,对江西省抢抓低空经济发展机遇,打造航空领域发展"新增长极"具有借鉴作用。

四、江西推动低空经济发展的对策建议

(一)成立南昌、吉安等地低空经济产业园

成立南昌航空城低空经济产业园,整合低空、机械、电子、北斗、体育、文旅等产业,壮大低空产业链,带动千亿相关产业增长。设立吉安桐坪低空经济产业园,建设民用无人机风洞实验室和无人机测试等航空试验区,促进低空产业、体育产业、文旅产业等产业融合发展。

打造低空经济产业链生态系统。在低空产业链供给端方面,提升航空器芯片、模块、板块等关键产品制造能力,提供优惠税收减免政策和配套金融融资政策,发展壮大南昌、景德镇等地低空航空器相关零部件和整机的研发、制造。供给更多样的低空旅游、低空物流等产品。

在低空产业链消费端方面,培育拓展低空消费市场。鼓励低空+农业服务企业拓展农业植保相关业务,增加低空农业植保消费额。充分结合江西旅

游资源，按主题设计低空旅游产品，扩大文旅消费规模。加快在山区、道路不便利的地区开展短途运输业务，着力解决群众出行"最后一公里"的实际需求。

（二）推进低空经济类人才培养高质量发展

以政府购买服务等形式推动低空经济类人才培养，加快推进江西飞行学院创建。以江西飞行学院为主体，鼓励其他高校开设低空经济专业，培养低空经济全产业链高素质人才。服务江西低空教育培训，引进和培养一批低空经济高层次拔尖人才，培育低空经济领军型创新团队。出台吸纳低空经济相关军队退役转业高层次人才新政策。高校搭建低空经济服务产学研服务平台，助推江西低空经济类人才培养高质量发展。

（三）推动机场、起降点、维修基地等低空保障业发展

江西推动一地级市至少一个医疗救援起降点建设行动。大力推进高铁站、地级市三甲医院直升机起降点建设，地面、空中立体交通联合提供医疗救援服务。构建低空救护网有助于提高病人救治成功率和实现医疗救援经济效应。

推进直升机、无人机+山洪等地质灾害低空救援服务。大力发展森林城市消防、旅游突发事件等低空应急救援服务。景德镇聚焦直升机和无人机航空应急救援保障产业，扶持壮大一批应急救援产业链上下游骨干企业。各地级市推动通用机场、直升机起降点、飞行营地、飞行服务站、维修基地、通信导航、气象服务、油库等低空保障产业发展。

（四）推动短途运输业、文旅产业、体育产业融合发展

江西推动10条短途运输航线+文旅产业+体育产业融合发展（见图2-1）。推进吉安通用机场至瑶湖机场、昌北机场至井冈山机场等省内28条短途运输航线开通运营。推动运营省际短途航线包括：南昌—武汉、南昌—长沙、南昌—合肥、上饶—南京、赣州—深圳、赣州—广州等。

推进低空产业+文旅产业融合发展。精心设计游客空中游览江西庐山、龙虎山、龟峰、江西武夷山、三清山五大世界遗产低空旅游产品（见图2-1）。

创新采取飞地经济发展模式，吉安桐坪低空经济产业园推进低空运输、体育运动、极限赛事、文旅研学等产业融合发展，着力推进航空模型、飞机

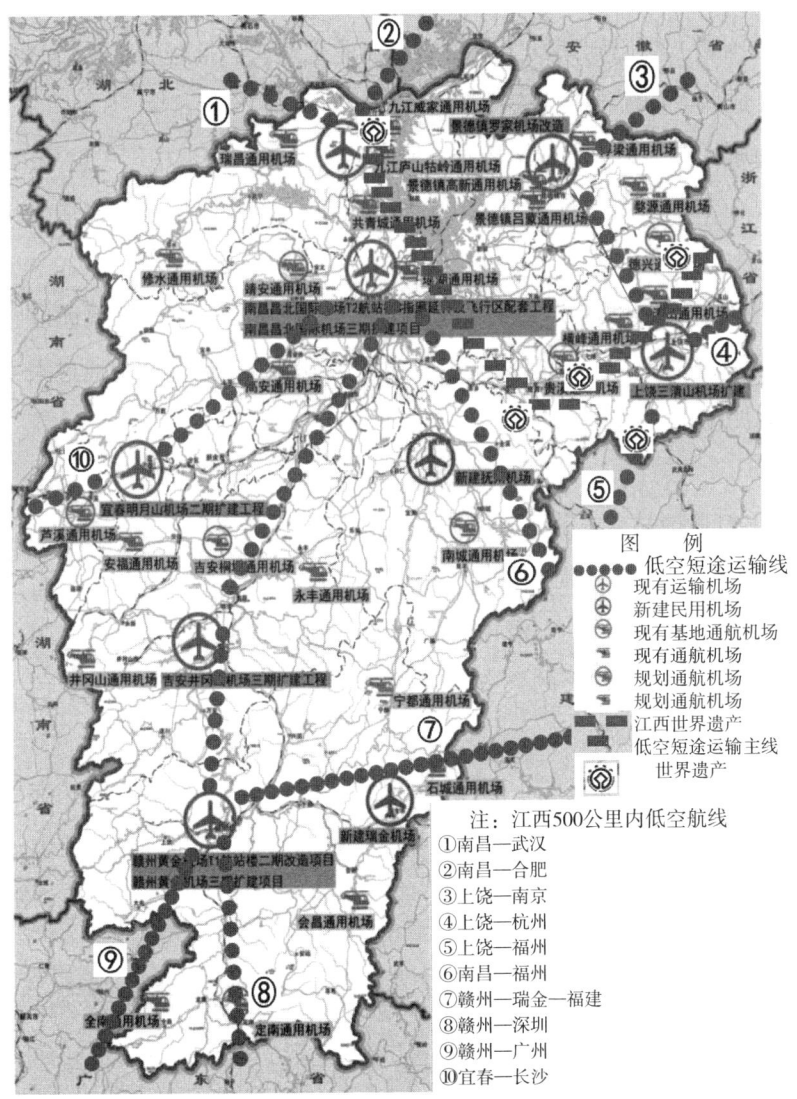

图2-1　江西省低空短途旅客运输+空中游览主线路

说明：本图源自《江西省"十四五"机场规划建设示意图》加工整理而成。

跳伞、动力伞、三角翼、热气球+航空文化科普+"红、绿、古"文旅资源+研学旅游融合发展项目招商和开发运营。

（五）推进物流产业与无人机产业融合发展

加大物流产业+低空产业融合发展力度。大力支持直升机、无人机运输军山湖大闸蟹，鄱阳湖湖鲜等低空物流商业化运营。推进低空物流智慧网络建设，打造低空物流产业生态圈。

以南康区作为无人机物流配送试点项目为契机，争取中国民航局的支持，适时扩大在全省的试点范围。主动参与制定无人机物流标准，打造赣州空中智慧物流生态圈。

江西拥有10条低空短途物流运输航线（见图2-1）。建设偏远地区通用机场或起降点，与10条低空物流主线相连接组成低空运输网，通过大力发展低空物流促进我省乡村振兴。

（六）打造精品空中游览项目，建设低空观光航线

打造10个精品空中游览项目：空中欣赏武功山、庐山、长江—石钟山—鄱阳湖、明月山、婺源、三清山、江西武夷山、龟峰—龙虎山、井冈山、赣州古城—通天岩十大优美的景致，依托现有通航机场+独特优美景色，低空游客进行空中细部欣赏。

建设6条低空观光航线：南昌—九江（庐山、长江、鄱阳湖）、南昌—武宁（柘林湖）、南昌—景德镇、景德镇—婺源、三清山—龟峰—龙虎山—江西武夷山、赣州—瑞金。低空观光线沿着一定的风景路线，逐步游览，随着移动过程，优美独特景致也就发生变化。

充分挖掘江西航空文化、赣文化元素融入江西精品空中游览项目和低空观光文旅航线，推进精品空中游览项目和低空观光航线招商引资和商业化运营，促进江西低空经济高质量发展。

本文系 2022 年度江西省情调研课题"低空空域改革背景下江西低空经济发展路径研究"（22SQ07）阶段性成果。

课题组顾问：
秦夏明　江西经济管理干部学院院长、教授

课题组组长：
肖鸿晶　江西经济管理干部学院副院长、教授，省情研究特聘专家

课题组成员：
钟小根　江西经济管理干部学院副教授

李晓华　江西经济管理干部学院副教授

宋　琦　江西赣江通用航空有限公司执行董事

张湘南　江西省工信厅航空和船舶工业管理处副处长

抢抓全球稀土格局剧变机遇
全面提升江西省稀土全产业链竞争力

□省社联省情调研课题组

摘要：近期，由于"双碳"战略实施叠加美西方重构稀土供应链行动，稀土原料价格大幅度上涨。此次价格上涨背后的缘由与2011年截然不同，其供求关系变化将对全球未来稀土格局产生深远影响。江西作为稀土资源大省，应抢抓契机，立足稀土产业链比较优势和劣势，合理规划稀土全产业链；瞄准稀土永磁电机主攻方向，加快招大引强，尽快形成规模优势；坚持创新驱动，做强稀土永磁材料产业；重点布局海外，增强对稀土资源的掌控力和保障力；创新政策工具，加强稀土产业链、政策链深度融合，全方位塑造江西稀土全产业链竞争新优势，真正实现稀土资源大省向稀土产业强省转变。

一、全球稀土产业链格局迎来根本性变化

近期，我国稀土价格持续飙涨引发各界普遍关注，稀土原料价格从2020年5月开始经过两年多的持续、大幅上涨，目前价位已逼近2011年6月历史最高点。2011年初社会资本借助国家稀土原料限产政策大肆炒作，使稀土原料价格在短短半年时间上涨了4倍，其后在不到两年的时间内，稀土原料价格下跌到原有水平。

此次价格上涨与2011年截然不同，是全球新能源发展和各国环保政策的

推行，尤其是国内"碳达峰、碳中和"战略实施，导致新能源汽车、变频空调、工业电机、轨道交通、风力发电等低碳产业发展对稀土永磁材料形成了大量需求，推动稀土原料价格长期趋势性上涨。全球稀土产业链供求格局正由供过于求转变为供不应求，镨钕镝等关键稀土元素供需失衡矛盾日益突出。

长期以来，美西方因大量终端应用所需的关键稀土元素冶炼分离规模较小，供给严重不足，对我国的依赖度超过90%，因此，美西方虽拥有高端应用技术但稀土原料供应受限而导致终端应用规模不足。为了降低对我国稀土供应的依赖，实现稀土供给安全保障，维持其在稀土高端应用领域的比较优势，2012年以来美西方利用资本力量极力构建去中国化全球稀土供应链联盟，全面加强稀土"上游"资源战略整合和"下游"高端应用关键技术封锁。可以预见，未来在低碳产业的持续拉动下，对稀土永磁材料及其上游资源的需求将持续高涨，围绕着稀土全产业链的国际博弈将愈发激烈。

在全球稀土供需格局发生根本性变化的新形势下，江西作为素有"稀土王国"之称的稀土资源大省，如何维护稀土供应链产业链的稳定性；在美西方对中国实施技术封锁的现实困境下，如何通过自主创新，做大做强稀土高端应用产业，这是事关保障稀土资源安全、提升江西稀土全产业链竞争力，助力我国真正并长久地拥有全球稀土话语权的重大问题。

二、全球稀土格局剧变下江西稀土产业链现状

稀土产业链的基本关系为：稀土资源→稀土矿产品→冶炼分离产品→功能材料→稀土应用。从稀土全产业链看，江西虽建立起了全国最为完整的稀土产业链，但在全球稀土格局发生重大变化的形势下也面临新的挑战。

（一）稀土资源及矿产品绝对优势迅速下降

江西曾在全球拥有中重稀土资源绝对优势，但近年来随着国外中重稀土资源的发现，江西稀土资源储量全球占比已有所下降。江西每年稀土开采量

曾经占全国离子型稀土开采总量指标的50%以上，但自2015年停产了七年，虽然今年5月重启了稀土开采，但复工复产的只有少数几家矿山。近几年国家下达的稀土开采计划总量持续增加，但江西占全国开采计划比重不升反降，稀土矿开采优势地位迅速下降。目前，江西主要通过非正规渠道从缅甸进口稀土矿，这对维持企业正常生产发挥了重要作用，但存在较大的政策变数（如缅甸稀土屡次封关），资源保障问题突出。

（二）稀土冶炼分离产能优势持续下降

稀土冶炼分离产品是对稀土矿产品进行萃取分离、冶炼形成的稀土单一元素、混合元素、稀土金属等。江西稀土冶炼分离能力较大，产品产量曾占全国近50%。近年因江西省内稀土矿停产，冶炼分离产品产量迅速萎缩，而其他稀土资源省份不受停产限制，受"双碳"目标驱动产能迅速扩张。2021年江西稀土冶炼分离产品产量、营收分别仅占全国的17.4%、11.8%，竞争优势持续下降并影响后端产业发展。

（三）稀土永磁材料具有一定规模优势

稀土功能材料是对稀土冶炼分离产品进一步加工制造，形成具有光、电、磁、热、化学、生化等特定功能的新材料，主要包括永磁、发光、抛光、催化、储氢等材料。其中，稀土永磁材料是目前世界上应用价值最高、最具发展前景的新材料，全球约35%的稀土原料用于生产永磁材料。目前，我省在稀土永磁材料上具有一定规模优势，但大部分属于中低端产品。2021年，江西稀土永磁材料营业额128亿元，约占全国的40%，但规模增速趋缓。受省内稀土原料供应不稳定影响，金力永磁近几年的新增投资落户包头，这对本省稀土永磁材料产业发展极为不利。

（四）稀土终端应用发展相对落后

在稀土产业链上，稀土终端应用决定了稀土价值大小和稀土产业链各环节的稀土产品需求量，因此，稀土终端应用变化决定了整个稀土产业链的发展趋势。稀土除了应用于冶金、石化、玻璃陶瓷等传统领域，更广泛应用于电子信息、新能源汽车、航空航天、环保等高科技领域。目前，我国在高科技领域的稀土应用范围和技术上与美西方还有较大差距，但在碳中和领域中的风力发电、新能源汽车、变频空调、轨道交通等产业对稀土应用得到了飞速发展。2021年，我国新能源汽车产量354.5万辆，占全球比重超过50%；新增风电装机47.7GW，占全球比重达到了51%。

由于新能源汽车、风力发电、变频空调等低碳产品制造，以及航空航天、高端数控机床、智能机器人等其他高科技领域需要大量使用稀土永磁材料生产的稀土永磁电机，而目前稀土永磁电机产值占比不到10%，因此稀土永磁电机产业还有巨大的发展空间。近两年来，内蒙古、福建、四川等稀土资源地以及浙江、江苏、山东、广东、上海等电机主产区加快布局，出台了多项政策支持稀土永磁电机产业发展。目前江苏、浙江电机产业占据了市场的70%，已形成较大规模稀土永磁电机产业集群。

江西依托"中国稀金谷"早在2019年就规划建设了中国第一个稀土永磁电机产业园，但发展至今尚未形成集群效应，稀土永磁电机产业发展已相对落后。2021年江西电机设备工业产量全国占比不到2%，其中，2021年赣州市以及电机龙头企业江特电机的稀土永磁电机营业额分别仅占广东大洋电机一家企业的2%和15%。

从整个稀土产业链来看，稀土终端应用发展滞后已成为江西稀土产业链上的最大短板。如果稀土终端应用发展缓慢，就无法带动江西稀土产业的快速发展。

三、抢抓契机，做大做强江西省稀土全产业链的策略

（一）延链：优先做大稀土永磁电机产业，尽快形成规模优势

1. 坚定不移地向稀土永磁电机产业延伸

在"双碳"目标驱动下，稀土在新能源领域的应用规模会持续扩大，其

中发展规模最大、速度最快、前景最为明确的就是各类稀土永磁电机。江西在资源、技术、产业契合度等各个方面都具备发展稀土永磁电机产业的相对优势。

一是稀土产业链支撑能力强。稀土永磁电机对镨钕镝等关键稀土元素高度依赖，江西中重稀土储量世界第一，拥有较完整的稀土产业链，在国内同一产业领域具有相对优势。而中国稀土集团将助力江西在全球稀土供应链中占据主导地位，为发展稀土永磁电机产业提供强力支撑。

二是具有技术和配套产业优势。江西拥有"两院四中心"为首的科研创新平台，2022年有研集团与中国稀土集团共建稀土创新基地，将在技术上进一步支持稀土产业发展；江西在电机制造及其零部件加工和装配生产上也具有较好基础。

三是具有广阔的应用场景。稀土永磁电机广泛应用在电动汽车、航空器材、电子信息等终端产品上，这些产业都是江西大力发展的重点产业。这些产业的高质量发展离不开稀土永磁电机的支持，同时这些产业的快速发展将为稀土永磁电机产业发展提供强大的需求牵引。

2. 尽快确定稀土永磁电机主攻方向，集中力量优先发展

稀土永磁电机种类繁多，江西要发展所有类型的稀土永磁电机难度很大。建议组织电机工程技术和产业经济领域专家共同论证本省稀土永磁电机主攻方向，综合考虑本省电机产业发展基础、技术积累情况，做好市场和竞争对手分析，在新能源汽车驱动电机、风力发电机、航空装备（如飞机轮毂电机、飞机控制电机、无人机驱动电机）、白色家电（如变频空调电机）等特种永磁电机中选择最具经济和技术可行性的突破方向，集全省之力优先发展。

3. 全力做大电机产业规模，尽早形成产业集聚

一是培育领航企业，推动电机产业整合。建议加快实施大企业大集团培育领航计划，建立起"专精特新→瞪羚→独角兽"多位一体的企业梯度培育体系；以稀土永磁电机生产技术为核心进行电机产业整合，组建大企业集团。

二是加快招大引强，吸引电机及其配套项目企业向本省转移。紧盯世界

500强、中国500强加大基金招商力度，吸引国内外大型电机企业及其配套项目、研发机构入驻"稀土永磁电机产业园"，着力提升产业配套率；积极拓展与长三角和粤港澳大湾区电机企业的精准对接，寻求与国内优势大型电机企业合作，积极引进战略合作者；通过"一企带一链，一链成一片"，率先在全国形成稀土永磁电机产业集聚区。

三是建立稀土永磁电机产业联盟。如果没有稳定的原料供应和终端用户需求，电机企业就没有意愿投资进行规模化生产。建议江西出台相关政策鼓励新能源汽车、变频空调、电子信息等稀土永磁电机终端用户企业、电机生产企业和稀土永磁材料企业，通过签订供应链合同或以参股、控股等方式建立产业联盟，共同开发和推广稀土永磁电机，畅通上下游产业链，构建全产业链生态圈。

（二）强链：坚持创新驱动，做大做强稀土永磁材料产业

1. 做大稀土永磁材料产业，确保下游市场的材料需求

稀土永磁电机对永磁材料高度依赖，如果稀土永磁材料产业本身规模较小，则无法有效吸引稀土永磁电机企业向江西转移。建议江西大力支持稀土永磁材料企业扩大规模，为本省稀土永磁电机产业提供稳定的材料供应。

2. 加大科技投入，做强稀土永磁材料产业

一是加大高端稀土永磁材料的研发力度。新能源汽车、风力发电、变频家电等低碳领域对高端稀土永磁材料的需求日益增长，建议依托中国科学院赣江创新研究院和有研集团，锚定本省稀土永磁电机主攻方向，加快研发符合需求的高端稀土永磁材料，打造技术领先优势。

二是开发低成本、高丰度稀土永磁材料。稀土永磁材料主要使用镨钕镝等高价稀土元素，镧铈钇等低价高丰度稀土元素则大量积压。2016年，中国工程院李卫院士研发铈磁体不仅有效解决了北方稀土铈元素大量积压浪费问题，而且大幅降低了企业生产成本，产生了巨大的经济效益。建议江西依托中国科学院赣江创新研究院，加大双高稀土、无重稀土、再生稀土、高丰度

钇稀土永磁材料的研发力度。

（三）补链：保障稀土原料供给，建立稳定的供应链

1. 依托资源禀赋优势，扩大稀土冶炼分离产能

"双碳"目标的实施使得市场对稀土永磁关键原料的需求与日俱增，但2022年江西离子型稀土冶炼分离产品指标仅占全国的6%。赣州稀土矿镨钕镝铽等关键稀土元素配分占比高达27.56%，是全球稀土矿当中配分最高的。为突出本省资源禀赋优势，建议向国家争取更多的离子型稀土冶炼分离指标，以保障我省稀土永磁产业发展的原料供应。

2. 加快海外布局，抢占国际稀土资源市场

开采海外稀土矿不用受限于国家配额指标，不仅有利于冶炼分离产能扩张，而且有利于我国的稀土资源和环境保护，国内稀土企业如盛和资源正加速海外资源布局。江西在稀土海外布局上有巨大的人力资源和技术优势，建议在推动稀土矿山复产的同时，应重点向海外拓展，充分发挥中国稀土集团的"出海"优势，通过收购股权、签订长期合同等方式尽快参与缅甸、越南、老挝、哈萨克斯坦等国的稀土资源开发，抢占国际稀土资源市场，提高资源掌控力和保障力。

（四）稳链：加强产业链政策链深度融合，以政策合力稳链固链

1. 提高财政补贴的精准性

稀土永磁电机成本高于传统电机30%～50%，现行节能政策力度尚不足以刺激有效需求。建议财政部门在国家原有高效电机财政补贴政策的基础上，完善和优化补贴方式，由补贴电机生产企业转为补贴稀土永磁电机用户，迅速形成稀土永磁电机的市场需求。

2. 健全投融资保障机制

建议制定和完善有利于稀土高端应用产业发展的风险投资扶持政策，通过基金引导性的投入和系统性的要素资源整合，带动社会资本投资高性能稀

土永磁材料和永磁电机等高值应用领域；支持金融机构开展符合稀土行业特点的信贷产品和服务。

3. 完善招商引资政策

由于江西稀土永磁电机产业配套及其服务不足，企业需从省外采购电机生产零部件所带来的高物流成本和缺少电镀、涂层等表面处理专业厂家成为阻碍电机企业落户江西的共性问题。建议对引进企业的物流成本给予一定的运输补贴；加快推进电机产品检测平台建设，高规格规划建设"表面处理专业园区"，完善电机配套服务等各项保障工作。

4. 提高高层次人才待遇

目前，江西稀土永磁材料和电机企业对创新型和高技能人才的需求都极为迫切，虽然已出台相应的人才引进政策，但高层次人才依旧匮乏。建议实施人才科技成果定价权自己定、90%的转化收益奖励给主要贡献者、奖励直接发给个人、不计入工资总额基数等更大力度的优惠政策吸引高层次人才落户我省，扎根稀土永磁产业发展。

本研究报告系2022年度"江西观察报告"课题"江西稀土产业链应对全球稀土格局剧变的持续追踪研究"（22SQ01）成果。

课题组组长：

赖　丹　有色金属产业发展研究院教授，省情研究特聘专家

课题组成员：

吴一丁　有色金属产业发展研究院教授，省情研究特聘专家

方文龙　有色金属产业发展研究院博士生

陈伟强　中国科学院赣江创新研究院研究员

关于进一步加强江西省国资监管、深化国资国企改革创新的建议

□程月明　于海燕　林楚轩　谢洁　陈春容

摘要：2020年以来，江西省大力实施国资国企改革创新三年行动，扎实推进各项重点改革任务，国有资本布局结构持续优化，资源配置效率不断提高。为了进一步深入推进国资国企改革、加快推动江西省国资国企高质量发展，本报告提出了相应的对策建议：完善公司治理体系，大力推进建立中国特色现代企业制度；进一步完善国企激励机制，全面深化我省国企三项制度改革；大力推进国资国企创新，提升国资国企核心竞争力；进一步完善监督体系，为我省国资国企高质量发展保驾护航。

党的二十大报告中指出，"深化国资国企改革，加快国有经济布局优化和结构调整，推动国有资本和国有企业做强做优做大，提升企业核心竞争力"。2020年以来，江西省大力实施国资国企改革创新三年行动，扎实推进各项重点改革任务，国有资本布局结构持续优化，资源配置效率不断提高，省属国企经营实现"量、质、效"齐升，以全省国有企业三成的资产实现了近七成的收入、利润。2021年9月、2022年4月，江西国企改革创新三年行动评估连续两次获评A级。新形势下，贯彻落实党的二十大精神，进一步深入推进国资国企改革、加快推动国资国企高质量发展是江西面临的重大课题。

一、江西省国资国企改革创新深化面临的问题

（一）公司治理体系不完善，现代企业制度尚未完全建立

一是部分省属国企贯彻落实现代企业制度文件要求有的不到位，对董事会建设不够重视。比如，有些公司至今没有建立董事会，只有一位董事长；有的省属国企董事会下设机构不健全，人员配备亦不到位；有的省属国企党的领导融入公司治理不够成熟，决策事项权限划分不够明确。二是在保障经理层依法行使履职方面，董事长不放权现象普遍，部分省属国企董事会向经理层授权的管理制度不够规范。

（二）激励机制不健全，三项制度改革推动还不够大

一是在经理层成员任期制、契约化管理上，效果不明显，存在形式大于内容问题。比如，有的国企虽然签订了岗位聘任协议和经营业绩责任书，但岗位职责、考核指标、奖惩办法、退出条件等方面硬约束不足，执行不到位。二是股权激励、分红激励等方面没有真正完全落实。省属国企同一层级不同岗位管理人员和员工的收入没有合理拉开，核心人才激励方式主要靠绩效薪酬，股权和分红等中长期激励方式运用不多。平均主义和大锅饭现象依然较普遍存在。三是职业经理人制度并没有完全落实到位，存在重选轻用等问题。

（三）创新能力不足，混合所有制改革实际效果有待提升

一是科技创新投入不够，2021年省属国企研发投入为128.55亿元，占全省科研经费投入的25.6%，研发投入与其所占资源不相匹配；省属国企拥有国家级研发平台数量仅14个，远低于湖南（37个）和山东（53个）。省属国企中除江铜集团、江钨集团和新钢集团研发投入占比较高外，其他省属国企普遍偏低。二是部分省属国企在引入战略投资人上办法不多，力度不够。三是有的省属国有企业经营机制市场化推进力度不够，混改部署缺乏战略引领，甚至有些企业不想改、不敢改、不会改。

（四）监督体系不健全，制约国资国企高质量发展

在建设全省线上监管系统、强化监督与违规责任追究、转变国资监管机构职能、建立重大风险防范机制、国有企业"一把手"廉政风险防控方面落实效果均不明显。部分国企存在随意监管、监管越位缺位错位现象，甚至还存在无人监管现象。

二、二十大后国资国企改革创新深化的新趋势、新要求

（一）完善中国特色现代企业制度，将成为激发国有企业活力的制度基础

党的二十大报告提出"中国式现代化"，中国特色现代企业制度将成为国有企业改革的重要内容。未来五年，是中国特色国企公司治理体系完善巩固的五年。"中国特色"就是把党的领导完全融入公司治理中，"现代企业制度"主要体现在公司治理上，改革重点必须是进一步厘清党委（党组）、董事会、经理层之间的权责边界，真正形成权责利对等、权责透明、协调一致、制衡有效的治理机制。

（二）提升企业核心竞争力与做强做优做大国资国企将成为国资国企改革的核心目标

未来五年，国有企业核心竞争力的打造，将主要集中在全力提升创新、科技、管理、产业、效率等方面竞争力。在供应链风险、运营风险、财务风险、合规风险等方面持续提升管控能力，不断提高国有企业集团经营管理能力和国有控股上市公司的资本质量、资产质量、业务质量、治理质量，将是国企做强做优的重要内容。

（三）进一步加快国有经济布局优化和结构调整将成为国资国企改革的重要任务

未来五年，国家将会在战略性资源供给保障、高端化智能化绿色化制造业、

现代化基础设施，以及关系国家安全、国民经济命脉和国计民生的新兴产业领域深入布局和重点优化。加强国企的主责主业管理，深入开展国有企业集团子企业的战略性与专业化的重组整合；同时，加强央企和地方国企的整合与联合，积极推进国有企业战略性重组和专业化整合，都将成为国资国企改革的重要任务。

（四）弘扬企业家精神和建设企业家队伍将会成为国资国企改革新亮点

党的二十大报告提出，"完善中国特色现代企业制度，弘扬企业家精神，加快建设世界一流企业"。企业家是企业改革创新的灵魂，弘扬企业家精神，建设企业家队伍将在推动国企改革发展中起关键性作用。因此，完善充分体现我国国企特点、有别于党政领导干部的领导管理制度，充分激发以企业家为代表的国企核心高级管理干部队伍的积极性，使其充分发挥战略创造性和领导力，将会成为国资国企改革新亮点。

三、推进江西省国资监管、国资国企改革创新的对策建议

（一）完善公司治理体系，大力推进建立中国特色现代企业制度

1.将党的领导全面融入国企公司治理体系，建设具有中国特色的国企公司治理机制

国企党委（党组）真正发挥"把方向、管大局、促改革、保落实"的领导作用，同时避免党组织"大包大揽"和"虚化弱化"并存问题。全面厘清党组织、董事会、经理层和上级控股股东等治理主体权责边界，制定并推行公司治理主体权责清单，即党组织前置研究讨论事项清单和"三重一大"决策清单、国有股东授权清单、董事会决策事项清单、经理层经营权限清单等四大权责清单，从而将职权界定量化、表格化、流程化，真正有利于执行和操作。

2. 依法建立完善的国有企业公司董事会，健全国企公司法人治理结构

一是真正落实国企董事会基本职权，包括中长期发展战略规划、高级管理人员选聘、业绩考核、薪酬管理、重大财务事项管理等。二是完善国企董事会运行机制。建立董事会办公室工作规范、专门委员会工作规范、董事会会议召集和决策流程工作规范、董事选聘工作规范、董事履职工作规范、董事考核工作规范、董事会决议跟踪与后评估工作规范等制度。三是改进董事考核评价，建议采用"三分类"考核的模式，将董事长、专职董事、董事总经理等职务考核与公司业绩考核直接挂钩。四是健全国有企业外部董事选聘制度，国企集团公司可以集中建立一个外部董事人选的"人才库"，广开大门欢迎各界外部符合条件人士加入。

3. 建立规范的经理层授权和报告管理制度，提升国资国企市场化治理水平

一是形成一个明确的经理层经营职权清单，完善权责对等的经理层行权履职规则，国企董事会可以将公司相关决策权限授予经理层。二是建立总经理向董事会报告机制，包括定期报告、年度报告和专题报告三种形式，真正实现决策层和执行层进行互动。三是加快建立职业经理人制度，在聘任、考核、薪酬、行权、退出五大方面制定任期制和契约化管理制度，将内部培养和外部引进相结合，合理增加市场化选聘比例，推行职业经理人制度，扩大职业经理人覆盖面。

（二）进一步完善国企激励机制，全面深化我省国企三项制度改革

1. 推行国企股权和收益分红激励，做好国资国企中长期激励规划

大力推动全省国有企业不断深化收入分配制度改革，积极探索资本、管理、技术等要素参与分配的方式和途径，加快实施股权激励和员工持股等中长期激励方式，鼓励和引导国有企业负责人、科研骨干、管理和技术骨干等参与股权激励计划。国有控股上市公司股权激励可采用股票期权、股票增值权和限制性股票形式，其激励对象原则上限于上市公司董事、高级经理人员以及对上市公司整体业绩有直接影响的核心技术骨干和管理人才。国有科技型企

业中长期激励适用范围为事业单位转制院所公司、国家认定的高新技术公司、高等院校和科研院所投资的科技公司。国有控股混合所有制企业激励侧重于在关键岗位工作对公司经营业绩和持续发展有贡献的科研人员、经营管理人员和业务骨干。

2. 全面优化国资国企人才发展机制，促进人才与国资国企风险共担利益共享

一是大力弘扬企业家精神，深入总结优秀企业家成长规律，系统探索有别于党政干部的国有企业领导人培养和管理体系，逐步建立科学有效的国有企业家选拔、培养、考核、评价、任用机制；加强优秀企业家精神的传播和宣传，营造尊重企业家和保护企业家权益的环境氛围；完善企业家成长环境，构建容错试错机制，增强企业家勇于创新改革的安全感。二是立足自主培养一批科学素养深厚的、培养潜力大的优秀骨干人才，长期支持在基础研究方面取得突出成绩创新型科技人才。三是强化人才引进，大力引进急需紧缺人才。进一步加大中长期激励力度，促进人才与企业风险共担、利益共享；完善科学家、首席专家、科技带头人等制度，细化科技人才岗级职级。四是加强对国有企业一线骨干人才激励。完善荣誉表彰体系，加大宣传先进典型力度，激发人才创新创造活力。

3. 继续全面推行经理层任期制和契约化管理，增强国有企业经理层的经营活力

为了充分激发国有企业经理层成员的活力和创造力，提升全省国有企业市场化和现代化经营水平，全省国有企业要打破国有企业"大锅饭"和"铁交椅"，全面推行经理层成员公开竞聘，科学合理制定契约经营目标，强化薪酬激励，从而加快从传统的"身份管理"向市场化"岗位管理"转变。同时，按绩效考核对经理层进行管理，推行薪酬和绩效挂钩的管理，立下绩效协议，明确权责，实现职务能上能下、收入能增能减，真正使管理人员"能上能下"成为常态。

(三)大力推进国资国企的创新,提升国资国企的核心竞争力

1.优化国有经济布局结构,强化国企创新集聚效应

在优化我省国有经济布局时,必须促进创新链和产业链深度融合发展,加速我省国资国企关键性、稀缺性创新资源的聚集。一是推动我省国有资本进一步集聚在重点产业和关键领域,以此提升稀缺科技创新资源的集中度,这有利于我省国有企业集中优势资源攻克一批关键核心技术。比如,省国投公司可以在新能源、信息技术等战略性新兴产业率先投资,引导并扶持相关国有企业创新,提升我省国企创新集聚效应。二是着力推动我省国企战略性重组和业务再造,做强做优做大主业,这有利于我省培育出一批创新能力强、产业链完整的行业领军国有企业,进而成长为具有持续竞争优势的世界一流企业。三是在实施我省国有企业重组并购过程中,要把创新资源的集聚度作为重要的考量标准,以更好地合并相同创新要素,减少创新资源的低效重复投入。

2.继续推进国企混合制改革,提升国资国企创新活力

国企要有清晰的发展战略,能给参与混改的民营企业提供一些战略支持,且通过制度创新性的设计实现互利共赢。由于国企自身资源禀赋差异性特点存在,不同类别、不同层级国企的创新目标有所不同,只有选择相匹配的、有针对性的混合所有制改革模式,才更有利于国企创新水平的提高,因此,全省国企混合所有制改革要分类分层逐步进行,不能一刀切,要做到"一企一策"。在非国有股东引入方面,注重引入能够发挥好作用的战略投资者;还要进一步解放思想,降低国有股权比重,避免国有股一股独大,实际中,国有股超过三分之二就很难形成制衡,国有一股独大情况下,新的股东即使进入董事会也没有话语权,难以参与公司治理与运营,从而影响混改的效果。

3.深入推进国有企业科技创新,提升我省国有企业核心竞争力

一是着力引导我省国企加强基础性研究,形成技术创新与应用开发为一体化布局;构建国有企业与科研机构、高校动态开放的"产学研用"协同创新体系,推动创新资源向优质国有企业和产品集中,主动承接国家重大科技

项目,培育更多具有自主知识产权和核心竞争力的创新型国企。二是强化国企在创新链中的引领作用,加快创新链与产业链精准对接,充分发挥国有企业在科技创新关键领域的战略支撑作用;利用国企独特优势,超前布局前沿技术和颠覆性技术,进一步强化全省科技力量建设。三是建立符合国有企业发展要求的科技创新考核、分配、激励机制,赋予科技人才和创新团队更大的经费支配权、决策权,让科技创新成果源源不断涌现。

(四)进一步完善国资国企监督体系,为江西省国资国企高质量发展保驾护航

1.建立省国资信息数智化中心,打造穿透式的监督模式

为了促进全省国资国企监管效能的提升和监管方式的优化,形成全省国资国企监管一体系,按照2019年国务院国资委印发的《全国性国资国企在线监管系统建设工作方案》,尽快全面建成覆盖省、市二级国资委和国企的全省性国资国企在线监管系统。通过建立省国资信息数智化中心,力求打造全省穿透式监管,要求构建横向到边、纵向到底、全面协同的数字化智能化监管体系。在全省形成1张国资专网、2个中心(国资国企大数据中心和国资国企网络安全中心)、N个重点国资监管应用系统的"1+2+N"式的监管模式。着力提升国资国企监管工作在线化率、监管数据可视化率,实现事前事中事后全链条、全领域监管。

2.对标央企一流采购交易监督管理体系,探索建立供应商"黑名单"共享制度

一方面,通过实施在线监管、组织对标评估等多种方式,推动我省国有企业不断提升采购交易集约化、规范化和阳光化水平;着力推动完善基于数字化智能化的全省国资国企采购交易管控体系建设,建立面向更大范围的采购寻源询价机制,稳步推进全省国资国企采购管控体系与在线监管系统实时链接。另一方面,全面加强供应链管理,构建全省高质量的国资国企供应链体系,有效降低企业经营成本,提升采购产品质量;实施供应商评级管理,

严格供应商准入管理和资质审查，制定完善准入标准并严格实施，确保供应及时、采购产品质量可靠；深入做好供应商管理信用体系建设，建立违规供应商的信用数据库和记录档案，做好历史交易、纪检监察、司法处理、行政处罚等公开信息记录，探索建立全省国企供应商"黑名单"共享制度，以加大对违法违规行为的联合惩戒打击力度。

3.切实推动国企内部尽快形成"大监督"体系，大力强化国企内部全过程、全方位监管

国企"大监督"体系是全方位的，既有财务、内审、内控与风险管理等管理部门的监督，又有纪检监察部门的监督，还有党组织对监督的总体领导。要在全省大力推动国企统筹内部监督资源，在内部加快建立党内监督为主导，纪检监察、巡视巡察、财务、内审、内控等各类监督手段统筹协调、资源共享的"大监督"模式，形成"资源集中调度、职责统一行使、内容全面覆盖、成果开放共享"的监督闭环，实现出资人监督与党内监督有机融合。

作者：

程月明　江西科技师范大学经济管理学院副教授、博士，省人民政府研究室特约研究员，中国企业改革与发展研究会特聘研究员，省情研究特聘专家

于海燕　华东交通大学经济管理学院副院长、副教授、博士

林楚轩　江西江中制药股份有限公司财务处主管，会计师

谢　洁　江西科技师范大学经管学院21级企业管理硕士研究生

陈春容　江西科技师范大学经管学院21级企业管理硕士研究生

RCEP生效实施对江西外贸的影响及对策

□江西省社会科学院课题组

摘要：推动江西高质量对接RCEP的落地实施，对进一步提升江西与RCEP贸易紧密度、深度融入亚太产业链分工合作，具有战略意义。报告从贸易规模、贸易贡献度、与协定成员国经贸合作程度、产业贸易结构、贸易新业态等五个方面分析了江西与RCEP成员国外贸运行特征，同时分析了RCEP生效对江西的机遇与挑战，并认为江西应从优化农产品出口结构，完善农产品国际运输体系；充分运用累计原产地规则，进一步提升经贸合作能力；打造和完善特色产业链，增强产业链国际竞争力；提升跨境贸易便利化，搭建企业开拓外部市场桥梁；做好政策宣传、解读，促进RCEP协定高效落地等五个方面，深化与RCEP协定成员国的经贸合作，提升贸易开放度。

区域全面经济伙伴关系（简称RCEP），即由东盟十国，中、日、韩、澳、新共同参加的自由贸易协定，这也是全球规模最大的自贸协定。2021年RCEP出口额和贸易总额占全球比重分别为30.84%和28.74%。随着RCEP正式生效，如何推动江西高质量对接RCEP的落地实施，对进一步提升江西与RCEP贸易紧密度、深度融入亚太产业链分工合作，具有战略意义。

一、江西与 RCEP 成员国外贸运行特征

（一）贸易规模稳步提升

2016—2021 年，江西与 RCEP 的贸易往来呈逐年攀升态势，贸易总额和出口额接近翻倍（见图 2-2）。RCEP 落地实施后，江西与 RCEP 贸易规模增幅明显，2022 年 1—4 月，江西与 RCEP 贸易伙伴进出口 647.2 亿元，同比增长 44.83%。

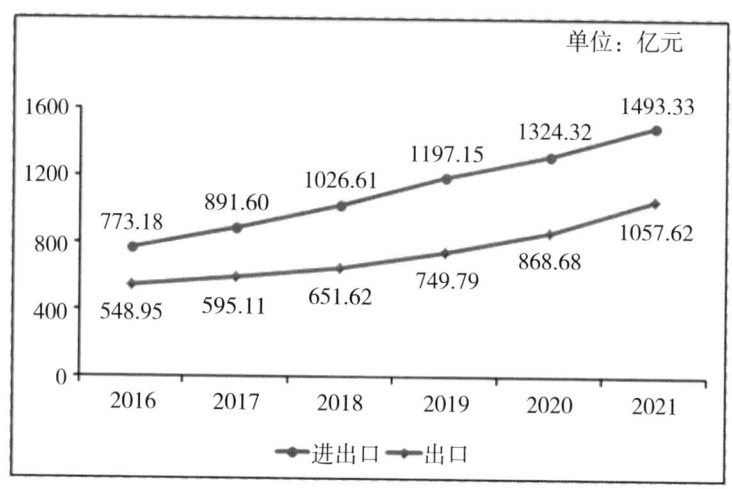

图 2-2　江西与 RCEP 成员国贸易规模增长情况

数据来源：南昌海关

（二）贸易贡献度高

从贸易额占比来看，近年来江西与 RCEP 成员国的进出口总额占全省贸易比重约 30%。RCEP 落地实施后，江西与 RCEP 成员国的贸易占比指标进一步提升，2022 年 1—4 月江西与 RCEP 贸易额占全省比重提高为 33.89%，其中出口占 32.57%，进口占 37.89%（见表 2-2）。

从贸易差额来看，江西对 RCEP 成员国贸易顺差呈现扩大趋势。具体来看，江西与东盟长期处于贸易顺差，且对贸易顺差贡献大。除东盟外，近年来韩、日、澳、新与江西贸易差额增减幅度不高，出口与进口大致保持平衡（见表 2-3）。

表 2-2　江西与 RCEP 贸易额占全省比重（%）

年份	进出口	出口	进口
2016	29.30	27.98	33.16
2017	29.61	26.94	36.96
2018	32.47	29.31	39.94
2019	34.11	30.04	44.12
2020	32.91	29.77	41.18
2021	29.99	28.80	33.33
2022.1—4	33.89	32.57	37.89

数据来源：南昌海关

表 2-3　江西与 RCEP 成员国贸易差额（亿元）

国别＼年份	2016	2017	2018	2019	2020	2021
东盟	273.98	280.04	315.17	386.66	432.82	523.02
日本	14.26	6.82	−42.36	−38.38	4.77	46.64
韩国	38.20	66.94	47.15	−23.79	−25.85	57.75
澳大利亚	−5.05	−59.33	−45.36	−23.95	−3.35	−13.55
新西兰	3.33	4.16	2.03	1.89	4.65	8.05
顺差合计	324.72	298.63	276.64	302.43	413.04	621.91

数据来源：南昌海关

（三）与协定成员国经贸合作日趋紧密

江西国际市场多元化布局持续推进，东盟、韩国和日本一直稳居江西 RCEP 贸易额前三大市场，贸易量占全部 RCEP 其他成员国近 90%，其中东盟稳居第一大贸易伙伴地位（见表 2-4）。2020 年以来，越南与江西的贸易总额后来居上，超越马来西亚成为江西与东盟的最大贸易伙伴。2021 年江西对韩国和日本的出口额分别为 169.2 亿元、152.9 亿元，同比增长 25.3%、18%。值得关注的是，2022 年 1—4 月江西与澳大利亚贸易总量占 RCEP 比重提升到

11.07%。

表 2-4　江西与 RCEP 成员国贸易总量比重情况（%）

国别 \ 年份	2016	2017	2018	2019	2020	2021	2022.1—4
东盟	52.48	46.26	48.06	49.20	49.11	53.42	55.14
日本	14.97	17.12	21.99	20.76	19.20	17.35	15.20
韩国	24.17	22.94	18.61	20.57	22.34	18.80	18.03
澳大利亚	7.88	13.14	10.83	8.96	8.84	9.74	11.07
新西兰	0.50	0.55	0.51	0.52	0.52	0.69	0.55

数据来源：南昌海关

（四）产业贸易结构进一步优化

从进口产业分析，江西来自 RCEP 的进口商品大都属于资源密集型或者高技术密集型产品，主要集中在电子信息、新能源等产业原材料，如集成电路及其配件装置、铁矿砂、铜废料、锂辉石矿、橡胶等。热带作物丰富的东盟、畜牧业和矿产资源禀赋优势明显的澳大利亚以及高端制造业领域占据优势的日韩与江西的贸易都具有很强的互补性。

从出口产业分析，机电产品、劳动密集型产品等为江西面向 RCEP 成员国的重要出口产业，主要包括电子元件、自动数据处理设备及其零部件、贱金属及其制品、化工业、纺织品以及塑料制品、玩具制造等（见表 2-5）。

表 2-5　江西与 RCEP 成员国的产业贸易情况

产业属性类别（行业）	海关商品标准分类	出口 2021 年（亿元、%）		出口 2022 年 1—4 月（亿元、%）		进口 2021 年（亿元、%）		进口 2022 年 1—4 月（亿元、%）	
		金额	比重	金额	比重	金额	比重	金额	比重
农业资源及其加工业（动物、植物、动植物油、食品、饮料及烟草等）	1—4	10.97	1.04	5.05	1.08	5.47	1.26	2.25	1.25

续表：

产业属性类别（行业）	海关商品标准分类	出口				进口			
		2021年（亿元、%）		2022年1—4月（亿元、%）		2021年（亿元、%）		2022年1—4月（亿元、%）	
		金额	比重	金额	比重	金额	比重	金额	比重
矿产资源型行业（矿砂、矿物燃料、石灰等）	5	4.17	0.39	2.44	0.52	79.88	18.33	49.65	27.67
中等技术密集型制造业（化工业）	6	149.03	14.09	74.14	15.85	30.43	6.98	6.54	3.64
劳动及低技术型制造业（皮革制品、木制品、纸、纺织服装及鞋帽等）	7	58.30	5.51	24.63	5.27	11.03	2.53	3.68	2.05
	8	17.14	1.62	7.44	1.59	1.16	0.27	0.35	0.19
	9	10.00	0.95	4.18	0.89	5.08	1.17	2.50	1.39
	10	25.08	2.37	14.50	3.10	41.85	9.61	16.14	8.99
	11	81.77	7.73	38.04	8.13	1.68	0.39	0.75	0.42
	12	24.96	2.36	10.17	2.18	0.98	0.23	0.44	0.24
资源型加工制造业（贱金属及其制品、石料制品、陶瓷玻璃及贵金属制品等）	13	40.32	3.81	16.05	3.43	1.00	0.23	0.29	0.16
	14	1.07	0.10	0.69	0.15	4.43	1.02	0.89	0.50
	15	156.18	14.77	93.41	19.97	43.47	9.98	17.25	9.61
高技术密集型制造业（汽车制造、精密仪器制造、电子电气制造、医疗设备、航空制造等）	16	314.26	29.71	120.14	25.69	190.46	43.71	74.99	41.78
	17	28.99	2.74	10.90	2.33	1.99	0.46	0.41	0.23
	18	24.84	2.35	10.11	2.16	16.29	3.74	3.23	1.80
	19	0.01	0.00	0.00	0.00	0.00	0.00	0.00	0.00
家具、其他杂项及未归类	20	109.11	10.32	35.68	7.63	0.42	0.10	0.11	0.06
	21	0.11	0.01	0.03	0.01	0.00	0.00	0.00	0.00
	22	1.32	0.13	0.06	0.01	0.09	0.02	0.00	0.00
合计		1057.62	100	467.67	100	435.71	100	179.46	100

数据来源：南昌海关

（五）贸易新业态蓬勃发展

江西与 RCEP 服务贸易呈现良好发展态势，2021 年对 RCEP 服务贸易额 2.24 亿美元，占全省服务贸易总额的 13.15%，其中出口 2.09 亿美元，占全省总量的 13.05%。同时，RCEP 通过推广电子认证和电子签名，创造了高水平便利化的线上营商环境，有助于企业借助跨境电商平台扩大出口效益。江西积极对接 RCEP 数字贸易规则，推动跨境电商企业在赣加大投资，支持企业在 RCEP 成员国建设海外仓，鼓励企业线上线下融合参与开拓 RCEP 国际市场。

二、RCEP 生效对江西的机遇与挑战

RCEP 生效实施，对江西而言，深度参与 RCEP 区域合作充满机遇。同时，江西抢占 RCEP 红利，还存在一些问题和瓶颈，需重点关注。

（一）主要机遇

1. 区域内贸易市场更具成长性

RCEP 生效，江西与东盟可进一步探索构建以跨境产业链合作为主的国际经贸新模式，随着江西—东盟铁路跨境货物班列持续开通，双边贸易往来将有更大发展空间。日、韩为江西主要进出口伙伴，中国和日本在历史上首次达成了双边关税减免协议，RCEP 将为江西参与东亚经济圈分工合作带来更大机遇。江西与澳、新产业贸易异质互补性显著，随着 RCEP 的落地，这将持续改善江西与澳大利亚、新西兰贸易往来少的局面。

2. 有利于进一步优化外贸结构

RCEP 生效，降低了区域内贸易成本，有利于江西优化外贸结构。进口方面，在精密机械、高技术电子器件、精细化工等行业中，日、韩是我国重要的进口来源国，RCEP 的生效将惠及江西对日、韩进口工业原材料、工业用机械等（如日本的不锈钢丝、钢材、离心泵等高材质产品）。出口方面，江西茶叶、柑橘、烤鳗等农副产品及玩具、鞋类、服装、箱包、眼镜等轻工产品的

品质较高,在日本、澳大利亚等发达国家有较好市场,潜力巨大。在东盟区域,除终端商品外,江西与东盟中间品产业链关系也将更加紧密。

3. 有利于促进制造业技术升级

日本把守高端技术,在电子元器件、半导体材料与精密设备领域占据绝对优势,韩国在液晶面板、半导体精密制造和人工智能等领域在全球处于重要地位,澳大利亚在矿山机械制造、生物医药研发具有竞争力,新加坡的电子、化工具有优势。而高新技术产业在江西发展仍然面临产业链韧性不足的弱势,随着RCEP的落地,企业间技术合作、转移更为便利,有望给江西本土制造企业带来更多国际技术合作机会。

4. 有利于丰富进口消费品市场

江西对RCEP贸易伙伴的农牧产品、高端护理等消费品进口需求高,其中蔬果、稻米和棕榈油来自泰国、越南、菲律宾等东盟各国,化妆品、医药、康复和养老护理设备等主要来自日本、韩国。澳大利亚、新西兰作为优质农产品和水海产品的出口国,对江西升级消费品市场和优化消费结构带来利好。

(二)面临挑战

1. 贸易规模仍有一定差距

一是进出口规模有待扩大。2022年前4个月,江西对RCEP进出口647.2亿元,仅为全国同期的1.68%,是山东同期(进出口3573.6亿元)的18.11%,深圳同期(2791.1亿元)的23.19%,厦门同期(进出口933.6亿元)的69.32%。江西对RCEP进出口底子薄、基数低,仍需"快马加鞭"迎头而上。二是原产地证书签发量和货值有待增加。RCEP原产地签发证书是国内企业在进口国家和区域享受关税减免的"纸黄金"。在中部地区,江西RCEP原产地证书签发量排名第四位,货值金额排名第三位,总体中等水平,且与浙江、上海等沿海省份差距巨大(见表2-6)。

表 2-6 江西与部分省份 RCEP 原产地证书签发情况

(2022 年一季度)

省份	原产地证书签发量（张）	货值（亿元）
山西	310	1.48
湖南	315	2.71
江西	603	3.69
湖北	882	2.73
河南	1026	4.7
安徽	1374	5.63
浙江	13112	37.61
上海	12700	45.87

数据来源：根据各省海关公开数据资料整理

2.体制机制衔接不足

一是政策宣传有待加强。实体企业对RCEP的规则尚未熟练掌握，RCEP外贸氛围尚未形成，政策推动效应滞后，RCEP政策宣传解读仍需入深入细。二是缺少对接服务窗口。广西设立了RCEP企业服务中心，浙江成立RCEP一站式服务窗口，江西尚未建立专门的服务平台或机构，开发区、保税区与口岸联动不足，部门间数据共享存在壁垒，导致企业面临的现实问题无处咨询。三是外贸营商环境仍有差距。江西在跨境贸易的合规成本、法治化程度上与长三角、京津冀等发达地区差距明显。在税收优惠、奖励和创汇补贴等政策方面与江苏、河南等省份存在差距。

3.物流业和开放平台发展滞后

一是物流通道不畅，配套设施集聚功能不强。武汉可以直航日韩，长沙可以直航港澳，江西货物运输空运、水运线路少，货物承载力受限，增加了含国内运输段的通关时间。江西入选国家物流枢纽和物流枢纽承载城市数量少（江西6个、安徽7个、湖南8个、浙江13个），且集铁、公、水和航空于一体的大型综合性物流园区缺乏。二是综保区发展绩效水平不高。2021年，在全国134个参与绩效考核的综保区中,南昌综保区排名第40位,省内其他综保区均排名100名开外。江西综保区整体绩效不佳,其五大功能建设不齐全,尤其在带动全省与RCEP贸易合作模式创新上仍显薄弱。

4.外向型经济发展韧性不足

一是本土"链主"型外贸出口企业少。江西外贸龙头企业不多,出口低于600万美元的中小微企业有3886家,占比约为78%。如江西电子信息面向RCEP出口以华勤电子、前海国信、立讯智造、欧迈斯微电子和欧菲光为领头羊,随着这些企业在印度、越南、印尼等布局生产线,江西出口稳定性将受限,2021年立讯智造部分生产线转移,导致其对RCEP出口规模下降约40%。二是价值链有待提升。截至2022年4月,中间产品占江西与RCEP贸易伙伴进出口比重达68.2%,深度融入区域产业链供应链时,终端产品比重需要增加,以增强产业链发展韧性。三是服务贸易发展不平衡。江西面向RCEP服务贸易以建筑工程为主,保险、金融、咨询、研发和技术测试等高附加值服务贸易规模小,且服务贸易以中国瑞林、中鼎国际工程等为代表,高度集中在南昌市。

三、对策建议

近年来随着全球经济前景不明朗、逆全球化与贸易保护主义抬头,江西面临的经贸风险明显增加。在此背景下,江西应科学深化与RCEP协定成员国的经贸合作,提升贸易开放度,放大RCEP贸易合作效应。提出以下建议:

(一)优化农产品出口结构,完善农产品国际运输体系

一是持续优化农产品出口结构,高位发展农产品精深加工,促进多环节增值,同时进一步完善江西农产品质量标准和质量认证体系,推动农产品质量标准与国际接轨,降低江西优势农产品如茶叶、江西烤鳗等出口RCEP可能面临的贸易壁垒。二是建立健全以冷链物流为主的果蔬产品出口运输体系,

持续研发冷冻和保鲜技术,助推江西生鲜果蔬产品出口突破距离制约。三是打造 RCEP 国际市场认可度较高的赣鄱果蔬品牌。支持江西农产品加工企业与澳大利亚、新西兰在畜牧业、生鲜等行业构建农业合作共赢品牌体系。

(二)充分运用累计原产地规则,进一步提升经贸合作能力

RCEP 成员国经济之间存在较强的互补性,区域内各国在资本、原材料、技术等要素方面存在着不同的优势。江西应充分运用累计原产地规则和协定成员低关税等优惠政策,在 RCEP 区域内延长自身产业链和供应链。江西可以 RCEP 贸易自由化为契机,深化与日韩在高端制造行业方面的合作,提升江西制造企业在研发设计、系统集成等方面的能力,并借助澳大利亚、新西兰以及东盟的资源优势,在整个 RCEP 区域范围内布置产业链,推动制造业国际化发展。同时,充分开展与 RCEP 国家的跨境产业园区合作,积极布局海外仓等国际贸易新业态。

(三)打造和完善特色产业链,增强产业链国际竞争力

RCEP 机遇下,江西可多措施完善自身特色产业链,提升产业链稳定性和竞争力。首先,机电是江西进出口的最主要产业,应借 RCEP 生效契机做大做强机电特别是电子信息产业链。高质量建设京九万亿级电子信息产业带,发挥南昌、吉安、赣州电子信息产业集群等的引领作用,以 5G 为引领,发展新型通信产品和网络终端设备,逐步推进电子信息核心零部件、关键材料生产的本土化,打造一条掌握核心技术、在 RCEP 具有竞争力的电子信息制造产业链。其次,培育未来新兴优势产业链。江西可以抓住 RCEP 提供的机遇,重点发展新能源汽车、锂电产业、自动化测控仪器、航空制造、高端装备制造、生物医药等科技含量高、国际市场需求量大、发展前景好的高新技术产业。

(四)提升跨境贸易便利化,搭建企业开拓外部市场桥梁

RCEP 设置专门章节对各国贸易便利化提出要求,江西可重点做好:第一,

简化口岸通关流程。大力实施进口货物"船边直提"和出口货物"抵港直装"措施，拓展原产地预裁定制度实施范围，以南昌航空口岸为示范重点提升口岸通关效率。第二，加强"单一窗口"建设。进一步完善江西国际贸易"单一窗口"功能建设，提升"单一窗口"与银行等金融机构的对接水平，推行江西与"一带一路"国家、粤港澳大湾区"单一窗口"合作，加强口岸通关智能化建设。第三，推进江西与RCEP成员国之间在5G、数据中心、电商平台、仓储、加工、物流、金融等领域合作，加强跨境电商供应链建设。

（五）做好政策宣传、解读，促进RCEP协定高效落地

一是支持举办江西与RCEP国别系列经贸合作机遇研讨会，加强对RCEP协定内容尤其是货物贸易减税、原产地规则应用、通关便利化、知识产权等方面内容的宣传、解读和辅导。二是建立RCEP成员国商品减税对比清单，支持电子信息、汽车制造、铜、钢铁、家具等重点行业领域的企业用好RCEP规则，积极拓宽江西与RCEP进出口市场空间。三是支持江西有条件的城市在与RCEP贸易开放合作方面先行先试，加快建设南昌、赣州、九江等国家级跨境电商综试区和南昌"中国服务外包示范城市"，为高效执行RCEP协定提供可复制可推广的经验。

课题组组长：
蒋金法　省社会科学院党组书记、教授、博导，省情研究特聘专家
课题组副组长：
龙晓柏　省社会科学院经济研究所副所长、研究员
成　员：
龚梦玲　省社会科学院江西发展战略研究所助理研究员
汪　婷　省社会科学院经济研究所助理研究员

推动江西工业经济高质量发展策略建议

□陈春林　邹慧　卢翔宇

摘要：工业发展是区域经济综合实力和竞争力增强的关键因素。江西作为传统制造业大省，如何抢抓科技和产业变革机遇，在特色新兴领域构筑先发优势，加快构建具有江西特色的现代化产业体系，对加快从新兴工业大省向新兴工业强省迈进颇有意义。本报告从产业增长、产业集群、龙头企业和研发力量多维视角出发，对江西工业经济发展现状进行摸底并对未来发展趋势进行预判。报告还对主要工业强省的发展经验作了系统梳理，最后从紧盯未来发展趋势，强化我省战略引领；紧贴本省特色特点，谋划产业发展格局；紧跟工业强省目标，推进核心工程建设；紧抓"四大"要素支撑，推动工业高质量发展四个方面，提出了我省工业发展的策略和具体建议。

工业发展是区域经济综合实力和竞争力增强的关键因素。习近平总书记多次强调，要强化中国制造 2025 与德国工业 4.0 对接。省委领导强调，推动工业高质量发展，必须聚焦主方向，确保焦点不散、靶心不偏。我省要充分研究江西工业在国内的地位、主要竞争对手及发展形势，在借鉴典型发展经验的基础上，保持战略定力，矢志不渝重振江西制造辉煌。

一、江西工业经济发展现状及未来发展预判

2020 年，江西省规模以上工业企业营业收入达到 37909.2 亿元，约是

1949年的1.4万倍、1978年的515倍。江西现有全部41个工业大类中的38个，覆盖191个中类行业。2020年，江西全部工业增加值占GDP比重为34.8%，营业收入过千亿元产业达13个，其中：有色金属产业超7000亿元，规模稳居全国第一；电子信息产业超5000亿元，规模居全国第八；航空产业突破1200亿元，规模居全国第三。2020年，江西规模以上工业企业利润总额、企业数量、营业收入和全部工业增加值，分列全国第十、第十一、第十三和第十四。江西制造业主营业务收入占全国制造业主营业务收入的3.46%，占比低于广东（15.18%）、江苏（12.5%）等12个省市。江西技术密集型和资本密集型工业产品产量较低。值得一提的是，微型计算机和手机等两类技术和资本密集型产品产量表现相对出色。

从产业增长看，对比"十二五"期初和期末，除其他制造业外，江西所有制造业细分产业主营业务收入的增幅情况总体要优于全国制造业细分产业增幅。对比"十三五"期初和期末，江西省和全国制造业细分产业主营业务收入有增有降且江西制造业细分产业主营业务收入的增幅情况总体也要优于全国，但不如"十二五"期间明显。

从产业集群看，全国而言，先进制造业集群"国家队"，江西没有1家。2021年3月工信部公布全国先进制造业集群名单，制造业强省广东、江苏入围6个，浙江入围3个，四川、上海、山东、湖南各入围2个。省内而言，先进制造业集群"省队"，江西有100家。其中，优秀的集群分布在有色金属、电子信息、建材和中医药产业。省级集群分布最多的产业分别是电子信息产业（16个）、建材产业（13个）、有色金属产业（12个）和纺织业（11个）。从集群发展等级来说，纺织和食品产业集群的发展急需提质升级。从集群数量来说，航空和移动物联网产业的集群数量较少。

从龙头企业看，根据江西省企业联合会、企业家协会发布的"2020江西省企业100强榜单"，百强企业入围门槛为营业收入21.55亿元，上榜企业总营业收入达到1.47万亿元。百强企业中，有29家企业营业收入突破100亿元，其中江西铜业集团营业收入突破1000亿元；有24家企业营业收入规模在50

亿~100亿元之间；其余47家企业营业收入规模在20亿~50亿元之间。涉及企业数量排前五的产业分别是有色金属、装备制造、电子信息、食品和中医药产业。涉及营业收入排前五的产业分别是有色金属、食品、汽车、装备制造和电子信息产业。从各产业涉及的企业数量来看，有色金属产业涉及企业最多，数量有16个，总营业收入高达4690亿元。其次是装备制造产业，涉及企业9个，总营业收入达1130亿元。而江西的建材、纺织、汽车、航空、移动物联网和LED等产业大型龙头企业不多。

从研发力量看，江西省拥有国家重点实验室4家，分产业来看，中医药产业拥有2家，石化和食品产业各拥有1家。江西省拥有国家工程技术研究中心7家，分产业来看，有色金属产业拥有2家，建材、食品、中医药、半导体照明和节能环保产业各有1家。江西省拥有国家企业技术中心19家，分产业来看，有色金属、电子信息、汽车、中医药、航空和装备制造产业分别有5家、4家、3家、3家、2家和2家。江西省拥有国家工程研究中心1家，属于中医药产业。江西拥有国家地方联合工程研究中心18家，中医药和电子信息产业的国家地方联合工程研究中心相对较多，分别有6家和5家。

基于以上分析，要清醒地认识到：江西离工业强省还有很长的路要走，只有承认差距、承认问题，从产业规模、产业集群、龙头企业、研发力量方面找到各自的着力点，不断克服困难、缩短差距，才能最终成为工业强省。

二、主要工业强省发展经验

（一）布局工业设计等新业态新模式

杭州余杭工业设计集聚区"梦栖小镇"，致力打造国际化的工业设计"硅谷"；布局为设计、创新、创意、创业中心和未来社区的"四中心一社区"。小镇打造中国工业设计产业研究院和浙江省工业设计创新服务基地，创办全球首个设计开放大学。广东顺德是中国家电制造业基地和著名的"中国家电之都"，打造了集产品展示、家电文化博览、工业设计、电子商务和技术服务等于一体的家电行业品牌文化聚集区，逐步构建家电"产、学、研、商"产业生态。

（二）打造高端产业集群

国内新一代信息技术典型集群有深圳电子信息产业集群、武汉芯屏端网产业集群、合肥智能语音产业集群。20世纪80年代初期，深圳抓住全球电子信息产业转移的机遇，依托资源和区位优势，以"三来一补"的加工贸易方式主动承接日韩等发达地区的产业转移，成功嵌入全球电子信息产业链。武汉芯屏端网产业集群2001年被批准为国家光电子产业基地，被称为"中国光谷"。合肥智能语音产业集群，被称为"中国声谷"。

国内高端装备典型集群有西安航空航天产业集群、长沙工程机械产业集群、株洲轨道交通产业集群。西安航空航天产业集群，被称为中国的"航空城"、中国的"西雅图"。长沙工程机械产业集群混凝土机械、起重机械、挖掘机产销全国第一。株洲轨道交通产业集群是我国最大的轨道交通装备制造产业基地。国内生物医药典型集群有上海张江生物医药产业集群、江苏泰州生物医药产业集群。国内先进材料典型集群有宁波石化产业集群、苏州纳米新材料产业集群。

（三）引导科创型企业发展

培育"链主企业"，壮大"雁阵集群"。山东省最新政策共确定了9个制造业重点产业、42条产业链和124家"链主"企业，还将引导中小企业加强与"领航型"企业的协同创新、配套合作，从而进一步提升产业链供应链的稳定性和竞争力。陕西省鼓励"链主"企业投资开发成片土地；支持"链主"企业围绕自身技术需求、市场需求，引进和培育配套企业。浙江省宁波市致力增加单项冠军企业，建立"企业出题、政府立题、全球创新资源协同破题"联合攻坚机制，推动"技术研发—产品创新—产业转化"全周期发展。聚焦关键核心技术难题，宁波建立红、黄、绿"三色图"精准攻关；其众多单项冠军企业日益实践着用"共享"做好产业共同体,以"跨界"为顾客提供更加完整的"组合包"。

(四)推动研发转化平台建设

以制造业创新中心为例,从省级财政补助看,北京市的财政奖补总金额最多,最高可补助2000万元,天津市、重庆市次之,补助总金额为1500万元;从下发频次上看,北京市、天津市和重庆市3个直辖市的资金下发方式是分阶段支持;从人才引培政策看,一些地方政府支持创新中心与本地人才引培政策对接,一例一策予以支持,北京市、天津市、上海市、重庆市和云南省5个省市把人才保障措施列入制造业创新中心政策体系中。从政策引导看,多省市都开始注重在产业集中度较高或具有一定产业优势的地区,构建公共技术服务平台。广东省出台了智能制造公共技术支撑平台培育方案,还提出每个战略性产业集群建设至少1家省级技术创新中心、产业创新中心或制造业创新中心。江苏省南通市正余的机器人小镇落户了工信部产业技术基础公共服务平台,分11个模块建设。

(五)推动产业"三化"融合发展

国内其他省市均注重推动产业智能化。广东省推出《广东省智能制造生态合作伙伴行动计划》,还推出《佛山市"数字贷"工程风险补偿基金实施细则》,设立10亿元"数字贷"工程风险补偿资金。江苏省苏州市创新开展"智能制造诊断服务"。浙江省宁波市着力重点建设新智造示范应用引领区、新技术创新融合先导区、智能制造支撑产业集聚区。

面对"双碳"百年大计,各省市都在抓住绿色发展机遇,完善绿色制造体系。浙江省重点实施一批绿色制造重点项目,培育一批绿色工厂,创建一批绿色园区,建设一批绿色制造先行区,提升绿色制造基础能力,培育和发展一批绿色制造服务机构。

国内一些省市开始围绕制造业服务需求,建立创新设计、物流服务、质量检验检测认证、市场营销、供应链管理等公共服务公共平台。河北省提出提升服务型制造,创新设计在装备、产品、系统、工艺和服务等领域的应用,以及众包设计、用户参与设计、云设计、协同设计等新型设计模式推广应用等。

三、江西工业经济高质量发展策略和建议

(一)紧盯未来发展趋势,强化我省战略引领

一是向软性制造发展谋附加值。要放弃传统的"硬件式"思维模式,向软性制造发展谋附加值。二是向个性化服务化发展谋效益。随着客户的需求从产品转向服务与体验,要鼓励制造企业进一步向供应链下端延伸,通过专业公司提供高度集成的服务产品组合,以实现制造业发展应由单纯生产向产品服务化转变。三是向系统化发展谋主导权。不应满足于零部件生产加工技术,而应上升到通过组装标准化的零部件设计新产品,以满足消费者的各项差异化需求,从而掌控市场。四是向数字化和智能化发展谋竞争力。要提升基于网络获取信息及时应对市场需求做出快速反应的能力,更要提升集成、共享和利用各种资源的能力。

(二)紧贴本省特色特点,谋划产业发展格局

一是助推新兴产业"小苗成大树"。以实现产业倍增目标。从产业规模、产业增幅、产业集群、龙头企业和产业技术支撑等不同视角挖掘有潜力产业、企业等,找准短板,有针对地展开突破,实现倍增。二是助推传统产业"老树发新芽"。要预防传统产业的快速衰落,重点重振有色、食品、石化、家具等传统制造业辉煌,要提高传统产业的集中度,整合做强龙头企业,建设传统产业的新兴产业基地,打造全国传统产业转型升级高地。三是提前布局新兴领域和未来产业。要提前布局、顶层设计、综合协调,才可能把握未来发展主动权。我省较强新兴领域主要分布在机器学习和人工智能、机器人、数据安全、可穿戴设备、生物药理学、区块链、智慧城市、三维打印、抗体和

自动驾驶等，未来产业可在此基础上延伸布局，构建多类别、宽覆盖、有机联络的新兴产业集群。

（三）紧跟工业强省目标，推进核心工程建设

一是狠抓制造业智能化工程。启动智能制造企业培育工程，通过制定有力的龙头企业裂变计划、合作伙伴成长计划、企业投入支持计划、企业成长激励计划、场景应用塑造计划等政策，培育省内龙头骨干企业成长为"灯塔型"企业。搭建"智能制造生态系统"，分类别分批次建立全省智能制造生态合作伙伴目录。启动智能制造技术升级和改造工程，推动成立专门的智能化技术改造专家服务指导组。启动智能制造基础设施建设工程。推进建立"1+N"工业互联网平台体系，建设高效绿色算力基础设施，形成"一行业一大脑"的发展格局，综合集成为全省整体产业大脑。二是深化工业绿色化工程。推动绿色工厂建设工程，遴选一批基础较好、代表性较强的企业，积极开展绿色工厂创建；推动绿色供应链建设工程，实施绿色伙伴式供应商管理，搭建供应链绿色信息管理平台。推动绿色制造先行示范区建设工程，鼓励建立能源监测管理平台，实施实时量化准确的动态监管。制定绿色制造区域评价办法，每年择优选择若干个县（市、区）确定为"江西省绿色制造先行区"。三是强化工业创意化工程。构建工业设计与产业融合创新支持工程。鼓励、支持各地市围绕重点产业和特色优势产业建设工业设计研究院及创新设计中心。鼓励制造业企业开放设计中心业务，建立健全工业设计公共支撑平台和知识服务系统。支持工业设计专业服务和成果转化机构发展，搭建工业设计成果交易平台。布局优化工业设计教育和人才培养工程，全面开展工业设计职业资格认定工作，拓宽工业设计人才职业晋升通道。实施文化创意产业与制造业融合发展工程。提升赣货产品附加价值，赋予其个性化、时尚化甚至艺术化的产品魅力。四是推进工业集群化工程。开展"产业集群描绘计划"，发布全省制造业集群地图和集群数据库，为政府和企业决策提供充分信息。开展"产业集群合作计划"，引导每个集群组建自己的集群合作机构，以促进全省集群之间的合作,并帮助集群进入省外市场,寻找跨省、跨国合作的潜在伙伴。开展"产业集群赛马计划"。实施自下而上的"赛马机制",让高水平领先集群脱颖而出。五是支持制造业服务化工程。执行消费升级引领制造业服务优化专项行动,提升对未来消费的预测和洞见能力,避免总是跟随别人走的尴尬,以改变目前消费升级背景下全省制造业"有需求缺供给、有供给缺质量、有质量缺品牌"的困境。执行制造共享和服务型制造等先进制造业服务化升级行动,培育一批信息技术外包和制造业融合发展的服务外包示范企业。执行现代服务业嵌入制造业发展专项行动。通过集团推动型嵌入、客户追随型嵌入、地方购买型嵌入等模式,促进生产性服务业的区域性集聚式发展。

(四)紧抓"四大"要素支撑,推动工业高质量发展

一是强化技术创新和服务力量。着力打造高能级科技创新平台"国家队"。紧抓全国新一轮战略科技力量布局机遇,争取国家战略科技创新平台在全省布局建设,依托南昌航空城、中医药谷、VR 科创城等重要区块,争取纳入国家重大平台建设计划。优化提升省级科技创新平台群。遴选建设一批省部级重点实验室、生物育种中心等。做大做强一批优势产业创新平台,推动各地统筹建设一批省级产业创新中心、技术创新中心、工程研究中心等。提升制造业创新中心的运营实效。借鉴美国 DMDII 和新加坡 Lighthouse 项目的经验,即以"政府领投、专业运营、市场买单"模式,打造一批制造业创新中心样板工程。二是夯实金融支撑力度。"十四五"期间,江西省急需引进基金、证券、VC、PE、租赁、信托等非银行金融机构,尤其是头部创投风投机构,积极开发个性化、差异化、定制化金融产品,尽早形成金融机构投早、投小、投科技、多投、敢投的金融新格局。要解决金融产品期限与企业需求不适配,企业稍有风吹草动,金融率先撤退等突出问题。我省可建立制造业融资服务对接平台,以实现产业主管部门与金融管理部门高精尖制造业项目、企业名单及相关信息的共享。鼓励有条件的银行机构探索建立先进制造业融资事业部,专项制造业信贷计划,设立制造业金融服务专业团队。三是加大工业 4.0 人才储

备。建立学科专业动态调整机制，扩大省内高校、职业院校专业设置的自主权，尽快形成与我省制造业产业布局相适应的学科专业布局。优化公共实训基地结构布局，着力抓好专业、区域、产业集群三个层次的公共实训基地建设。四是优化企业梯度格局。构建制造业"优质"企业梯度发展格局，尽快形成"小巨人"企业—单项冠军企业—产业链领航企业的企业梯度发展格局。重点推进企业"四上"行动。制定企业上规、上市、上云、上榜具体方案。大力培育大企业（大集团），壮大拟上市企业后备梯队。鼓励制造业企业适应智能制造发展需要，开展物流智能化改造，推广应用物流机器人、智能仓储、自动分拣等新型物流技术装备。加快处置制造业"僵尸企业"，着力推进企业优胜劣汰。建议全面启动"亩均论英雄"改革工作，依托大数据平台，整合税务、用地、用能等数据，打破信息壁垒，建立一套数据准确的企业亩均效益评价主题数据库。推广亩均效益评价，对评价靠前的企业在资金、技术、人才、土地等要素方面优先配置。

作者：

陈春林 江西省科学院科技战略研究所科技政策研究室主任、副研究员，省情研究特聘专家

邹　慧 中国工程科技发展战略江西研究院副院长，江西省科学院科技战略研究所名誉所长、研究员

卢翔宇 江西省科学院科技战略研究所研究实习员

推进"跨链、集链、融链"
打造"链长制"升级版

□ 省委党校课题组

摘要： 建立实施产业链"链长制"，是江西省委、省政府贯彻落实党中央、国务院关于增强产业链供应链稳定性和竞争力决策部署的具体行动。报告认为全省产业链的跨链协同效应潜力巨大，产业链的根植性问题值得警惕，"共性"问题重复占用行政资源，并建议从"跨链"，加强统筹协调，推进产业链跨链协作，提升"链"与"链"之间的关联度；"集链"，坚持"1+1>2"，推进项目集聚、创新集合、产业集群、资源集约；"融链"，坚持全链融合、全景布局，完善服务体系，赋能产业链再造和价值链提升三个方面，进一步完善全省产业链"链长制"。

建立实施产业链"链长制"，是省委、省政府贯彻落实党中央、国务院关于增强产业链供应链稳定性和竞争力决策部署的具体行动。2022年1月4日，省委副书记、省长叶建春同志在全省产业链强链补链延链工作推进会上强调，要持续实化、优化、深化产业链链长制，加快打造产业链链长制升级版。7月18日，省委书记易炼红同志在省委上半年经济运行分析会暨"拼搏三季度、奠定全年胜"动员会上强调，要创新实施产业链链长制升级版，确保产业链供应链循环畅通。报告围绕江西"链长制"需关注的三个领域，在跟踪借鉴广东、浙江、湖南、厦门等地"链长制"经验做法的基础上，建议通过"跨链、集链、融链"打造全省产业链"链长制"升级版。

一、江西省"链长制"需关注的三个领域

（一）产业链的跨链协同效应潜力巨大

江西省有色金属、电子信息、钢铁、汽车、航空、新能源等产业链之间存在较强关联，关联环节包括高端电子材料、汽车电子、航空材料、永磁电机、锂电池、储氢材料等跨链交织的细分领域，这些细分领域正是未来高新技术产业发展的方向。以江西的有色金属产业为例，铜箔材料广泛应用于电子电路、锂电等领域，属于典型的跨链产品，江西省拥有江铜铜箔、鑫铂瑞科技、铜博科技等一批明星企业，其生产的 3.5μm、4μm 和 5μm 级的铜箔产品处于行业领先地位，能够为全省电子信息产业提供高端电子材料配套，同时也为全省新能源汽车产业发展高端锂电提供了支撑，进一步促进了全省有色金属、电子信息、新能源汽车产业链的互动、互补和互融。

（二）产业链的根植性问题值得警惕

产能外迁将使产业链存在部分外迁引发整体外迁、龙头企业外迁导致供应链跟随外迁的风险，要谨防产能外迁导致的断链断供。如，2020 年江西省电子信息龙头企业南昌欧菲光将光学光电的产能外迁至合肥，外迁产能甚至包括江西省重点发展的新能源汽车（车身电子、智能驾驶）、虚拟现实和增强现实（VR/AR 透镜和 VR/AR 模组）等产品产能，曾在赣皖两地引起不小轰动。又比如，南昌青山湖区作为全国第四大针织服装类产业基地和全省最大的纺织服装产业基地，2021 年基地内共有各类针纺企业 2000 余家，但拥有自主品牌的企业仅 20 余家，90% 的针纺企业以 OEM 代工生产为主，产业链核心环节和关键配套均不在我省。很多企业以承接国外品牌代工订单为主要业务，受东南亚产能复苏和美国新疆棉禁令的持续影响，海外订单和客户可能流向东南亚等低成本地区，本地产能将存在一定外迁风险。

(三)"共性"问题重复占用行政资源

从2022年1月全省产业链链长会议的调度情况来看,2021年,全省各地各部门收集制约产业链发展问题817个(含2022年结转问题117个),办结784个,办结率96%,较2020年提高了6个百分点。其中,14条省重点产业链收集问题337个(含2020年结转问题60个),办结323个,办结率95.8%,较2020年提高了6.4个百分点。这里面用工、资金、融资、用地、项目审批、行政许可等方面的问题比较集中,共计512个,占比达63%。14条省重点产业链在人才、资金、创新、物流等方面共性问题突出,主要体现在创新弱人才少、融资难融资贵、物流成本高效率低、预期弱消费软等方面。这些共性问题重复上会调度,占用行政资源,导致行业部门行政成本较高。

二、关于江西省打造产业链"链长制"升级版的建议

针对以上问题,建议学习借鉴湖南、浙江、广东、河南、厦门等地经验做法,通过"跨链、集链、融链"等举措,进一步完善我省产业链"链长制",助力我省构建高效协同、安全稳定、自主可控并富有弹性和韧性的产业链体系。

1. "跨链"。加强统筹协调,推进产业链跨链协作,提升"链"与"链"之间的关联度。一是健全"跨链"工作机制。在全省"四长一主"工作协调联动机制的基础上,可学习借鉴湖南、广东、河南等地经验,建议由各级党委政府主要领导挂帅"总链长",统筹负责各地区"链长制"工作。同时,对于已形成一定规模的跨链细分领域,可根据职能分工,选派各职能部门主要领导作为"联合链长",负责跨链细分领域的培育和发展工作。二是支持"跨链"整合。支持"链主"企业聚焦主业,开展产业链横向联合、纵向整合,实现链内上下贯通根强干壮,链际左右逢源枝繁叶茂。鼓励"链主"企业建立科技协同创新体,发展新业态、新模式,打造一批跨链融合示范项目。可学习借鉴广州、湖南、河南、厦门等地经验,依托"集群"打造"链群",将全省新兴产业集群与14条重点产业链齐抓共建,打造万亿、千亿和百亿级的

"万千百"规模化产业链群梯队。三是推进"跨链"协作。全面审视整个产业链体系及企业间的协同关联,发挥"链主"企业的"头雁作用",带动产业链上下游企业紧密协同,促进上下游协作配套、产品链条环环相扣、产品种类不断丰富、附加值不断提升,加速形成"雁阵格局"。进一步完善从"单链牵引"到"多链协同"的协作机制,牵引产业补短锻长,加速培育产业生态,实现从"小生态"到"大生态"的共生共荣。

2."集链"。坚持"1+1>2",推进项目集聚、创新集合、产业集群、资源集约。一是推进产业链集成管理。持续聚焦"高大上、链群配",推动"供应链先行""产业链扎根""创新链赋能",统筹推进一批延链、强链、补链、建链产业项目,补齐重点产业、优势产业的关键环节、重大断点缺口,制定并完善产业链断链、断供替代方案。二是推进产业链集成创新。进一步激活国家稀土功能材料创新中心、中国科学院赣江创新研究院、中国信通院江西研究院、中国工业互联网研究院江西分院等"国之重器"科技服务功能。学习借鉴深圳经验,不但要积极促进本省科技成果落地转化,还要通过打造高效的科技成果转化生态,吸引全国优秀科技成果到赣转移转化。统筹实施核心技术攻关、重点创新产业化升级、重大装备升级等工程,推动全省产业链从"局部创新"到"整体创新"转变。三是推进产业链共性问题集中解决。围绕产业链共性问题,要按照"共性问题集中解决、个性问题专项化解"的原则,将"问题清单"变为"销号清单"。可学习借鉴浙江经验,通过建设"产业大脑能力中心",汇聚产业数据和能力组件,形成数字能力资源池,个性化提取企业数字化改造解决方案,打造"未来工厂",推动产业链问题群体智治。同时建立常态化产业链对接机制,搭建"芯机对接"、整零对接、产销对接、产融合作、产技对接、产才对接等交流平台,进一步提升"链长制"整体运作效率。

3."融链"。坚持全链融合、全景布局,完善服务体系,赋能产业链再造和价值链提升。一是促进产业链"母链"与"子链"融合。我省产业链存在众多交织领域,中间产品能够实现互融互补。比如,有色金属产业"子链"(高端铜箔、铜板带)是电子信息产业"母链"的重要材料;电子信息产业"子链"(车载终端、显示设备、车联网)又是汽车产业"母链"的重要配套。要进一步促进产业链技术、产品与应用融合,通过"小补大、强扶弱",形成"链式倍增"局面,大力推动企业向价值链高端和产业链上游进军,带动产业链动力变革和效益变革。支持"链主"企业分拆具有显著市场竞争力的"子链"控股公司单独上市,如安徽铜陵有色分拆其控股公司铜冠铜箔至创业板独立上市,我省亦可支持江西铜业分拆江铜铜箔单独上市。二是完善产业融合服务体系。持续推进重点项目攻关"揭榜挂帅",加快构建业务关联、市场融合、经营协作的产业链生态,统一布局建设研发设计、技术转移、可靠性验证、计量测量、标准制修订、认证认可、人力资源、商贸物流等公共服务平台,探索形成集研发制造、测试认证、成果转化、示范应用于一体的产业融合模式。三是引导企业扎根产业链。统筹抓好全省"有根"产业培育,用"四最"营商环境"育苗",支持企业在产业链优势特色领域"精耕细作",引导企业"扎根"、品牌"开花"、产品"结果"。要进一步促进数字技术与实体经济融合,通过降成本、聚要素、建试点、育人才等举措,大力扶持中小企业数字化转型。

课题组成员:

花　　晨　省委党校江西经济社会发展战略研究所助理研究员,省情研究特聘专家

徐　　斌　江西财经大学现代产业发展研究院教授

马晋文　省社会科学院社会学所助理研究员

季凯文　江西师范大学江西经济发展研究院研究员

张　　扬　省委党校江西经济社会发展战略研究所助理研究员

农业农村

江西乡村人才振兴的困境及对策建议

□李小红　曹高明

摘要： 乡村振兴，人才是关键。近年来，江西乡村人才振兴事业在政策出台不断完善、实施策略不断创新，乡村人才回流初显成效，但江西农村现有的内生人才存量和外生人才增量均不足以支撑乡村振兴的现实需求，乡村人才振兴仍面临诸多现实困境。为推进江西乡村人才振兴，本报告提出以下建议：摸清底数，建立乡村人才振兴大数据库；把握培育重点，培养乡村急需人才；优化人才生态，夯实乡村人才发展空间；做实优势产业，引导乡村人才回流。

习近平总书记指出："乡村振兴，人才是关键。要推动乡村人才振兴，把人力资本放在开发放在首要位置，强化乡村振兴人才支撑。"近年来，我省大力推进人才振兴，健全体制机制，强化保障措施，为全面推进人才振兴提供了有力人才支撑。但是，随着新型工业化、城镇化步伐加快，青壮年劳动力普遍流出，留守乡村的普遍为老幼病残的人员。前不久，课题组赴南昌、抚州、萍乡、九江、上饶、赣州等地村组调研，发放和回收问卷500余份，与县、乡分管人才建设的负责人及相关工作人员、村"两委"干部及党员代表、村农业合作社负责人（带头人）等面对面交流，深入了解江西乡村人才振兴状况及面临的困境，借鉴外省经验，提出相应对策建议。

一、江西乡村人才振兴现状

（一）乡村人才振兴政策不断完善

近年来，省委、省政府及相关厅局就做好乡村人才振兴工作，相继出台了相关扶持政策，包括《江西省大力实施乡村就业创业促进行动专项方案》《江西省乡村振兴战略规划（2018—2022年）》《关于鼓励支持专业技术和技能人才服务乡村振兴的若干措施》《关于纵深推进"一村一名大学生工程"的实施意见》《江西省科技特派员助力乡村振兴行动计划（2021—2025年）》等，为乡村人才振兴奠定了扎实的基础。特别是2021年6月，中共江西省委农村工作领导小组下发了《关于加快推进乡村人才振兴的若干措施》，为乡村人才振兴提供了坚实的制度保障。同时，各设区市、县（市、区）也纷纷跟进，贯彻落实中央和省委、省政府有关乡村人才政策，推出各项具体举措，积极推动本地乡村人才振兴工作。如，吉安市出台了《关于大力推进农村实用人才助力脱贫攻坚促进乡村振兴发展的实施意见》，安源区、广昌县分别出台了《关于加快推进乡村人才振兴的若干措施》《关于加快推进乡村人才振兴的实施方案》等，推进乡村人才振兴政策真正落地见效。

（二）乡村人才振兴举措不断创新

为探索江西乡村人才振兴举措，各设区市、县（市、区）积极探索，创新举措，形成了诸多可借鉴的好经验、好做法。比如，南昌市重点围绕培养农业产业发展带头人，持续深入实施"千村千名大学生工程"，对全市筛选出的具有典型带头示范作用农业从业人员进行专业知识培训。吉安市重点围绕乡村人才振兴载体，在全省率先成立"乡村振兴学院"，在积极探索建立多层次、多形式的农村人才培训体系上迈出了跨越式一步。赣州市重点围绕乡村人才振兴典型、引导社会舆论开展工作，通过开展"赣州市农村青年致富带头人（标兵）评选""赣州市'乡村振兴带头人'""赣州市乡村振兴青年先锋"等评比活动，为乡村人才振兴氛围的塑造探索了可行之路。

（三）乡村人才振兴成效初步凸显

一是乡村实用型人才数量不断增长。如广昌县近年来通过"候鸟式共享""下派式共享""借鸡生蛋式共享"等方式，大力培养农村实用型人才，农村实用型人才总量每年增长率保持在30%以上。二是乡村人才综合素质不断提升。以乡村治理人才为例，如都昌县为提升乡村治理人才素质，在换届选拔上高标准要求，本轮换届后，全县村（社区）党组织书记"一肩挑"达到97.32%，较换届前上升了37%，大专以上学历165人，占55.18%，平均年龄47.7岁，下降了3.7岁；致富能手或产业大户744人，占全县村（社区）"两委"成员的比重为40.3%，较换届前上升了25%。

二、江西乡村人才振兴面临的困境

虽然江西乡村人才振兴事业在政策出台不断完善、实施策略不断创新，乡村人才回流初显成效，但本研究认为，江西农村现有的内生人才存量和外生人才增量均不足以支撑乡村振兴的现实需求，乡村人才振兴仍面临诸多现实困境。

（一）数量困境：人口流失、"空心化"严重

一是乡村常住人口持续减少。随着我国城镇化推进，近10年来，江西乡村常住人口数量呈逐步下降趋势，自2012年由占总人口的52.5%减少至2021年的38.5%，平均每年至少减少1个百分点。在绝对数量方面，至2021年底，江西乡村常住人口为1741.0万人，较2012年2364.1万人少623.1万人（见图3–1）。

二是青壮年劳动力流出加速，"空心化"严重。在农村常住人口逐步减少同时，江西每年以农民工形式流出乡村，使农村劳动力严重"失血"。据统计，2020年江西农民工总数高达1237.3万人（见图3–2）。调研了解到，绝大多数村外出务工人员仅在逢年过节回家，偶有少数人员在农忙时会回家，平时在

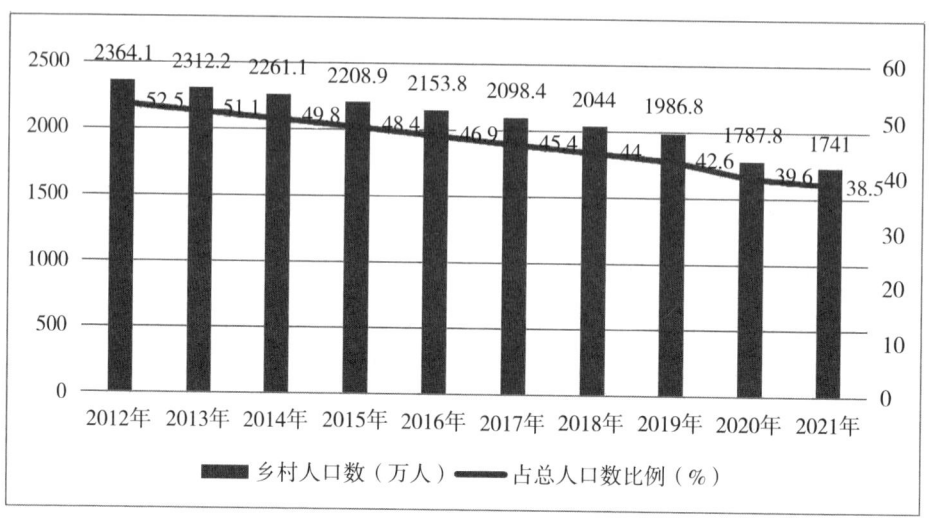

图 3-1 江西乡村常住人口数及占总人口数比例（2012—2021）

家务农的主要为 50 岁以上的中老年人。进贤县新源村"两委"全面摸底在村实际常住人口 460 人，占比 23.0%，除 10 余名留守儿童外，绝大部分为 60 岁以上老年人。农民工的大量流出，尤其是青壮年劳动力流出，使得农村几乎沦为"空心村"。

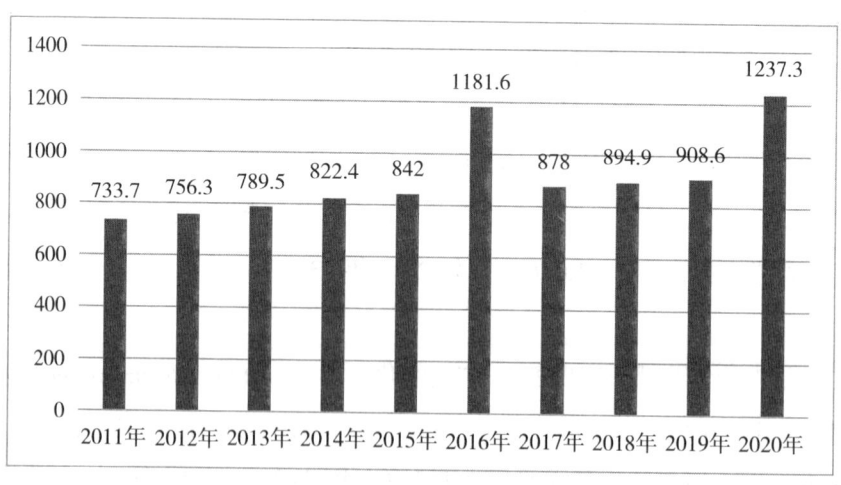

图 3-2 2011—2020 年江西农民工数量（单位：万人）

（二）质量困境：总体不高、结构老化

一是学历层次偏低。当前，江西拥有的各类受教育程度人数以初中、小学教育程度为主。根据江西省第七次全国人口普查公报，江西每10万人口中拥有小学、初中文化程度人数占受教育文化程度人数比重为70%（见图3-3）。具体到农业领域，据江西省第三次全国农业普查数据显示，在农业生产经营人才中，小学、初中、高中（含中专）、大专及以上学历占比分别为40.38%、47.72%、7.4%、0.83%，与中部6省平均水平相比，小学学历占比高了7.68个百分点，而初中、高中（含中专）、大专及以上学历占比分别低了4.88、0.5、0.27个百分点；在规模农业经营户农业生产经营人员（包括本户生产经营人员及雇佣人员），小学、初中学历仍占绝对比重，占比分别为32.80%、52.98%，高中（含中专）学历、大专以上学历占比分别为9.68%、1.24%，与中部6省平均水平相比，小学学历占比高了5.9个百分点，而初中、高中（含中专）、大专及以上学历占比分别低了3.82、1.52、0.16个百分点。

二是年龄结构老化。调研发现，当前在农村劳动力普遍为50岁以上的中老年人，50岁以下的中青年人普遍外出务工。"村里没有像样产业，哪里留得住人""现在种田，我们（60岁左右中老年人）就可以了，年轻人种田不划算，会被村里人认为没出息，老婆都娶不到"，这是农村较为普遍的看法，也是农村没有多少年轻人的深层次原因。

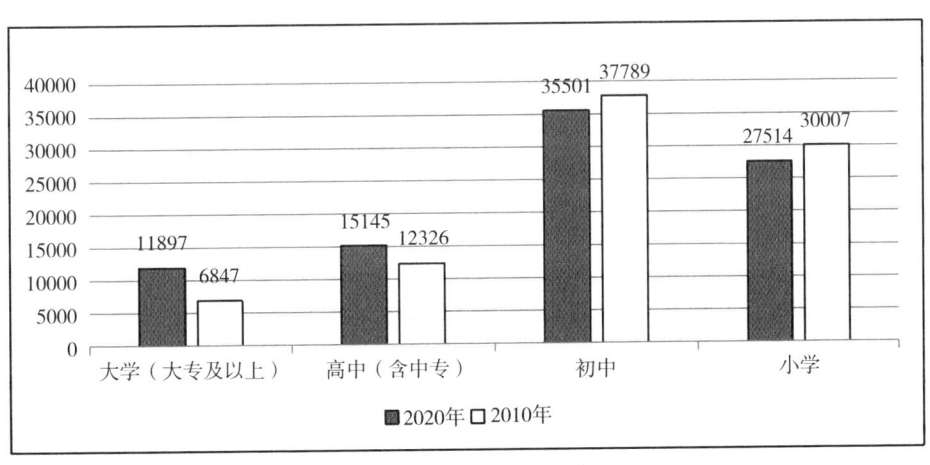

图3-3 江西省每10万人口中拥有的各类受教育程度人数

三是职业技能培训不理想。调研发现,各地虽然有些"土专家""田秀才",但总量偏少,职业技能人才较为缺乏。为提升农民的职业技能,各地组织开展了一些职业技能培训,但是培训效果并不理想。在培训内容与技巧上,虽有农业种植养殖、农业电商运营和农村物流运输等农业实用技能培训,但是培训技巧与方式缺失,针对性不强,很多村民表示听不懂、学不会。同时,培训机会总体偏少、培训获得感不强。因此,对于本来缺乏技能人才的农村,职业技能培训并没有起到应有的作用,难以满足规模大、技术含量高、融合发展强的产业人才需求。

（三）生态困境：产业不强、环境欠优

一是产业吸引力弱。传统农业产业已较难解决当前乡村人才就业、收入困境,但农业新业态又尚未形成气候,难以吸引人才回流。加之农业本身的市场风险、自然风险等因素,使不少人对农业望而却步。

二是留才措施不够有力。江西作为经济欠发达地区,基础比较薄弱,落户市、县的大型农业企业和农业项目数量相对较少,较难提供人才发挥专长、施展才华的舞台。

三是引才机制不活。在外工作的乡贤在退居二线或退休后,有返乡参与家乡治理、继续发挥余热的意愿,但因宅基地使用、耕地流转等限制,导致很多乡贤不愿或不能回乡创业。

四是激励机制不够健全。上级对农村人才创新创业的激励措施还是相对较少,即使有政策扶持,大部分给的是已经创业成功的农村实用人才,锦上添花的多,雪中送炭的少。

三、推进江西乡村人才振兴的对策建议

（一）摸清底数,建立乡村人才振兴大数据库

摸清底数是推动乡村人才振兴工作的基础,既可以为下一步精准引才育

才等提供科学指导和数据支撑，也可以为乡村人才政策优化提供方向。

一是摸清乡村人才底数。建议从省级层面开展全省乡村人才统计大调研活动，可以制定《江西省乡村人才振兴统计监测工作实施方案》，明确统计的"范围和对象""标准和内容""任务和分工"，以县（市、区）为单位，彻底摸清全省各县（市、区）的乡村人才基本情况，包括数量底数、质量底数、潜力底数及相关人才政策实施成效、不足及改进的方向等。

二是建立乡村人才数据发布制度。省、市、县各级人社部门、统计部门应及时对年度乡村人才调研统计数据和人才情况进行分析研究，形成高质量乡村人才资源分析报告，鼓励有条件的设区市、县级出台乡村人才振兴研究报告；条件允许时，可以在全国率先推出以省级名义编制并发布《江西省年度乡村振兴人才资源状况报告》（蓝皮书）及《江西省年度乡村振兴人才开发指引》（白皮书）。

三是建设江西乡村人才数据库。在摸清底数基础上，借力当前江西大数据产业、数字经济产业建设契机，建设江西乡村人才数据库，实现对乡村人才的分级分类与动态管理，做到对各类乡村人才"底子清、情况明、知现状、知去向"，实现人才资源向人才资本的根本性转变。在乡村人才分类管理上，应尽快出台江西乡村人才的分类标准、评价标准、评价方法等，推进乡村人才管理的科学化、精细化、系统化。

（二）把握培育重点，培养乡村急需人才

一是培育培养新型职业农民。要坚持农民主体地位，调动农民参与乡村振兴事业的积极性，把提升农民素质、增加农民发展机会与致富深度结合，深度实施农民素质提升工程，注重新型职业农民的培育培养，可借鉴湖南等省（市）经验，加快构建"政府主导＋专门机构＋多方资源＋市场主体"的农民教育培训体系，通过重点打造若干个新型职业农民培育教育示范基地，建设一批综合培训基地、田间学校，培养壮大"土专家""田秀才"队伍，充实乡村人才振兴队伍。

二是把握培育重点。在乡村人才培养上，各地要坚持问题导向，针对基层实践的"卡脖子"人才，突出重点，对培养农业生产经营人才、农村二三产业发展人才、乡村公共服务人才、乡村治理人才、农业农村科技人才等进行针对性部署，尽快满足现实需要；实施高端农业科技人才培育计划，造就一批职业经理人、科技带头人、现代青年农场主、农村青年创业致富"领头雁"。

三是创新人才开发模式。在乡村人才开发模式上，应鼓励各地积极探索，创新实践。山东、湖南等省实施的"乡村振兴合伙人"制度，即以乡村项目招募合作人才、引入合作资金，值得关注借鉴。该模式作为现代企业制度重要形式，在提升乡村项目创业成功概率、激发农村内生动力的同时，还能够实现让专业的人来做专业的事，让合伙人更注重项目的长期发展。在推进乡村振兴合伙人制度时，要遵循市场规律，充分发挥企业主体作用，要注意行政力量参与的方式和力度。此外，在国内其他地方探索实施的乡村CEO计划，即聘请专业人才来经营壮大乡村集体经济，也值得江西借鉴。

四是探索人才柔性引进机制试点。通过探索实施乡村高端急需人才柔性引进机制试点，如建立乡村振兴专家服务基地，开展专家服务基层活动等，鼓励社会各界人士投身乡村振兴是扩大乡村人才基数、提升乡村人才质量的有效途径。可借鉴重庆等省（市）经验做法，鼓励江西与"三农"直接相关的智库在乡镇、村设置工作站，既充分发挥智库为江西培训各类乡村人才的作用，也间接扩大乡村人才基数，服务乡村振兴事业发展需要。

（三）优化人才生态，夯实乡村人才发展空间

一是开展乡村人才政策优化督导落实专项行动。建议实施江西乡村人才政策落实专项督导行动，让各项惠才政策有效落地。要重点督导《关于加快推进乡村人才振兴的若干措施》《江西省乡村振兴战略规划（2018—2022年）》等政策落地情况，省直各厅局要重点督导落实本单位出台的乡村人才政策。要适时出台或修订政策，弥补政策短板，如根据农业农村部2022年2月出台的《"十四五"农业农村人才队伍建设发展规划》，尽快出台《江西"十四五"

农业农村人才队伍建设发展规划》等。

二是重点推进乡村人才评价机制改革。乡村人才评价机制直接涉及乡村人才的成长成才、社会认同、自我成就及薪资待遇等,是影响乡村人才工作积极性的重要因素。鉴于乡村人才评价"卡脖子"现状,加快建立以职业属性和岗位要求为基础的基层职称评价制度,充分贯彻落实好"定向评价、定向使用"的评价原则,克服唯学历、唯资历、唯论文、唯奖项等倾向,切实解决评价标准"一刀切"问题。在具体举措上,可以学习借鉴江苏、山东等省(市)做法,探索制定乡土人才技能评价地方标准,如出台江西版"乡村人才专业技术资格条件"。对于取得乡土人才职称的人员,应重点在产业技术扶持、项目资金投入、人才载体平台建设、职业技能培训补贴、宣传展示平台等方面给予优先支持。

三是注重舆论引导与宣传,培育乡村职业发展认同感。舆论宣传,既要报道乡村人才先进典型,也要报道乡村振兴事业潜力、前景,还要研判乡村振兴发展趋势,引导社会对乡村发展的认同、肯定。建议开展"江西乡村振兴带头人""江西乡村振兴青年先锋"等评选工作,并在省级主流媒体持续跟进报道,营造乡村振兴事业大有可为的良好氛围。

(四)做实优势产业,引导乡村人才回流

一是产业发展注重提质,稳住乡村人才发展基本面。当前,国内外涌现了多种高质高效农业发展模式,如都市农业、多功能农业、定制农业、共享农业等,江西各地应积极根据自身农业资源优势,借鉴国内外农业发展新模式,发展特色型优势农产业,并形成区域产业品牌,逐步形成乡村人才回流趋势。

二是产业路径因地施策,塑好乡村振兴重点人才培育之路。特色产业越鲜明,高端人才越密集。各地在谋划特色优势产业时,应依据"区位优势、产业基底,自然景色、人文景观"为原则,来选择适合的产业发展项目,夯实面子,做实里子,在既符合当地农民的意愿,能解决当地住民潜在需求的同时,而且还可以塑好乡村重点人才培育之路。如在赣抚平原、鄱阳湖平原等地带，可以大力推进国家现代农业产业园、农业产业强镇、优势特色产业集群、国家农业科技园等产业项目建设，让小农户与现代农业能够有效衔接；在江西其他大部门丘陵区域，注重产业的叠加与整合，让小农经济走向更优的发展道路，如打造田园综合体、休闲农业园、家庭农场等。

三是善用产业跨界融合，实现乡村人才多样化聚集。产业多元，人才必然多元。在严守耕地红线的前提下，立足"农业"，打破认知边界，跨界推动一二三产融合，如在农业业态创新上，可以实施农文旅融合、农商旅融合、农康旅融合；在产业链延伸上，还可以发展电商、物流、影视、动漫等。

本调研报告系江西省哲学社会科学重点研究基地项目"江西乡村人才振兴的困境及对策研究"（21SKJD08）成果。

作者：
李小红　南昌工程学院副教授
曹高明　省社联学术中心助理研究员

江西省民营资本参与乡村产业振兴的现状、问题与对策建议

□廖文梅　乐志为　王佳伟　王智鹏　吴芝花

摘要：民族要振兴，乡村必振兴。报告通过对九江、上饶等多地市县的调研分析，认为江西省民营资本参与乡村振兴，呈现规模扩大、主体激活、环境变优的喜人势头，同时也存在民营资本跟风投资、盲目投资现象，政府层面存在引导不力、服务不优的困局，农村存在要素保障不足、基础设施建设不足的问题，并建议：科学制定差别激励政策，引导民营资本理性投资；创新基层政府职能转变，优化营商服务环境；完善要素支持政策体系，优化要素配置效率；补齐农村基础设施短板，强化配套设施建设；建立风险防范保障体系，增强风险防范意识。

实施乡村振兴战略，离不开资本的参与。受益于各级党委政府出台的引导民营资本促进乡村富民产业发展一揽子政策举措，江西省民营资本进入农业农村呈现规模增长、领域拓展、业态多样、产业兴起等新特征，为全省牢牢守住保障国家粮食安全和不发生规模性返贫两条底线发挥了重要作用。江西省作为一个现代农业农村转型中的人口大省，当前和未来一个时期会有大量人口生活在农村、依靠农业获得收入，如何有效发挥民营资本投资乡村产业的积极效应，特别是如何转变全省民营资本投资在第一产业增速有所下降的趋势，从政策优化的角度探索民营资本投资乡村产业的障碍因素，迫切需要破题。为此，课题组前往九江、上饶等多地市县（区）进行调研，同时利

用全省营商环境企业评价中的 1165 户涉农企业的问卷调研数据进行分析。结果发现：民营资本存在跟风投资、盲目投资现象，政府层面存在引导不力、服务不优的困局，农村存在要素保障不足、基础设施建设不足的短板，影响了投资积极性与投资效果。针对以上不足，借鉴外省成熟做法及从业者的意见，形成了对策建议。

一、江西省民营资本参与乡村振兴，呈现规模扩大、主体激活、环境变优的喜人势头

（一）农业生产基础夯实，农业投资规模不断扩大

省农业厅数据显示，从 2017 年起至 2020 年，江西省建设高标准农田超 1179 万亩，投入建设资金约 360 亿元。截至 2021 年 10 月，江西省已累计建成高标准农田 2308.5 万亩，创建 48 个全国绿色食品原料标准化生产基地，面积 854.3 万亩，为民营资本投资提供了较好的基础。从江西省农地流转数据看，民营资本经营农业的主体数量呈显著增长趋势，截至 2021 年 10 月，江西省农村土地流转面积增加至 1911 万亩，家庭农场达到 9.26 万家，农民合作社达到 7.5 万家，各类经营性服务组织达到 7.25 万个，民营资本投资农业农村呈逐步增长趋势。

（二）龙头企业成长迅速，投资主体呈现多元化趋势

全国农业投资主体呈多元化发展趋势，主要包括个人（农村居民和城镇居民）、企业、农村集体和政府，其中龙头企业是主要的投资群体。2020 年，全省百强企业中有正邦、双胞胎、绿滋肴、煌上煌、中粮粮油及中远现代化等 6 家涉农企业。其中，双胞胎（605.33 亿）、煌上煌（82.32 亿）分别位列全国农业企业 500 强企业的第 9 位、58 位。截至 2021 年 10 月，江西省农业产业化省级龙头企业 963 家，其中超 10 亿元龙头企业有 47 家，超 100 亿元龙头企业有 3 家，超 1000 亿元龙头企业有 1 家。2021 年，江西省农业产业

化国家重点龙头企业为65家，比上一年增加了13家。2021年前三季度，全省规模以上农业龙头企业销售收入5320亿元，同比增长12.5%，带动农户达470多万户，占全省农户总数的55%。

（三）受益于营商环境优化，投资领域拓宽、形式多样

调研发现，各地把优化营商环境与落实惠企政策相结合、与走访服务企业相结合、与推进项目建设和扩大有效投资相结合，企业普遍受益于江西省优化营商环境的一揽子惠企政策。调查的涉农企业数据中有90.21%的企业对营商环境非常满意，有89.44%的企业对政务服务非常满意。得益于环境优化，民营资本参与乡村振兴的领域在不断拓展，呈现出三个特征：一是主业突出，调查的1165家涉农企业中，从事农业产业化经营的企业占比高达85%以上，其中以农产品加工、乡村旅游、休闲民宿等领域居多；二是接二连三，呈现从农业产业化领域向农村资产盘活、生态修复、基础设施建设等具有一定外部性的二三产领域拓展，比如快递服务、停车场、充电桩、旅游厕所等基础设施建设；三是业态多元，一二三产业融合发展态势明显，其中以"农业种养殖+农产品加工""农业种养殖+乡村旅游"等组合业务居多。随着领域的逐渐拓宽，企业进入农业农村的方式日益多样化，主要有四种形式："公司+农户"，主要集中在农业产业化领域，具体表现为民营资本收购农民的农产品或租用土地，在课题组实地调研中此类方式占75%；"公司+村集体或农民合作社"，常见于民营资本开发农村闲置宅基地与其他资源；"公司+政府"，常见于工商企业代替政府提供公共产品的情形，如农村的PPP项目；"龙头企业+合作社+家庭农场"，具体表现为延长农产品"吃干榨尽"的产业链上，从农产品标准化生产到物流配送交易中心。

二、民营资本参与乡村振兴存在的问题

民营资本进入乡村，给农业领域带来大量资金、技术及先进的经营管理

模式，促进农业农村经济的健康发展和转型升级。但是，民营资本参与乡村振兴遇到了不少问题。统计局数据显示，2021年全省非公有制经济固定资产投资增长15.0%，同比增长6.9个百分点，第二、第三产业增速同比提高，第一产业增速却下降了5.8%。课题组结合调研数据也发现了一些共性问题：

（一）存在跟风投资、盲目投资现象，导致投资效果不佳

有些民营资本存在跟风投资现象，一旦投资失误，不仅投资者自身利益受损，而且对承接投资的当地农民和地方政府也会产生重大影响，易引发矛盾纠纷。如，民营资本进入农业领域一般会对农民的土地进行流转、规划和整治，变动田块的规模和形状，当撤离后，很难恢复原貌，容易产生土地纠纷，一旦投资失败后又会引发劳资纠纷、融资纠纷、信贷纠纷等。同时，还有一些工商企业进入农村后盲目"圈占"农民的土地，与农户利益联结机制不紧密，难以赢得当地群众支持。基层政府部门对此也感到担忧。怕民营资本长时间、大面积地租赁农村土地会使农民利益受损，导致耕地"非粮化""非农化"的现象日益严峻。有些民营资本对农业产业的投入与收益估计不足，最典型的就是返乡商人或者转型商人，其为了获得各级政府的补贴利益而投资乡村产业，加上自身对农业产业认知不多，对农业生产经营活动的资本投入、见效周期及不确定性风险等估计不足，盲目大规模地流转土地、大量资金投入设施农业项目，以至于耗费大量的财力物力在土地平整、水利维修、道路养护、大棚建设等方面，投入规模大、架势足，短期内难以看到投资收益，最后发现投资某些农业项目像个无底洞，就算倾囊而出，但农业生产基地依然只见雏形、未能成型，农业项目离盈亏平衡还很远。此外，不少民营资本拥有者可能对新时代条件下如何运用科学技术装备降低农业生产成本，对如何打造产品品牌、综合运用线上线下市场渠道开拓产品销路等并不熟悉。关于旅游休闲度假村的打造，预期客流量判断不准导致硬件设施投入过高，投资效益转化遥遥无期。

（二）政府存在引导不力、服务不优，导致投资效率不高

一是产业政策不科学。课题组调查中发现受优惠政策驱使投资的企业占比超50%，为拿到优惠政策与扶持项目，大多数企业没有科学规划，急于铺摊子、造声势。如，有些地方为了发展食用菌产业，招引企业生产食用菌棒，采取行政名义要求各乡镇购买公司菌棒，并要求各乡镇以行政命令引导农户养殖食用菌。为拿到优惠政策与扶持项目，一家既无涉农经验也无技术的物流运输企业，投资食用菌产业，既缺乏面对价格波动的能力，也面临补贴退出的政策波动风险。同时，由于农产品价格风险防范机制不健全，涉农企业缺乏政策引导，很难及时、准确地掌握市场讯息，难以破解小生产与大市场的矛盾，特别是养猪、养蚕等产业，受国际国内市场价格波动的影响很大。

二是涉企服务不够优。企业反映，优化环境过程中存在"上热下冷"、落实力度层层衰减的现象。一些部门和单位在尊重、支持、善待民营企业家方面做得不够，有效服务民营企业发展的手段、方式和举措还有待优化提升，少数部门作出的承诺无法兑现。调研数据反映：有19家企业认为存在部门间工作衔接不畅、办事环节过多、程序不清楚等问题，导致办一件事要来回跑好几趟。有66家企业表示办事不知道找谁、找哪个部门；有8家企业认为部门间相互推诿，办不成也没有说法。最后，容易受村集体经济的挤抑。民营资本进乡入村，不仅要面对市场竞争对手的挑战，还要应对农村集体经济在资源配置和政策倾斜上的不公平竞争。面对亦商亦政的集体经济体，一些民营企业无法获得成本优势及平等竞争地位。

（三）农村要素不足、基础设施不足，导致投资意愿不强

一是要素支撑力不足成为民营资本参与乡村振兴的最大障碍。民营资本一般投资规模大、领域广，要素需求具有数量密集型、种类多样性、层次高位性的特征。由于农村要素市场改革滞后，农村要素供给体系难以满足企业的要素需求，调研数据显示：45%的涉农企业反映存在"用地难"问题；近80%的乡村企业面临技术人才和务工劳动力不足问题；69.44%的涉农企业面

临融资难题。其中原因：从用地看，一般农田可用于设施农用地的指标难用于产业项目，一些宅基地和农房长期闲置空置，无法成为农村产业发展用地来源。从用工看，普遍反映懂技术的青年人才难以扎根农村，存在配偶难找、子女入托入学难、交通不便、生活不便等问题，且缺乏长效激励机制。从融资看，由于没有协同推进村资产确权颁证—资产处置市场建立—风险防范机制构建，农业经营在金融市场上缺乏合适的抵押物，经营土地和大棚都不能作为抵押物，加上农业本身的高风险，导致农村资产抵押贷款不能落地。二是农村基础设施不足打消工商企业投资积极性。虽然近年江西省农村基础设施建设取得了长足进步，但是仍有部分地区没有铁路直达，如永新、乐安、寻乌和修水等。不少地区农村基础设施还十分薄弱，涉农项目周边、内部基础设施配套不到位；电子商务硬件建设缓慢，难以解决生鲜农产品进城的"最初一公里"。某政府部门负责人反映，近年到县里考察的企业较多，但真正来投资的却较少，主要原因是我们的基础设施建设跟不上。

三、对策与建议

（一）科学制定差别激励政策，引导民营资本理性投资

建立有差别的激励政策，引导民营资本进入适宜领域。一是在外部性较低的农业产业化领域，坚守土地用途管制法律底线的前提下，尽可能降低工商资本进入的门槛与障碍，鼓励工商资本为农业产业"接二连三"，延伸产业链。二是在外部性一般的农村资产开发领域，加快推进农村资产确权颁证，建立健全现代农村集体产权制度。三是围绕农业农村基础设施、农村生活污水治理、生态环境修复、美丽乡村建设等外部性较高领域，以及大宗农产品市场储备，策划一批高质量的政府与市场合作项目，激发民营资本参与热情。

（二）创新基层政府职能转变，优化营商服务环境

一是科学管理，加强农业农村的规划引导，避免盲目投资造成农村资源

浪费。有序引导民营资本嵌入社区发展，增加企业与社区联系密切度。二是投资便捷，深化农业农村领域"放管服"和"最多跑一次"改革，为落地项目提供通水、通电、通气等全方位服务。三是处理关系，在壮大农村集体经济的同时，要科学处理村集体经济与民营资本之间的关系，创新合作方式，实行村集体资产所有权归属明晰、经营权有序分离，为民营资本的进入提供空间和保障。

（三）完善要素支持政策体系，优化要素配置效率

一是健全和落实用地支持政策。完善设施农用地政策，扩大涉农项目国有建设用地供给，盘活农村存量建设用地。二是深化产权抵押融资。鼓励地方政府加快推进农村产权确权颁证，推广成都市农业设施抵押贷款经验，扩大农村抵押担保物范围。完善农村产权价值评估体系。三是建立稳定的农村产业工人和技术人才队伍。对有影响力的人群开展免费培训，全面建立高等院校、科研院所等事业单位专业技术人员到乡村和企业挂职、兼职和离岗创新创业制度，积极引导部分农民返乡、农村大学生回乡、科技人员和乡村振兴人才参加培训。

（四）补齐农村基础设施短板，强化配套设施建设

持续加大投入力度，加快补齐农村基础设施短板，促进城乡基础设施互联互通。加强农村交通物流设施建设，加快构建农村物流基础设施骨干网络，加快完善农村物流基础设施末端网络，推进县级仓储配送中心、农村物流快递公共取送点等建设，打通农村物流"最后一公里"。鼓励与支持地方政府加大对农村产业园区的基础设施投入力度。

（五）建立风险防范保障体系，增强风险防范意识

建立农村土地流转风险保障制度，加强对民营资本的监督管理。强化对民营资本的市场信息服务，完善重要和特色农产品价格保险政策体系，降低

市场价格波动风险。引导与鼓励地方政府，围绕本地民营资本集中的行业，建立专业化的市场信息服务机制，为民营企业生产决策提供依据。推动农业支持政策转型，降低政策变动风险。加快农村社会信用体系建设，降低信用风险。加快涵盖农村居民的社会信用体系建设，建立信用建设与信用贷款的联动机制。

作者：

廖文梅　江西农业大学经管学院教授，省情研究特聘专家
乐志为　江西省民营经济研究院助理研究员
王佳伟　江西农业大学经管学院博士
王智鹏　江西农业大学经管学院博士
吴芝花　江西农业大学经管学院博士

江西省推进数字乡村试点实践探索、现实挑战及对策建议
——基于4个国家数字乡村试点的调研

□郑瑞强 李剑富 张宜红

摘要：数字乡村建设是全面推进乡村振兴的重要战略方向，是贯彻落实江西省委、省政府双"一号工程"的重要抓手，是聚力打造新时代乡村振兴样板之地的重要内容。调研组于2022年8月赴安远、井冈山、进贤、玉山4个国家数字乡村试点开展实地调研，认为数字乡村试点有力推动了乡村发展要素资源重组、治理结构重塑、发展环境优化，但也存在着农业农村领域数字化基础薄弱、数字兴农惠民场景拓展受限、社会主体数字化转型活力不足、群众数字素养亟待提升等诸多挑战，并从加快数字乡村资源整合、优化数字乡村发展生态、创新拓展数字乡村应用场景等领域提出了政策建议，以期加快形成数字乡村创新实践与群众需求良性互动。

数字乡村建设是全面推进乡村振兴的重要战略方向，是贯彻落实江西省委、省政府双"一号工程"的重要抓手，是聚力打造新时代乡村振兴样板之地的重要内容。为深入了解并准确把握江西省数字乡村建设的"痛堵点"与撬动数字乡村建设的"突破点"，调研组于2022年8月赴安远、井冈山、进贤、玉山4个国家数字乡村试点开展实地调研，形成如下调研报告。

一、智质双升：数字乡村试点实践探索各具特色

江西省国家数字乡村试点地区对照试点任务，高位推进，取得了显著的阶段性成效，有力推动了乡村发展要素资源重组、治理结构重塑、发展环境优化。

（一）着力数智赋能，打造县域主导产业创新集群，让数字产业更具活力

借力数字乡村项目建设，改造传统产业，发展新型业态，实现增产降本增效。比如，进贤县结合县域产业优势，按照"1+4+N"的电商发展思路，建设了医疗器械、文化用品、特色农产品、军山湖大闸蟹四大电商基地，2021年电商交易额突破160亿元。

（二）搭建数字桥梁，促进城乡优质资源共享，让数字惠民服务更加便捷

利用数字技术链接群众服务资源，通过提供智慧教育、智慧医疗、智慧养老、智慧政务等服务，以优化服务供给满足群众需求升级。比如，井冈山市已实现政府服务代办点行政村100%覆盖，乡镇（街道）级政务服务事项网上可办率达100%，真正实现了乡村社区管理、服务"网上办事""掌上办事""快捷办事"。

（三）优化循数治理体系，优化资源配置效率，让数字乡村更加智慧

以民所需，持续梳理乡村发展涉及领域的可集成纳入数据接口，推进建设"一脑掌控、一图感知、一屏服务"的数字乡村综合性智慧平台。比如，玉山县打造"数字乡村"指挥中心，涵盖城市安全、精准治理、政务服务、交通出行、民生服务、生态旅游、产业经济、数智底座等8个应用场景，整合数字党建、数字安防、数字商贸等信息，运用数字技术整体提升乡村善治水平。

（四）重构富民增收空间，有效衔接县乡生产消费，让城乡发展更加融合

借助数字网络平台，促进城乡生产消费互联互通，拓展了乡村居民生计空间，实现农民增收。比如，安远打造"智慧园区＋数字平台＋智运快线"三位一体城乡绿色发展新模式，实现"一点多能、一网多用、多站合一"，畅通农副产品上行、工业品下行与区域间货物平行通道，缓解"买难卖难、买贵买贵"等问题，促进县域仓配服务一体化、城乡配送智能化和城乡居民生产生活数字化，促进乡村居民增收，增进精准便捷服务体验。

二、现实挑战：数字乡村建设与乡村发展需要存在脱节

调研发现，江西省双"一号工程"深入推进、数字技术加速渗透、数字产业蓬勃发展以及高质量推进乡村振兴等都为数字乡村发展建设提供发展机遇和环境保障，对标对表国家数字乡村试点要求，数字乡村顶层设计、内涵建设等领域仍需创新突破。

（一）管理体制有待健全，农业农村领域数字化基础底座仍需夯实

一是数字乡村建设跨部门统筹协调有待加强。据受访基层干部反映，数字乡村建设面广事繁，统筹部门如网信办等在项目设计、资金使用等领域自主权受限，推进数字乡村建设缺乏主线任务、主导项目，加之具有指导性的实践范本和相对明确的标准规范欠缺，出现了"牵头部门悬空，其他部门本位推进，难以实现精准协同"现象，其根源性问题在于数字乡村建设边界尚未廓清，特别是数字乡村建设涉及的社会治理、公共服务、产业发展等领域建设及其对应责任主体尚未明确。二是数字乡村信息运管基座建设仍需加速。夯实数字乡村建设基础，需要从基础设施转型升级和建设管理体系健全双向发力。调研发现，试点地区乡村信息基础设施薄弱，数字经济产业链上下游业务匹配水平仍然存在较大差距，亟待提档升级。据某县委宣传部领导反映，同样一套种植信息监控系统，在本地要10万元左右，而在浙江只需1万—2

万元,主要原因则是设施制造与信息服务行业水平差距较大所致。同时绩效考核大多从建设情况着眼,而非客户服务对象应用评价的角度开展等,这一系列问题对数字乡村建设进度、方向和质量形成束缚。

(二)数字兴农惠民场景拓展受限,社会主体数字化转型活力不足

一是数字乡村功能拓展滞后于现实需要。调研发现,当前江西省数字乡村建设工作主要聚焦村域内线下资源的线上实现,数字产业低端徘徊、同质竞争,创新引领作用不强;数字治理缺乏互动、质量不高,数字服务意识不强,拓展空间有限,与产业、项目、治理、服务等内容相结合的跨应用场景持续迭代更新与拓展创新不足。调研还发现,当前江西省数字乡村建设重心大多在硬件提升基础上的传统业务智慧化,而对于数字乡村文化建设重视不够。二是数字乡村建设处于"追赶模仿"阶段。调研发现,江西省本土领军型、创新型信息化服务企业相对缺乏,数字乡村试点地区的数据中心、智慧平台等建设普遍外包给省外企业或团队,一些符合本地实际的数字乡村应用场景创新,常常因为技术困境或者设施成本较高而搁置,大多试点地区数字乡村处于"追赶模仿"阶段。三是社会主体尤其是中小企业数字化转型积极性不高。数字乡村建设虽有系列优惠政策支持,但其资金需求大、回报周期长,如一套乡镇级数字乡村综合治理平台,动辄百万元级或千万元级的投资,部分有投资意愿的农业企业和移动、电信等社会主体不敢轻易投资,更别说对经营规模小、数字基础弱、抗风险能力差的中小企业和新型农业经营主体,大多"不愿转、不敢转,不会转",数字化转型积极性和意愿均不高。

(三)数字数据资源体系建设薄弱,数据壁垒依然存在

一是数字乡村基础数据资源体系建设较为迟缓。调研发现,由于人地分离、居住分散以及信息智能采集技术受限等因素影响,江西省数字乡村试点地区全面高质量的乡村数据资源采集较为困难,进而导致农业农村基础数据资源体系薄弱,数据价值挖掘不充分,完整数据要素供应链和数据产业体系

尚未形成。二是数据壁垒亟待破除。江西省数字乡村建设实践中,部门内纵向、部门间横向的信息系统协同不足,跨层跨域数据共享不充分,应用程度不高,政企数据双向流通不畅,存在"调控难、签字难、监管难"等问题,如玉山县在推进国家数字乡村试点过程中,共梳理出23个单位共计20类大项70余种小项数据资源,涵盖民生、政务、经济、教育等内容,但这些数据存在交叉、重复、差异和不完整性,可利用性不强,且多数数据资源库由省市垂直管理部门建设,涉及的61个数字资源库可集成纳入玉山县数字乡村指挥平台的不足10个,其余数据资源库均需省市相关单位授权开放接口方可使用,甚至有的部门开放一个数据接口需50万元。

(四)群众数字素养亟待提升,专业人才缺乏

一是乡村居民数字素养整体水平偏低。随着工业化、城镇化的持续加速,农村高学历的青壮年多外出务工,常住农村的居民平均年龄偏大、学历层次偏低,部分老年人受教育水平较低、对现代科技的接受能力较弱。诸多因素很大程度上影响了基层群众对于乡村数字产业、数字治理和数字服务的接受程度和过程待办事项的互动水平,导致出现数字工具功能利用不全面、便捷化享受不充分的问题。二是数字乡村人才供给不足。县域数字高技能人才的引育留用政策不完善,政产学研合作不足,尚未形成充盈有力的数字技能人才培养供给体系,无法满足数字乡村人才日益增加的需求。调研发现,试点地区虽然成立了"电商办""大数据中心"等专门专业机构,但推进数字乡村建设工作的干部专业素养有待提升,特别缺乏既具有乡村管理经验又懂数字化服务的复合型人才。

三、对策建议:加快形成数字乡村创新实践与群众需求良性互动

(一)强化顶层设计,加快数字乡村资源整合

一是尽快出台"江西省数字乡村建设指导性意见"。在"数字乡村发展要

点"的基础上尽快出台"江西省数字乡村建设指导性意见",尽快把数字乡村建设全面融入相关规划,厘清数字乡村建设的门槛性标准体系、应用场景打造、数据系统运维以及核心技术研发及设施设备支撑等关联内容,确保数字乡村建设规划统领基础上靶向发力。二是明晰数字乡村建设标准及参与力量。加快推出由政府、企业、行业协会和互联网平台等参与建设的数字乡村建设标准体系。原则上明确基础设施建设、乡村治理服务等公共领域由政府牵头负责,强化企业主体在产业相关的数字经济领域的责任担当,积极吸纳社会资本进入并支持数字乡村建设。三是树立以群众受惠的绩效考核导向。明确以乡村居民诉求导向,增加客户满意度、数字经济惠民水平等指标,吸纳群众参与到数字乡村建设中来,着力推进数字乡村建设"有方向、有资源、有实效"。

(二)补齐建设短板,优化数字乡村发展生态

一是实施"三个一批,一个加强"基建提升工程。对于传统基础设施、传统服务站点、传统产业实体"改造一批",特别要加快推动我省乡村农田、水利、公路、电力、冷链物流、农业生产加工等基础设施数字化、智能化转型;对于新型基础设施、新型经营主体新型业态、新型服务网络"发展一批",推进乡村智慧水利、智慧农业、智慧物流等系统建设;对于乡村产业、风貌、文化、邻里、健康、低碳、交通、智慧、治理等场景创设"拓展一批",激活未来乡村发展活力;加强基础数据资源体系建设,特别是做好信息的智能采集、价值挖掘工作,夯实数字乡村信息底座。二是加强乡村数智专业人才培训及技能认定。结合江西农业农村实际,加大资源投入,充分利用全省较为成熟的乡村振兴学院教育网络等培训资源开展"乡村数智专业人才培训"及技能认定工作,创新数字乡村创业发展风险信贷政策,搭建农村电商培训等提升农民数字技能平台,整体提升其数字化理念和运用水平,增进农民数字化素养与技能。三是加大关键核心技术研发创新力度。主动融入数字经济"一号发展工程"和"智联江西"战略,以数字乡村建设所需技术和设施装备为发力点,在赣州、吉安等具有一定基础的区域瞄准"数字乡村建设的装备制造业集群"

建设，同时加快孵化培育全省优质信息服务企业，夯实数字乡村发展的降本增效提质基础。

（三）立足三大重点，创新拓展数字乡村应用场景

一是以"农"为核，推进乡村产业数字化。依托全省农业七大产业以及区域特色产业基础，推动本省乡村产业产供销全链路数字化升级，重视利用新技术、新业态，将当地特有的历史、文化、产业和科技融为一体，打造并发挥"智慧种（养）示范区"引领效应，努力实现农业生产消费与数字化的深度融合，实现农民增收。二是以"合"为策，推进乡村治理精准化。准确把脉乡村居民生产生活发展诉求，由省级层面数字乡村建设领导机构统筹协调，在注重数据安全基础上对照群众需求统一开放层级授权标准，协同整合"雪亮"工程等数字资源，建立并完善"省市县乡村五级数字农业农村平台"，打破数据壁垒，重视数字赋能传统治理，开展新时代乡村治理流程再造，着力推动传统管理向"数智治理"转型，高标准推进"一网通办"。三是以"民"为本，推进乡村服务高质化。面向群众关切，推进智慧城市平台和服务向乡村延伸，跨越"数字鸿沟"，聚焦数字教育、数字医疗、数字社保等重点领域，为优质公共服务资源下沉乡村提供便利，助力城乡公共服务均等化。

（四）创新文化供给，提亮数字乡村成色

江西省文化底蕴深厚，"红古绿"文化交相辉映，应抢抓数字乡村建设契机，进一步丰富创新文化供给，为乡村振兴提供强有力支撑：一是聚焦"传承"，强化原生态乡村风貌的数字化呈现。因地制宜，分类施策，充分发挥示范乡村榜样引领作用，挖掘展示乡村生活细节，独特表达乡风民俗风物，描摹乡村人文风情，科学选定并逐步实现艺术性数字化呈现。二是聚焦"创新"，强化新时代乡村文化的数字化提升。牢牢把握信息技术发展趋势和乡村振兴战略要求，围绕乡村文化样态、文化场景、文化产业、文化主体等内容开展重构创新，推动新时代乡村化深层次变革，将乡村文化振兴带入高质量发展新赛道。三是聚焦"监管",强化乡村文化主阵地的数字化营造。坚持正确理性的价值观,筑牢网络安全防线,着力营造未来乡村清朗雅洁乡村文化氛围,深入开展"新时代赣鄱云上乡村文化展演平台"等乡村文化品牌打造,以全方位满足群众不断提高的多样化精神文化新期待,持续增强群众文化获得感幸福感。

作者:

郑瑞强　江西农业大学经济管理学院教授,江西社科青年创新团队带头人,省情研究特聘专家

李剑富　江西农业大学乡村振兴战略研究院教授、硕导

张宜红　江西省社会科学院农业农村发展研究所所长、副研究员,省情研究特聘专家

借力传统年俗　助推乡村产业振兴
——基于黄元米果产业的调查与思考

□刘忠林　史慧芳　刘倩

摘要：依托传统年俗，赣县、大余等地客家群众大力发展黄元米果产业，走出了一条以传统年俗食品产业化、市场化带动乡村产业振兴的特色发展之路，但也存在主要原料供应不足、行业生产标准仍需规范、品牌建设滞后、农旅融合进程缓慢等问题影响产业进一步发展壮大，为此，要打造"赣南黄元米果"品牌、完善行业生产标准、扩大原料供应、文化赋能产业发展。

春节消费季即将到来，挖掘年俗食品的增长潜力，将有效带动相关产业发展，助推乡村产业振兴。在赣南客家地区，有"不打黄元米果不过年"的说法。依托这一传统年俗，赣县、兴国、瑞金、大余等地客家群众大力发展黄元米果产业，为当地大禾米等农作物的规模化种植找到了市场，带动了农产品、运输、包装、乡村旅游等相关产业发展，走出了一条以传统年俗食品产业化、市场化带动乡村产业振兴的特色发展之路。

黄元米果既是客家传统年俗美食，也是客家文化的重要物质载体，在客家族群中发挥着重要的交际功能，在江西、福建、广东、台湾等客家人口较多的地区拥有广大的消费群体，其他遍布全球的客家人也是其潜在客户，产业发展空间巨大，极有可能成长为继"赣南脐橙"之后新的百亿产业。发挥赣南"客家摇篮"的独特优势，用好资源禀赋、挖掘增长潜力、壮大黄元米果产业，对促进农民创业增收、推动一二三产业融合发展具有重要作用，可为全省乡村产业振兴提供强力引擎。

赣县区田村镇产的黄元米果口味正宗，被称为"黄元米果之乡"，其发展历程具有代表性，笔者近日深入该地调研，通过以点带面的方式，剖析黄元米果产业发展现状，并结合实际提出发展建议，以期为全省挖掘年俗食品增长潜力带动乡村产业振兴，提供借鉴参考。

一、田村黄元米果产业发展成效及主要做法

近年来，在国家精准扶贫和乡村振兴战略的推动下，当地群众积极探索，努力将黄元米果推向市场，并不断改进技艺、发展壮大，已成为赣南最有名的客家美食之一，荣登央视新闻联播、江西卫视民俗春晚等节目。据不完全统计，目前田村镇共有黄元米果加工生产商户120余家，年产量300余万公斤，年生产总值达3000余万元。产品不仅在国内颇受消费者的欢迎，还远销海外，卖到了俄罗斯和美国等国家和地区。通过调研，总结其主要做法如下：

（一）立足资源禀赋，将传统年俗食品推向市场

在产业化发展以前，黄元米家家都有、人人会做，但完全处于自给自足的状态，仅仅作为临近春节时吃的传统客家美食，并未实现商业化收益。当地党委政府立足资源禀赋，引导群众大力发展黄元米果产业，并通过延长产业链，提升附加值，实现商业化转型。一是多方筹措产业发展资金，用于黄元米果原料（大禾米）种植技术培训补助，以发放产业奖补等政策形式，激发群众种植大禾米的积极性，保障原料供应充足。二是通过建立村民理事会、农业合作社，采用"党支部+合作社+农户+贫困户"的生产经营模式，鼓励群众积极参与。三是重点抓好田村富强农业专业合作社、黄元米果文化广场、田村镇农特产品展销中心、黄元米果主题农家乐等示范基地建设，通过基地示范引领作用，将黄元米果生产向市场化、规模化经营发展。

（二）注重文化赋能，让产品有历史、有故事、有品位

好的产品通过文化赋能，会更有生命力。黄元米果的历史可以追溯到南北朝时期，在古代又被称作"黄粄"，2012年，以赣县田村为代表的黄元米果制作技艺入选赣州市第三批非物质文化遗产名录。以此为契机，当地政府积极推动非物质文化遗产保护与开发，赋能黄元米果。一是通过收集整理文天祥、王守仁等历史名人与黄元米果的故事，挖掘历史故事、增强文化底蕴。二是邀请全国自强模范、著名漫画家罗琪等文艺界、文化界人士，围绕黄元米果创作漫画、歌曲、诗词等文艺作品，丰富文化内涵。三是通过录制打米果民俗表演节目、举办全国首个农民丰收节（江西四会场之一）等活动，获得央视、江西卫视、大公报、中国江西网、国航中国之翼等媒体关注，宣传推介田村独特的黄元米果文化。

（三）推进传承创新，实现产销两旺

黄元米果因其生产原料的限制和独特的制作工艺，具有特殊口感，最讲究正宗和地道，既需要传承保持原汁原味，更需要创新提升生产效率，才能实现产销两旺。为此，当地采取了线上线下相结合的方式推进产品销售。一是推进传统工艺与现代技术完美融合，制定原辅料选用及加工工艺标准，在保证品质的前提下，大力发展机制黄元米果，有效解决工艺复杂导致的品质把控难、产能低等问题。二是通过采用真空包装技术，解决保鲜难题，延长上市时间，补齐了原来上市时间短且只能腊月上市的短板，大大延长了生产和销售的时间，挖掘了增长潜力。三是通过网络社交空间、农村淘宝、e邮乐购、京东等网购平台拓宽销售渠道，庞大的电商、微商群体犹如健康食材的搬运工，将一箱箱黄元米果销往全国各地，产品也因此广为人知，成为网红产品。

二、进一步挖掘黄元米果增长潜力需要解决的问题

从田村的发展情况看，黄元米果产销已趋于稳定，进一步挖掘增长潜力

还面临一些问题。

（一）主要原料供应有限影响产能提升

制作黄元米果必须选用当地延续耕种的大禾米以保证口感。大禾米是一种介于糯稻和籼稻之间的特色粳稻良种大禾谷，属小众粳稻品种，耕种面积小、产量低。虽然当地政府积极鼓励村民种植，但动员影响力也仅限于本乡镇，供应远小于需求，影响产能提升。这需要从更大范围鼓励耕种，以保障供应。

（二）行业生产标准仍需规范

作为传统年俗食品，生产进入的门槛较低，市场上销售的黄元米果大部分来自作坊，仅田村镇加工生产商户就有120余家，周边乡镇和邻县也都有生产，"小弱散"问题较突出，黄元米果原辅料、工艺、包装、销售等环节的产品标准，都没有形成十分严格的规范。要保证产品的质量和安全，增强市场竞争力，创造更高的经济效益，迫切需要定黄元米果行业生产标准，并加强管理。

（三）品牌建设需要加强

黄元米果不仅仅是"食物"，更是客家食俗传统不断社会化的载体，因其呈金黄色象征着"荣华富贵"，寓意吉利，被客家人用作待客、送礼佳品。品牌建设的滞后，导致影响力不够，使黄元米果和普通食品一样，在大众消费者中"有品类无品牌"，有的叫"田村黄元米果"、有的叫"兴国黄元米果"、有的叫"瑞金黄元米果"等等，不利于在市场中提升附加值和竞争力。

（四）农旅融合进程缓慢

近三年，受疫情防控影响，乡村旅游处于停滞发展状态。虽然围绕黄元米果这一主题，推动了黄元米果文化广场、制作技艺非遗传承基地、米果民宿等一批文旅设施建设，但其对旅游的带动作用尚未充分发挥，有待疫情结束后大力推进。

三、将黄元米果产业打造成赣南乡村振兴"金元宝"的几点建议

江西省要打造新时代乡村振兴的样板之地，产业兴旺是关键。赣南是"客家摇篮"，大力发展黄元米果产业，有良好的产业和文化基础，只要用好资源禀赋，完全有可能将其打造成第二个"赣南脐橙产业"。为此，笔者提出以下建议：

（一）整合资源，打造"赣南黄元米果"品牌

借鉴赣南脐橙品牌模式，将名称统一为"赣南黄元米果"，充分利用国家部委对口支援赣州建设的有利条件，积极申报国家农产品地理标志产品、中国驰名商标、国家级示范基地建设等，争取相关部委大力支持，推动"赣南黄元米果"尽快成为国内外知名的、具有赣南地方特色的地理名片。

（二）成立协会，完善行业生产标准

推动组织成立行业协会，依托行业协会把全市范围内的黄元米果生产者、生产企业组织起来，互通信息、资源共享、降本增效；加快完善黄元米果原辅料、工艺、包装、销售等环节的产品质量标准，并严格执行，以此规范黄元米果生产加工，保障产品质量和安全。

（三）多措并举，扩大原料供应

支持生产企业与农户提前鉴定主要原料（大禾米）收购协议，提高收购价格，吸引更多农户参与种植；加强种植技术培训，配发优质稻种，提升单亩产量；组织厂商赴上饶弋阳等外地产区收购大禾米，多渠道增加原料供应。

（四）发挥文化载体作用，促进一二三产业融合发展

疫情防控政策已全面优化，文旅经济即将全面复苏。加快落实《文化和旅游部 教育部 自然资源部 农业农村部 国家乡村振兴局 国家开发银行关于推动文化产业赋能乡村振兴的意见》，发挥黄元米果文化载体作用，常态化开展"打黄元庆丰收""抢马轿"等游客喜闻乐见民俗文化节目，推出具有地方特色的"米果宴"，形成以"黄元米果"为载体的特色乡村旅游发展之路，推动实现"乡村变景区、产品变商品、农房变客房"的"华丽转身"。

本文系2021年省哲学社会科学重点研究基地重点项目"乡村产业振兴的现实困境与对策研究"（21SKJD09）研究成果。

作者：

刘忠林　省社联学术中心副研究员

史慧芳　省社联学术中心研究实习员

刘　倩　省社联学术中心研究实习员

破解江西省油茶产业高质量发展"五矛盾"和"五瓶颈"的思考与建议

□章敏 邓敏惠

摘要：当前，江西省油茶产业发展存在政策引导种植力度加大与种植户种植意愿降低、良种研发效果提升与实际成果转化不足、油茶籽产量总体提升与油茶产品销售困难、高质量发展要求与落后管理观念、设备供给不匹配与采摘加工需求多样化等5大矛盾，同时面临产量、种植、加工、资金和销售等5大瓶颈。推动本省油茶产业高质量发展，一要扩展油茶全产业数据分析和政策评估，精准制策调策；二要加快种植结构和经营模式优化，确保成果转化；三要创新产业发展模式，打造油茶特色小镇；四要建立市场化融资保障体系，提升融资便利；五要推动市场化品牌建设，拓展多元销售渠道。

江西省已连续多年在油茶面积、产量、产值居全国第2位。为推动油茶种植规模不断扩大、资源质量显著提升，2020年后省政府相继出台了《关于推动油茶产业高质量发展的意见》《关于加快林下经济发展的行动计划》等一系列促进油茶产业发展文件，并将全省各市、县（区）油茶资源高质量培育建设项目列入绩效评价。然而，课题组近期走访省内油茶主产区调查发现，除今年夏季旱情可能较大影响油茶果产量外，当前全省油茶产业发展还存在"五大矛盾"，面临"五大瓶颈"。

一、江西省油茶产业高质量发展存在"五大矛盾"

(一)政企二元矛盾:政策引导种植力度加大,但种植户种植意愿降低

2020年印发的《关于推动油茶产业高质量发展的意见》中提高了油茶资源质量培育的补助标准,凡符合《江西省油茶资源高质量培育建设指南》要求的新造高产油茶林、低改和提升油茶林,按先建后补的方式给予200元~1000元/亩的补助。然而,新增高产林和改造提升低产林所需的资金具有高投入、长周期的特点,政府补助资金作用甚微、补助申领滞后性强以及茶油滞销、劳动力不足等原因导致种植户和种植企业对新增、低改油茶林的积极性逐年降低。

(二)成果转化矛盾:良种研发效果提升,但实际成果转化不足

以"长林系列""赣油系列"等为代表的高产无性系品种已通过国家林业和草原局审定为国家油茶良种,但实际成果转化不足。一是部分高产良种仍按传统方式种植。这造成新造良种油茶林实际种植成效低于预期效果,进而产生高产良种与普通品种差别不大、栽种良种增益不高的错误认知。二是油茶种植条件改善、配套设施完善的进展缓慢。据许多油茶企业反映,近两年普遍存在"丰产不丰收"现象,县镇扶持配套力度有限,种植基地周边所需的道路、滴灌设施的改造资金投入不足。即使安装了滴灌设施,受限于水资源供给和用水成本,很多种植基地难以达到理想种植条件。

(三)产销两端矛盾:油茶籽产量总体提升,但油茶产品销售困难

近几年江西省油茶籽产量总体提升,但是茶油销售却较为艰难。一是受新冠疫情的影响,油茶消费需求市场大幅萎缩。二是"土榨油""热榨油"冲击市场严重。省内油茶加工以家庭作坊式为主,采用"土榨""热榨"和"化学浸出法"出油,因价格质量远低于高成本的"冷榨"茶油,多在熟人之间和线上平台网站上交易。三是大众对茶油产品质量功效认知弱。市面上的茶油售价相差大,加工工艺不同,油品质量和营养成分相差巨大,但大众对此知之甚少。四是单一茶油产品成本高。江西省油茶产品多是食用茶油,衍生产品少,茶油综合成本和售价高企,削弱了市场竞争力。

(四)发展理念矛盾:高质量发展要求与落后管理观念相冲突

2020年江西省《关于推动油茶产业高质量发展的意见》中指出,要以新发展理念引领全省油茶产业高质量发展,着力构建现代油茶产业发展体系。虽然部分种植企业已逐渐走向规模化、集约化、机械化种植管理模式,但当前省内油茶种植企业小、多、弱、散的局面依旧存在,"人种天养"仍是主导观念,种植抚育模式未发生根本性改变,林下种植养殖经营模式未全面铺开。

(五)设备供需矛盾:设备供给与采摘加工的多样化需求不匹配

一是油茶果采摘设备难适应山地需求。江西省油茶林多种植在山地,山地采摘技术尚未有突破,只得采用人工采摘方式。油茶果的采摘期集中在寒露与霜降两个节气之间,一个月过后则会掉果霉变。采摘期用工需求大、成本高、效率低。二是高规格油茶加工存储设备购买意愿低。油茶籽产量不稳定、加工期时间短、油茶籽加工设备更新迭代快等一系列问题,都使得油茶企业无意花费较大成本购置和维护高规格加工设备,加之油茶果冷链存储不便、成本高,由此形成了以种植出售油茶果为主,外包加工、代加工为辅的油茶生产格局。

二、江西省油茶产业高质量发展面临"五大瓶颈"

(一)产量瓶颈:油茶籽产量增长慢,标杆渐远,"追兵"渐近

一是江西省油茶籽产量增长缓慢。2002—2010年全省油茶籽产量走势与全国油茶籽产量基本一致,2011年油茶籽总产量激增137.74%,达到42.72万吨,但2012年增速极降,仅4.91%。2013—2020年间,2013、2015、2016、

2019 年均为负增长，2020 年油茶籽总产量为 48.25 万吨，十年间增幅仅为 12.95%（见图 3-4 和图 3-5）[①]。

二是全国和湖南等地油茶籽产量增幅迅猛。湖南省 2011—2022 年间，湖南省油茶籽产量增幅高达 165.76%，广西增幅达 97.15%，全国增幅接近 112.27%（见图 3-5）。2020 年，全国油茶籽年产量达到 314.16 万吨，湖南省油茶籽年产量已超 137.34 万吨，占全国 43.72%，约是江西省的 2.85 倍，广西已达 29.87 万吨。近十年江西省油茶籽产量增幅远低于湖南省、广西和全国水平，可谓标杆渐远，"追兵"渐近。

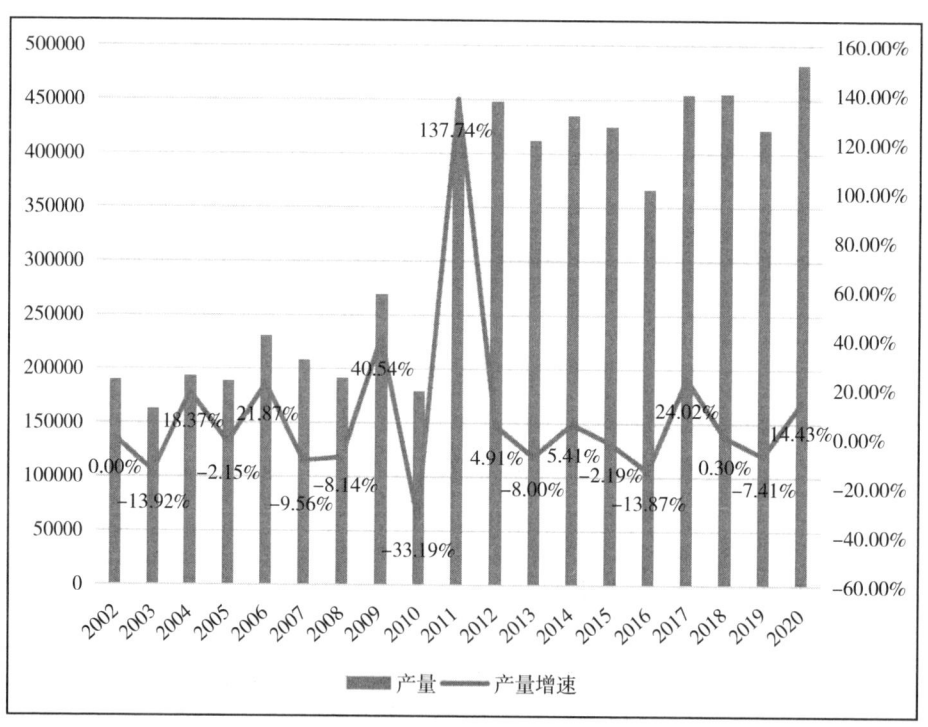

图 3-4 2002—2020 年江西油茶籽年总产量（吨）和增速情况
数据来源：国家统计局

---

① 2021 年，江西省未公布油茶籽产量，仅公布了油茶产业总值 416 亿元，油茶面积、产量、产值均居全国第二位。

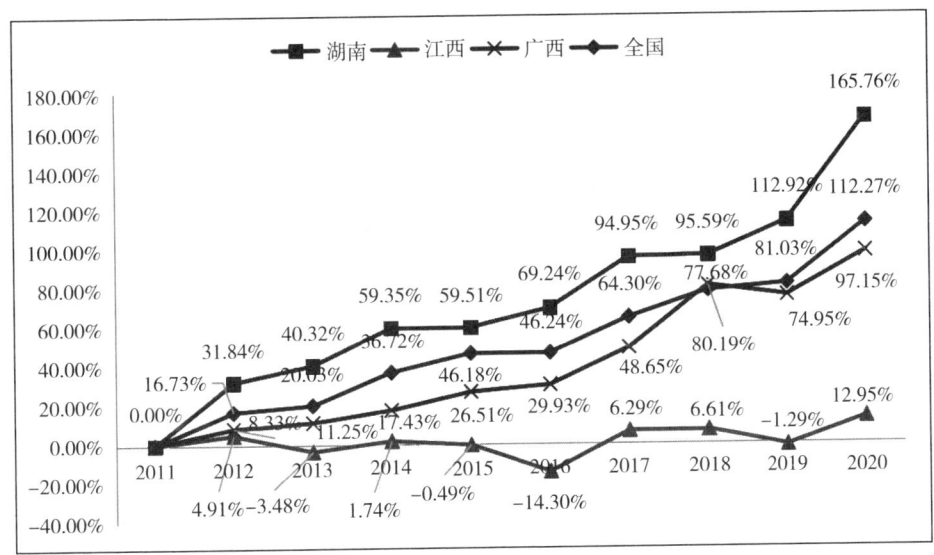

图 3-5 2011—2020 年湖南、江西、广西三地油茶籽定基增长率
数据来源：国家统计局

（二）种植瓶颈：种植方式落后、生产力水平较低

一是油茶种植方式粗放。江西省油茶种植以分散种植为主，传统种植观念和销售不旺导致种植户难以实施标准化种植，油茶种植仍处于自然生产状态。二是基础设施建设薄弱。专业化、规模化油茶基地大多地处偏僻，水利、交通的基础设施投入大，完善进度慢，灌溉水源、肥料、油茶籽等物料运输不便，制约了油茶林抚育提升。三是油茶种植条件改善不力。油茶种植前期投入大、回报周期长，当前市场销售复苏不明显，种植户和企业无心无力改善种植条件，导致很多油茶林产量下降，甚至有林地荒废现象。

（三）加工瓶颈：江西省油茶加工企业产能不足、多元化产品缺乏

一是江西省油茶加工企业产能不足。根据企业信息查询平台爱企查的数据，截至 2022 年 9 月，湖南省开业的茶油加工企业数量约是江西省的 1.56 倍，油茶林种植总面积约是江西省的 1.42 倍，但 2021 年湖南省年产茶油约是江西省的 1.72 倍，侧面说明江西省的茶油产能水平弱于湖南。实地调查中还发现，江西省大量的油茶加工企业一年仅加工3—4个月,加工时长和效能严重不足。二是江西省主流油茶种植品种附加值低。广西、贵州、云南、广东和福建5省以大花、巨果等衍生品种为主,可制成烫伤山茶油膏等药品或出口日本等地。湖南、湖北、四川3省以小红花系列为主,兼具脂肪含量和特殊成分的高附加值。江西省以小花山茶为主,难以深加工研发高附加值油茶产品。三是油茶保健品等研发和获准入市周期长,高产值产品增长受限。

(四)资金瓶颈:油茶种植前期投入大、融资渠道窄

一是江西省亦尚未形成银行、保险、担保、基金联动的融资产品体系,难以满足多元融资需求。当前"林农快贷"等融资产品主要依靠银行,以抵押为主。而江西省仍有大量流转土地尚未确权,加之林权抵押贷款受确权评估、贷后管理、处置变现等多重因素制约,通过林权抵押可获取的贷款有限。二是个别地区融资便利度有所降低。据某省级龙头企业反映,目前林权抵押贷款在某设区市处于受限状态,还本付息后再贷较为困难,该企业反复做了多次材料,但其贷款尚未获批。三是保险分担油茶种植风险的实效不足。"低频高损"的风险特征强化了银行对于保险分担的实际需求,但商业性保险介入意愿低,政策性保险承保范围窄,目前以火灾单项责任险为主,保险期限短,常出现贷款缔约时有保险,而出险时却无保险的被动局面。

(五)销售瓶颈:茶油产品知识普及不足、销售乏力

一是茶油知识普及严重不足。茶油知识宣传尚未扭转消费者对"土榨油"的错误认识,未能认识到"传统压榨""浸出法"不仅会严重破坏茶油营养成分,还会残留有害物质,而"冷榨法""水媒法"相较于"热榨法",出油率低,但营养价值更高,更有益于身体健康。二是茶油品牌认知不足。"江西山茶油"公用品牌、区域品牌和部分龙头企业品牌虽已初步形成,但高端消费群体、青年群体、北方群体等对茶油功能和长效性仍认知不足,各区域企业品牌整合不够造成品牌影响力较弱。三是油茶销售渠道有限。油茶专业交易市场规模小且分散,许多油茶企业仍依靠熟人和线下渠道销售,线上销售模式拓展不足。油茶产业线上线下供需平台建设薄弱,难以精准有效连接供需两端。

三、江西油茶产业高质量发展亟须"五大举措"

(一)扩展油茶全产业数据分析和政策评估,精准制策调策

一是加大种植监测数据成果分析和运用。充分发挥基层油茶办的组织协调功能和龙头企业的技术优势,推广标准种植,完善油茶监测数字平台。加强与气象部门的合作联动,尤其是在夏季做好雨水预测和预警工作,协调水资源供给,确保油茶的水肥抚育。二是精准制定加工和销售环节的扶持举措。在紧盯种植目标外,摸清地方茶油企业数量、规模和生存现状,鼓励重点市、县(区)相关部门出台精深加工和销售的细化举措,协助龙头企业获得保健品加工销售资质,做到油茶产业链扶持政策全覆盖。三是评估调整阻碍油茶企业生存发展的政策。建立健全油茶政策落地后的评估机制,对于因脱贫攻坚时所形成的扶贫户以林地入股等模式进行全面评估,根据评估效用调整政策,为油茶企业纾困,推进种植、加工和销售任务"双达标"。

(二)加快种植结构和经营模式优化,确保成果转化

一是优化油茶种植品种结构。将更多高附加值的油茶品种纳入品种群名录,通过简化补贴申领手续,推动高产茶林标准种植,加快调整全省的油茶种植品种结构,逐步改变单一食用油产品带来的高成本劣势。二是加快推广林下复合经营模式。普及借鉴成功经验,如湖南湘西州利用幼林套种迷迭香、衡阳常宁市平安村发展"茶山飞鸡"产业。加快促进我省林禽、林畜、林药、林菌、林蜂等油茶林下经营走向规模化、标准化。三是完善油茶科技和复合经营技术培训体系。借鉴湖南省、市、县3级油茶科技支撑体系的成功经验,将技术支撑体系扩展到复合经营技术上,将科技支持延伸到镇级,加大招收农林专业毕业生到乡镇基层工作,做大科技支撑团队,进一步将零散种植户纳入管控体系中，建立省、市、县、镇4级技术支撑与培训体系，全面支撑油茶产品科研成果技术转化。

（三）创新产业发展模式，打造油茶特色小镇

一是试点种植加工、销售分离种植发展模式。着力培育油茶深加工和油茶产品商贸企业。试点推行种植、加工、销售分离，采用"合作社（乡村、家庭林场）+基地+林农""企业+合作社"和"企业+企业"的模式，各司其职。合作社、种植户和基地专注标准种植培育，防鲜果偷盗；油茶加工企业专注加工，培养产业工人；油茶产品商贸企业专注拓展营销渠道，培育销售团队。既可在实操中真正实现"五统一分"，又能解决农村各年龄段劳动力的就业。二是培育油茶产品集散市场。在以省供销社为代表的仓储物流和交易市场平台建设基础上，增设油茶产品的仓储智能化交易中心，以解决油茶加工企业开工不足以及中小型油茶加工企业无集中仓储地、物流不畅等问题。三是建设一批油茶特色小镇。扶持规模以上油茶龙头企业，申报省、市两级研学实践教育基地，要求教育主管部门指导教学机构，开发推广劳动育人课程和研学产品，建立大中小学生劳动社会实践、研学常态化体系，高频举办油茶文化节、烹饪大赛等活动，打造一批集产学研合作和生态旅游示范于一体的油茶特色小镇。

（四）建立市场化融资保障体系，提升融资便利

一是完善油茶企业、合作社和种植户的信用体系。依托"赣服通"的"赣通分"等信用体系，对于符合油茶资源高质量培育建设"先建后补"的油茶林，予以预认证，预补贴。鼓励村镇银行、地方融资担保机构为合作社下的零散种植户发放"小微油茶信用贷"，为企业提供应收账款质押融资。二是破除林权抵押贷款中的体制机制障碍。各地方要加强落实集体林权流转管理，推进林权抵押不良贷款处置变现。加强林权抵押贷款监管力度，破除人为设置贷款障碍。三是完善油茶风险补偿机制。统筹商业保险公司扩大保险覆盖面和时限,加强引导种植户投保商业保险,应对极端天气、病虫害等。四是发挥国有平台担保和财政基金引导作用。对受灾且参保商业保险的种植基地,国有平台担保公司可放大担保倍数,助企脱困。鼓励优势市县设立地方"油茶产业基金",坚持以市场化为导向,用于支持茶油企业兼并重组,着力打造几个集约化、规模化的油茶链主企业。

(五)推动市场化品牌建设,拓展多元销售渠道

一是普及知识、加强品牌建设。加大茶油知识普及和品牌宣传费用投入,如组织全国院校学生开展茶油知识创意传播比赛,以公用品牌和龙头企业品牌为主题的文创产品设计竞赛。精选获奖作品和品牌传播大使,在高铁线路、中欧班列推介龙头企业产品和三产融合、多业态聚合的油茶特色小镇。二是嫁接整合线上线下多元销售渠道。嫁接成熟农产品销售渠道,如赣州市各地可对接以安远人、寻乌人为代表的销售团队,嫁接"赣南脐橙"销售渠道。加强油茶销售人员的技能培训,线上依托电商平台、培育网红带货,线下产品进超市、进社区、进扶贫馆、进工会,多渠道销售油茶产品。三是加强油茶协会与电商协会、物流协会等组织联盟。加强油茶产销运的密切联动,由油茶协会负责组织油茶产品供应和定单包装。依托电商协会整合电商、短视频平台资源,组织直播运营专业团队,按售价和产品等级差距,进行圈层营销。由物流协会配合地方政府建立集中配货仓,组织物流企业智能配送,降低物流成本,优化配送服务。

本文系江西省高校人文社会科学研究项目"江西打造全国一流营商环境路径和对策研究"(GL21111)研究成果。

作者:

章　敏　南昌师范学院营商环境研究中心主任、副教授,中共江西省委
　　　　办公厅信息决策咨询专家,江西社会科学青年创新团队研究人
　　　　员,省情研究特聘专家
邓敏惠　南昌师范学院营商环境研究中心研究助理

文化教育

论文集

把梅岭建设成为国家级旅游度假区的思考与建议

□黄细嘉　惠荣　熊志翔　谢珈

摘要：南昌梅岭旅游面临转型升级、提质增效的路径选择。其优良的度假环境、优裕的山水资源、优质的产业格局、优越的休闲品牌，是其创建国家级旅游度假区的优势条件。对接落实南昌市"揽山入城"新发展格局、加快创建全域旅游示范区、实现梅岭旅游走生态康养提质增效之路，全面提升梅岭旅游内涵与质量，创建梅岭国家旅游度假区是其优选道路。为此，必须明确梅岭度假"都市绿海·康养乐途"主题定位，完善景—城—镇—村多维度假格局，打造度假支撑产品，提升城市度假功能，丰富招贤、梅岭、太平三大镇区度假产品，改善休闲度假环境，做好旅游产业转型升级。

一、是什么：国家级旅游度假区有什么标准和要求？

国家级旅游度假区，是为了适应休闲度假旅游快速发展需要，积极营造有效休闲度假空间，提供多样化、高质量休闲度假产品，落实职工带薪休假制度创造更为有利条件而设立的综合性旅游载体品牌。创建国家级旅游度假区，是促进和引领旅游行业由观光型向休闲度假型转变的一项重要工作，是适应中国城乡居民消费升级、提升生活品质、创建美好休闲度假生活的客观需要。

那么，国家级旅游度假区有什么标准和特殊要求呢？创建标准有《旅游度假区等级划分》（GB/T26358-2010）等。与国家5A级旅游景区创建等其他旅游品牌项目比较，应该说国家级旅游度假区更具品牌力，体现国标品质性；更具绿色化，体现环境保护性；更具多元化，体现度假功能性；更具特色化，体现地域文化性；更具协调化，体现发展高质量性。这些可以理解为国家级旅游度假区建设的特殊要求了。那么，对照标准和特殊要求，我们认为，梅岭旅游转型升级、提质增效的关键路径和最佳办法，就是创建国家级旅游度假区。

二、为什么：梅岭创建国家级旅游度假区的必要性、可行性

（一）必要性：价值和意义

一是湾里奏响"两山论"的新时代最强音。优良的山水生态环境是梅岭的宝贵财富，湾里积极创建梅岭国家级旅游度假区，是深入贯彻习近平总书记视察江西时重要讲话精神，主动策应省委、省政府工作要求，围绕治山理水，实现显山露水的有力之举，是推动和引领旅游行业由资源观光型向综合度假型转变的一项示范性工程。同时，也是一条让绿水青山的"颜值"转化为金山银山的"产值"，以"秀美生态崛起"促进"新旧动能转换"的有益路径。是湾里认真践行"绿水青山就是金山银山"的重要抓手，推动当地居民安稳致富、巩固脱贫成果的有效路径，发挥山水生态资源优势、推动高质量发展的战略选择，是梅岭奏响"两山论"的新时代最强音！

二是梅岭对接落实新发展格局的战略部署。为了建设好世界级旅游景区、度假区、旅游城市和国家级旅游休闲城市和街区，引导旅游市场主体的文化创造、场景营造和数字化转型，形成新时期旅游高质量发展的空间格局和产业生态，南昌市确立"揽山入城"发展战略，充分挖掘和激活山水资源，将以梅岭为主体的西山纳入未来主城区统筹发展，进一步加快基础设施建设，着力完善公共服务功能，优化城市功能布局。加快创建梅岭国家级旅游度假区，是对接新发展格局，把梅岭文旅康养产业做大做强，带动整个湾里全面高质

量发展,最终实现打造城市中央公园、建设幸福湾里的宏伟目标的战略部署。

三是南昌加快创建全域旅游示范区的重要抓手。近年来,湾里着力构建"生态湾里、康养福地、休闲高地"旅游产品系列,旅游产业实现从景区旅游向全域旅游转变。把梅岭打造成国家级旅游度假区,加快推动湾里全域旅游高质量跨越式发展,是南昌市全力争创"国家全域旅游示范区"的重要抓手。

四是梅岭旅游走生态康养提质增效的关键步骤。湾里全区森林覆盖率为73.7%,在全国都市实属罕见。秀色山林与美丽村镇结合,周末游、观光游、自驾游、登山游、乡村游市场火爆,休闲观光产品众多,接待设施齐全但档次质量不高,生态环境优良但旅游体验不佳,旅游规模较大但质量效益不高,急需转型升级、提质增效。湾里明确定位为打造山城融合的都市生态旅游示范区、旅游娱乐新高地和休闲康养胜地。创建国家级旅游度假区,全面提升梅岭旅游内涵与质量,就成为梅岭旅游的必然选择和关键步骤。

(二)可行性:条件与契合度

首先,优良的度假环境。湾里,地处南昌城西北部15千米的西山山脉中段,自古便是"九龙聚首、凤凰饮水"的风水宝地,有"十二洞天"和"三十八福地"之称,拥有国家重点风景名胜区、国家森林公园、国家生态区称号。湾里岭间沟谷纵横,间有小块平原,乌源港、铜源港等7条河港在境内流长约70千米。层峦叠嶂,山水田园,风景如画,拥有南昌最高峰海拔800多米的洗药湖。因靠山拥翠,温度偏低,温差较大,年平均气温低于南昌市区1℃~2.5℃,特别是梅岭一带,气温比市区低3℃~5℃。春可探花、夏可避暑、秋可观叶、冬可赏雪,一年四季可以寻访名胜古迹和游览山水风光。

其次,优裕的山水资源。湾里名胜古迹颇多,是一个山林秀色与人文景观相结合的旅游胜地。为古"豫章十景"中"洪崖丹井"和"西山积翠"两景所在地。境内梅岭山势峻峭,流水潺潺,松涛苍韵,四时苍翠,为历代佛、道两家参禅炼丹之处,文人骚客修身隐居之地。有寺庙观坛,墓塔建筑,古树名木,历史遗址。自汉至清,饮誉1000余年。题刻留记的历史名人有岳飞、张九龄、王安石、汤显祖、张位等共230余人，写下名诗佳作480余篇。据记载，当时梅岭建有许多道观和翠岩、香城等8座佛教寺院，分布有洪崖、葛洪、旌阳等人的飞升坛，还有遍地奇峰异石，岩洞幽谷，瀑泉湖沟。

再次，优质的业态格局。湾里旅游产业总体形成以休闲度假、康体养生和文化创意为主的三个类别，为创建"国家级旅游度假区"奠定了良好的发展格局。近年来，湾里不断推进旅游产业空间布局由风景区单线向全域延伸，深化旅游与文化、娱乐、工业、体育、交通等产业深度融合。一是打造了"休闲运动健身游"，发展体育运动健身项目，为游客提供更加健康、趣味、个性化的旅游体验；二是建设了"慢生活养生游"，为久居闹市区的人们打造高负氧离子的健康养生慢生活；三是形成了"亲子研学游"，从中国古典音律发源地、洪城之根——洪崖丹井，到江西明清古民居博览园，再到工业文明纪念馆，展示湾里4500年前到近代璀璨的立体时光画卷；四是营造了"亲湖城区游"，升级改造岭秀湖、凤鸣湖等城区生态湿地公园，并建成全省首座AI智慧公园——磨盘山森林公园，让游客悠游城市绿海、品味亲湖风光。

最后，优越的休闲品牌。湾里因地制宜，引进、建设了一批优质旅游项目。国内最大室内卡丁车馆、全省首家综合性低空飞行大本营等，不仅提升了旅游品位，也丰富了旅游发展内涵。另外，引进一批大产业大品牌，精心布局"乐湾里"等重大旅游产业项目，努力打造湾里旅游产业的引爆点和聚焦点，进一步提升湾里旅游产业发展的整体实力和竞争力。签约落地季季红湾里火锅文化产业园项目。成功签约中国·南昌国际农产品交易中心项目，打造功能强大的服务平台。

三、做什么：湾里建设国家级旅游度假区的举措

建设国家级旅游度假区，湾里还有很多短板和瓶颈，差距和缺项，必须采取措施补短板、破瓶颈、加缺项、除差距，主要做好以下工作：

（一）明确梅岭度假主题定位：梅岭休闲度假主题，应围绕南昌火炉热岛

城市和梅岭音乐发源地及其森林康养价值来确定。建议以"都市绿海·康养乐途""南昌梅岭·乐养胜地"定位度假主题，与湾里近期推出的"来湾里，我养你"宣传口号和梅岭音乐之源及招贤策划的原生态音乐之城发展定位、拟引进的大项目"乐湾里"相呼应。根据寒暑季节，还可以推出"热岛南昌的避暑赏雪胜地"等专题口号。并针对山顶景点、山里村镇、山下城区进行有针对性的宣传：山顶景点——南昌云顶·避暑赏雪；山里村镇——南昌绿岛·山里营家；山下城区——南昌不夜城·乐活起源地！

（二）完善景城镇村度假格局：通过对山上自然与文化景点的提升，将其建设成为兼具登山运动、休闲康养、观光访古等多元功能的休闲体验地；将湾里招贤城区建设成为主客共享的"乐活"休闲城市功能区；将梅岭和太平两个乡镇建设成为有风情、有节庆、有夜游的"生活态"休闲山镇；选择铜源卫东村、上坪村、香城林场、牛岭村、竹海徐家村、神龙潭梓木坑、长岭分场、罗亭里观等"山里村场"打造成为"山里人家"不同个性风格的民宿度假集群。组成湾里景—城—镇—村互补性的休闲度假旅游发展格局。

（三）打造梅岭度假支撑产品：一是吃住支撑性产品：重点打造具有地域环境特色的湾里、峰顶、溪里、水上、竹海、洞中、树巢、密林、石屋等"山里人家"民宿集群，让游客在南昌都市即能品味有个性和风情的生活，增强其"新鲜感"与"获得感"。二是游购娱支撑性产品：引入一批核心性、引领性大旅游项目：乐湾里主题园、梅岭度假综合体、太平康体养生园和城镇夜间文旅消费聚集区等，丰富游览体验。三是野游支撑性产品：如建设山地自行车、自驾车、房车、帐篷、溯溪、篝火、烧烤、草棚、树巢、蜂窝等营地，形成梅岭野游过夜度假营地体系。四是玩乐类节庆支撑性产品：统筹办好招贤中国原生态音乐节、太平盛夏消暑节、梅岭赛车节等一批可参与玩乐类的节庆活动，以聚人气、凝财气、提名气。

（四）提升湾里城市度假功能：一是把湾里建设成为南昌城市中央公园，打造招贤休闲生活之城。二是做美招贤城市休闲街、构建招贤繁华商业圈，在湾里建设高品质特色商业街和夜间文旅消费经济带，把湾里打造成为南昌夜生活之城。三是在招贤布局"吃住行游购娱闲养学"等要素性业态，完善招贤休闲旅游全产业链。四是以景城一体为重点，建设大美湾里。坚持"城区大花园、农村大景区、山水大环境"发展思路，扎实推进景城一体化建设。以现代生态农业为抓手，大力发展美丽经济，打造"休闲花园、果园、菜园"，让游客观赏美丽乡村风光、体验农家田园风情。推动美化、亮化、净化湾里工程，让每一处街景都能成为旅游打卡点。建设城中有景、景在城中、景城一体、山城融合的大美湾里。五是以美好生活为目标，建设休闲湾里。始终以"实现人民对美好生活的向往"为目标，推进景区、绿道、公园、水系等串联工程，加快补齐教育、医疗、交通、社会治理等领域短板，打造可走进、可拥抱、可阅读，有温度的休闲城区。六是以活力城区为方略，建设体验湾里。以禹港卡丁车馆为核心，创建半山运动公园；以南昌射击中心为核心，创建射击竞技公园；以新老四坡、月亮湾为核心，创建户外登山公园；以乌井雷公坛为核心，创建野外露营公园；以南堡"乐湾里"为核心，创建文化休闲公园；以磨盘山和磨里山为核心，创建城中森林公园。

（五）丰富三大镇区度假产品：过夜游是创建国家旅游度假区的指标之一，要求过夜游客比重不低于1/3，但目前梅岭省外游客比例仅占8.5%，过夜游客更少。原因主要是缺少主题鲜明的标志性景观，不具备吸引远距离游客的能力；缺少核心度假产品，不具备让游客留下来的理由；缺少高质量度假住宿设施，不具备接待条件。增加休闲过夜游客，就必须在招贤、梅岭、太平三个度假接待地丰富休闲度假产品：一是将招贤镇打造成中国原生态音乐之城，做足中国原始音乐发源地文章，布局乐器街、音乐行、表演队等，聘请与传统音乐有关的非遗传承人表演各种民族乐器；二是建设由伶伦为黄帝奏乐的大型主题雕塑——始祖之音，成为梅岭标志性景观和中国文化地标，增强对外地人吸引力；三是在太平镇打造"太平盛夏"系列节庆，丰富夜生活方式；四是在梅岭镇建设中型生态会展中心，主办各类生态产品会展，丰富商务度假业态；五是在招贤、梅岭、太平三镇建设高品质山水度假酒店，提升度假接待能力和水平。

（六）改善湾里休闲度假环境：一是对湾里城区、镇区、山区、农区等，实行全景化打造、全季节覆盖、全生态治理，提升全域休闲度假环境。二是加强旅游交通建设，打通对接南昌核心城区的主要交通线，提升各个景点交通服务设施，加快打造快速交通圈，构建"通景环城达村至山"的全域旅游交通格局。三是从点线面全方位入手，绘就"点上出彩、线上成景、面上开花"的全域旅游美丽画卷。四是聚焦打造"梅岭味道"特色旅游餐饮品牌，做足吃的文章。五是精心打造特色民宿和优质度假酒店，优化居住环境。

（七）做好旅游产业转型升级：一是通过大力发展观光农业、开发农特产品、打造精品民宿等举措，推动休闲农业发展；二是通过开发江中药谷工业旅游线路、打造罗亭生态工业园区、推广中医药旅游产品等举措，推动工业旅游发展；三是通过发展休闲度假、文化创意、健康养生、总部经济、旅游地产等产业，补齐吃、住、行、娱、购、游等短板，推动三产转型升级，释放旅游发展活力。

作者：

黄细嘉　南昌大学江西发展研究院院长、旅游研究院院长、二级教授、博士生导师，省情研究特聘专家

惠　荣　南昌大学旅游学院硕士研究生

熊志翔　江西省旅游集团党群工作部工会、团委负责人

谢　珈　省社联学术中心副研究员

把南昌打造成江西省文化产业发展新高地

□赵坤　陈灵燕　李茜　鲁远　宗妍　刘敏　周云　姜鹰骏

摘要：发展民族的科学的大众的社会主义文化是实现中华民族伟大复兴的精神力量。江西省会南昌作为文化强省战略的重要力量，如何打头阵当主力，如何谋势而动，如何顺势攀高是摆在省会南昌面前的重要任务。本报告深入调研南昌文化产业发展态势，对文化产业发展存在的不足和面临的问题进行了分析研究，提出了推动园区发展上新台阶、鼓励差异化发展、鼓励文化企业集聚发展、加快"互联网＋文化"融合发展、强化资源要素保障的对策建议。

习近平总书记在党的二十大报告中指出：全面建设社会主义现代化国家，必须坚持中国特色社会主义文化发展道路，增强文化自信，围绕举旗帜、聚民心、育新人、兴文化、展形象建设社会主义文化强国，发展面向现代化、面向世界、面向未来的，民族的科学的大众的社会主义文化，激发全民族文化创新创造活力，增强实现中华民族伟大复兴的精神力量。

省会强则全省强，省会兴则全省兴。省委、省政府印发《关于深入实施强省会战略推动南昌高质量跨越式发展的若干政策措施》，吹响了南昌大发展的新号角。一石激起千层浪，省会南昌作为文化强省战略的重要力量，如何打头阵当主力，如何谋势而动，如何顺势攀高是摆在省会南昌面前的重要任务。当前，人民对美好生活的需求日益广泛，文化消费的愿望和能力逐渐增强，文化产业发展进入了爆发期。发展文化产业，对于刺激内需、优化结构、拓宽领域、扩大就业、提高服务业竞争力和促进地方经济的可持续发展有着十分重要的意义。高标准打造文化产业引领区是推动省会南昌高质量发展的必然选择，必将成为南昌发展的靓丽名片。

一、南昌文化产业发展态势和存在不足

南昌文化产业经过多年沉淀发展，文化园区发展实力不断增强，形成了以文化创意、艺术培训、数字文化、工艺美术、节庆会展以及创意设计、动漫游戏、AR/VR 等产业门类为主导、以文化产业园区引领全市文化产业发展的格局已见雏形。依托悠久的历史和深厚的文化底蕴、发达的传统手工艺，形成以传统文化、手工艺为依托的文化产业园，如 791 艺术街区和文港华夏笔都产业园；依托旧厂房、老工业型文化产业园，如 699 文化创意产业园、樟树林文化生活公园等雨后春笋般涌现；以再现历史景点型文化创意产业区，如万寿宫历史文化街区，点旺了南昌历史文化的圣火；以高科技为前导的 VR 影视、动漫、软件产业园，如江西慧谷文化创意产业园、金庐软件园等，以高新技术与文化创意产业的融合地催生出的网络经济、数字经济、共享经济等新产业、新业态发展势头强劲。但是，制约文化产业发展的因素较多，南昌文化产业发展也存在不足，主要有：

一是土地要素保障不足制约了南昌文化产业园区进一步做大做强。不少文化产业园区的土地属工业用地性质，一些利用老厂房改造的园区，由于历史原因始终无法通过消防验收，严重影响了园区内企业的正常经营与园区的整体发展。

二是文化产业运营人才短缺是制约南昌文化产业园区高层次发展的突出难题。文化产业是以文化和技术为媒介，以文化消费激发人们的参与互动为目的，满足人民对美好生活的新期待，因此，高水平的运营人才和运营团队是不断提高文化产业发展的关键一环。由于江西省文化产业起步晚，发展水平低，文化产业所需人才储备相当薄弱。仅 2019 年，南昌有文化产业法人单位 6723 个，公益性文化活动单位 471 个，合计 7194 个。南昌文化产业从

业人员 89240 人，均低于长沙、武汉、郑州。复合型经营人才更是极度匮乏，已经成为制约南昌文化产业发展的重要因素。

三是高端化文化产业明显不足。目前，南昌文化产业中，以劳动密集型和资源密集型为主的传统印刷出版总产值比重较大，而科技含量高、产品附加值高，处在产业链上游环节的动漫制作、网络游戏、数字艺术等新兴业态发展较慢，对"互联网+"等前沿性、高端化产业把握不够，园区的发展水平和层次有待进一步提升。

四是文化产业园区引领与示范作用不强。当前，由于南昌文化产业园区之间发展不均衡、园区集聚效应不明显、优势文创企业不多，导致文化园区的示范与引导作用未能有效发挥，而这些问题一定程度上也制约了南昌文化产业大发展大繁荣。

二、加快发展文化产业引领区的建议

推动南昌文化产业引领区建设，要坚持高水平规划，高效率赋能，高标准起步，多元化发展。

（一）综合施策，推动园区发展再上新台阶

在江西省"一号改革工程"强力的推动下，优化南昌文化产业发展环境必须从政策、规划、配套和营商环境综合施策。一是建立健全文化产业园区联动工作机制，协调推进园区建设，强化政策刺激功能，提高政策执行力，统筹推进省委、省政府文化强省系列专项支持政策的落地落实，加大南昌公共财政对文化产业项目的资金扶持。逐步形成并完善政策指导、会议调度、部门牵头、企业落实等程序化的联动工作机制。二是加快政府职能转变，实现审批内容、过程和标准的公开化、透明化与规范化，推进消防审批、城市管理等领域的行政改革，进一步优化营商环境，构建亲清新型政商关系。三是加大产业园区的量化考核，根据考核结果制定相应奖惩措施。允许产业园区积极探索各具特色的发展模式，鼓励产业园区相互合作和交叉多元化投资，引导文化企业与社会资本有效对接。着力提升园区现代管理与运营能力，提高园区产业孵化、产业指导、投融资担保、品牌宣传、政策咨询等专业化服务水平，增强园区对文化企业的孵化能力。

（二）挖掘历史文化，鼓励差异化发展

深入挖掘南昌文化内涵，因地制宜制定发展策略，突出园区的特色亮点，走差异化发展道路，不断提高园区的品牌价值，实现产业园区之间有机互动、有序竞争。一是活化利用历史街区。依托滕王阁、万寿宫、绳金塔、百花洲等历史文化元素，加紧推进榕门路文化产业特色街区、万寿宫历史文化街区、绳金塔历史文化街区、百花洲历史文化街区、进贤县历史文化街区等重点文化产业项目的提升和引领功能，积极探索城市建设与文化传承有机结合的新路径，打好文化品牌。二是打造特色艺术街区。深挖以文化创意设计产业为重点的 699 文化创意园，以古玩艺术品交易为重点的南昌古玩城，以生活消费为重点的樟树林文化产业园，以艺术品市场交易为重点的 791 艺术街区等特色园区元素，突出园区文化价值与内涵，形成个性化、差异化文化产业特色，打造有产业影响力与品牌号召力的系列独具特色的艺术街区。三是建设数字文化产业高地。依托南昌 VR 产业基地、南昌国家级文化科技融合示范基地、国家数字出版基地等重点平台，综合运用互联网、云计算、大数据、人工智能等新技术，推动文化产业转型和结构优化。鼓励和引导基于 5G 的 VR/AR、元宇宙等新技术在文化和旅游领域开展试点应用，培育一批具有核心竞争力的创新型文化科技园区。吸引有实力的动漫、游戏、电子竞技及其衍生品生产制造企业落户，支持举办全国性动漫节、音乐节和电子竞技赛事等活动。支持文化产业数字化、网络化生产传播，鼓励和引导自媒体、有声电子读物、知识赋能等内容生产和传播新业态健康发展。

(三)统一谋划,鼓励文化企业集聚发展

坚持"文、商、旅"深度融合理念,推进文化产业集聚、集约与集群发展。要避免"一窝蜂"式招商引资,注重招商项目、企业和文化产业园发展的匹配性、协调性,培育产业园区的优势主导产业,不断延伸上下游产业链条。一是提升文化产业园区集聚效应,制定并落实鼓励文化产业园区集聚发展的政策措施,发挥699文化创意产业园、中航长江设计师产业园、太酷云介时尚产业园等园区(基地)示范引领作用,形成文化消费、创意设计、艺术品市场等各具特色的文化产业集聚区。二是开辟相对独立的文化产业板块,围绕东湖区百花洲文化积淀和景区规划,引入美术馆、高端咖啡馆、运动娱乐精品店等业态,打造百花洲文化艺术与旅游集聚区,以聚集人气、促进消费,多元化提升万寿宫品牌效应,多角度奏响万寿宫"赣鄱文化第一街"的时代音符。三是推进老旧厂房等板块的产业孵化功能,拓展文化产业发展空间,研究出台利用工业老旧厂房延展文化空间的实施意见,支持利用工业老旧厂房、仓储用房、传统商业街和历史文化保护街区等,推动江纺老厂、洪都老工业区等工业遗址转型升级,打造文化创意产业集聚区和夜市经济消费圈;推动绿地安南文旅特色产业小镇、招商东湖意库、南昌华侨城"欢乐象湖"、520婚恋产业园、赣商中心·洪城里等重点项目建设,打造大型文旅商圈和时尚休闲地标;推动江西省笔文化创意产业园、中医药科创城、江西传媒出版产业基地等项目建设,打造特色文化集聚区;依托八大山人、滕王阁、洪崖丹井等文化资源,吸引和集聚各地艺术家、创意人才、风投机构、艺术品交易市场,打造艺术家园区。

(四)科技赋能,加快"互联网+文化"融合发展

积极推进文化产业与科技、旅游、消费等产业的深度融合,推动传统文化产业升级,培育壮大新兴文化业态。一是以大数据、云计算、物联网、元宇宙、人工智能、区块链、5G等新一代信息技术为核心,推进文化与科技融合,通过创意与研发,引导文化产业园区的文化内容、文化体验项目、文化

交流、文化服务空间等提质升级,促进科技企业创新链和文化产业链精准对接。通过现代科技与文化产业深度融合,推进文化"内容生产—内容呈现—互动参与—服务管理"全链条的数字化、智能化进程,促进文化产业链和科技创新链有机衔接。二是推动文化与旅游互动融合,大力发展以八一起义纪念馆、八一广场、小平小道、南昌舰等为代表的红色文化旅游,以梅岭、南矶山等为基础的绿色文化旅游,以滕王阁、万寿宫、绳金塔、佑民寺、八大山人纪念馆等为代表的古色文化,打造文化旅游精品套餐。三是推动文化和消费融合。深化文化消费城市试点工作,推动"南昌文化惠"微信公众号丰富提升,启动南昌文化消费季,鼓励文化场馆和文化企业推出群众喜闻乐见的文化活动,丰富群众文化生活。推动文化与夜经济互动融合。

(五)形成合力,强化资源要素保障

充分发挥市场机制在土地、人才、资本、技术等文化资源配置中的决定性作用,一是要积极做好土地要素保障,文化产业对城市的发展具有"双重"功能,一方面能够带来经济收益,另一方面能够扮"靓"城市,延续城市文脉,一举两得,建议在城市建设用地分类内新增文化及相关产业规划用地类别,编制文化及相关产业用地规划,定向用于文化及相关产业发展。鼓励将城市转型中退出的工业用地优先用于发展文化产业,在新农村建设和新型城镇化建设中适当考虑文化产业发展用地。探索农村集体土地的流转经营,在确保土地所有权不变的情况下,允许其办理审批手续,发展乡村传统文化产业。二是加大文化产业园区的财政扶持力度,建议市、县区两级共同出资设立文化产业园区文化产业发展基金,重点扶持就业人数多、产值高、成长潜力大、具有原创性与高附加值的文化产业项目,创新并完善财政支持文化产业园区发展的配套政策措施,撬动社会资本和金融资本向文化产业集聚。三是设立文化产业专项引导基金,加大对文化创意产业的资金投入,优化财政在文化领域的投入结构和投入方式,充分发挥财政资金的引导和带动作用。通过设立文化产业引导基金来支持创意产业的发展,并制定与产业导向相匹配的基金使用办法，支持有市场发展前景的文化项目产业化，支持关键技术的开发和文化产业链的形成，放大基金的投入效应。四是制定文化产业发展专项人才引进政策及计划，建立文化产业人才资源库，加大高层次文化产业人才的引进力度。对引进的国内外文化产业经营、管理、创意和技术方面的高层次人才，在住房、配偶安置、子女入学等方面提供便利条件。建立柔性人才引进机制，对有特殊贡献的行业领军人才和团队实施"一人一策"。支持高校、科研院所专业技术人员依法依规从事文化创意成果转化等创新创业活动。鼓励文化企业以知识产权、无形资产、技术要素入股等方式，加大对骨干人才的激励；增强文化产业园的内生动力，做好引才引智计划，大力引进海内外高端人才，引领文化产业园区多元化发展。

作者：

赵　坤　中共南昌市委党校马克思主义（统一战线）教研室主任、副教授，省情研究特聘专家

陈灵燕　进贤县人大常委会副主任，民革南昌市进贤县小组组长

李　茜　中共南昌市委党校马克思主义（统一战线）教研室副主任、讲师

鲁　远　中共南昌市委党校文化与科技教研室主任、副教授

宗　妍　中共南昌市委党校马克思主义（统一战线）教研室副教授

刘　敏　中共南昌市委党校文化与科技教研室副教授

周　云　中共南昌市委党校马克思主义（统一战线）教研室讲师

姜鹰骏　省区域经济与社会发展研究院科研处长、院智库专家

以武昌首义文化为借鉴
打造南昌"第一枪"品牌赋能南昌新发展的建议

□程宇昌　邱小剑　徐亮　陈付龙　吴晓丽

摘要：武昌首义文化资源成功转化，形成首义文化节、首义文化4A景区，赓续红色文化血脉，擦亮"文化武汉"名片。近年来"文化南昌"建设成绩显著，但受客观条件影响，南昌"第一枪"资源的景观凸显不够、载体张力不强、品牌影响不大、平台建设不多。由此，课题组提出，以武昌首义文化为借鉴，打造"第一枪"品牌，赋能南昌新发展，主要建议有：亲清融合，打造南昌"第一枪"品牌的一流营商环境；军民融合，打造南昌"第一枪"品牌的军民融合战略国家示范基地；空间融合，打造南昌"第一枪"品牌新地标；节庆融合，打造南昌"第一枪"品牌新平台；产业融合，打造南昌"第一枪"品牌文创产业园；创意融合，打造南昌"第一枪"品牌文创新街区；人文融合，打造南昌"第一枪"品牌新标识。

1911年10月10日，武昌起义开启了中国历史新纪元。1927年8月1日，南昌起义打响了反对国民党反动派的第一枪，是中国共产党党史、中国革命史、中华民族发展史上的一个伟大事件。无论是武昌起义，还是南昌起义，都给中华民族留下了一笔宝贵的精神财富——"首义"文化和南昌起义红色文化，武汉市将"首义"文化资源成功转化为4A级旅游景区"首义文化旅游区"，产生蝴蝶效应，由此，以"首义"文化转化为借鉴，以"第一枪"品牌赋能英雄城南昌助推新发展予以思考，这不仅是贯彻落实习近平总书记视察江西重要讲话精神的思想自觉,而且是积极响应党的十九届六中全会"勿忘昨天的苦难辉煌,无愧今天的使命担当,不负明天的伟大梦想"伟大号召的行动自觉。

一、武昌首义文化资源成功转化的经验

自 2002 年始,武汉市连续 20 年举办首义文化活动,文化搭台、经济唱戏、文化强市,成效明显。

举办首义文化节。一是多年连续举办大型民族管弦乐音乐会。集中展现抗战时期、革命时期的歌曲,展示武昌首义精神文化,擦亮城市名片。二是举办大型情景话剧。邀请市民观看原创谍战话剧、大型方言喜剧等抗战文艺作品,激发广大市民热爱武汉,自觉传承首义文化。三是举办文化旅游博览会。2021 年武汉旅游博览会吸引了 1062 家单位、30 个省区市和港澳台地区以及济南、广州等 4 个城市参展,俄罗斯、法国、韩国等 15 个国家旅游主管部门及国际旅游机构参加,吸引了故宫博物院等 16 家全国知名博物馆和苏绣、宜兴紫砂、漆器全国知名非遗项目及中青旅、携程、同城等文旅企业参展,近 300 万人次参与。四是举办 2021 年湖北文化和旅游重点项目招商签约大会,共签约 50 个文旅项目,总金额达 1655.86 亿元。五是组织"湖北·武汉之夜"专场推介会,重点推介了湖北省、武汉市优质旅游资源和产品。六是举办 2021 年中国文化和旅游高峰论坛及首届"湖北礼品"评选展示活动,发布了湖北"十大人气礼品"和"十大创意礼品"榜单。七是举办湘鄂赣三省旅游消费大联动、全球旅行商大会、全球房车营地自驾游大会、全国重点旅行社"引客入鄂"踩线活动、武汉文化旅游嘉年华、武汉两江四岸主题灯光秀、文旅产品直卖交易会等系列配套活动。

打造首义文化景区。一是重点打造首义景区。如武昌起义纪念馆、首义广场、辛亥革命博物馆、紫阳湖公园、起义门、首义碑林等,集教育、观赏、休闲、购物、娱乐于一体。二是成功申报国家 4A 级免费旅游景区。打造辛亥革命博物馆与武昌起义军政府旧址(红楼)、孙中山铜像、黄兴拜将台纪念碑

等为 4A 景区，游客达年 400 万人次。三是打造首义文化区商业街。引进餐饮、购物、住宿、娱乐、休闲等业态，促进旅游经济发展。

赓续首义文化血脉。一是在武汉高校内举办首义文化讲座，传承和弘扬首义精神文化。二是开展"游武昌古城看武昌发展做新武昌人"主题活动。每年 10 月中旬，给高校新生发放"武昌旅游导览"手绘地图，感受首义精神及武昌城市文化魅力。三是鼓励高校思政课走进武昌起义旧址及其博物馆，制定大学生在武汉就业政策和措施，吸引高校毕业生人才。四是举办情景赛和演讲赛。在武昌大中小学举行以"铭记历史爱我中华"为主题的情景剧表演赛、演讲比赛，激发家国情怀。五是在中小学开展"五个一"活动（一次讲座、一期主题板报、一场辛亥革命影片、一场主题班会、一首爱国歌曲），赓续首义基因血脉。

擦亮"文化武汉"名片。全面推进"文化武汉"建设，深入推进"五城"建设，提升市民素质和城市文明形象，加快构建主城和六个新城组群协调发展的"1+6"空间布局，以遍布武汉三镇的辛亥遗迹遗址丰富城市文化内涵，深化文化体制改革，推动文化产业成为战略支柱性产业，"文化武汉"建设在全国具有较为重要的影响力。

二、南昌"第一枪"资源及品牌的主要问题

近年来，省市领导高度重视南昌文化建设，尤其重视"八一"起义的红色文化传承，但由于受客观条件制约，"第一枪"资源的转化利用仍存在一些问题。

"第一枪"景观凸显不够。江西省、南昌市领导高度重视"八一"起义的文化建设，除加强老城区的"八一"起义纪念馆、纪念碑，新四军军部旧址、朱德军官教导团、朱德旧居等保护外，还新建了红谷滩新区的建军雕塑广场、南昌舰主题公园、牛行车站、南昌起义展示馆、军事装备展示中心、军事国防教育新基地等。由于起义遗址位于老城区，道路较窄，人居众，空间有限，

又新景点布局不集中，旅游规划受空间制约，使得英雄城南昌"第一枪"资源整体转化和凸显不够，"第一枪"品牌符号不强。

"第一枪"品牌载体不强。省市领导高度重视传承红色文化。如2006—2013年，连续七年江西卫视在全国各地举办了上百场赛事，吸引了60万红歌爱好者参与，15亿人次收看了中国红歌会，但因导演组认识偏颇、导致被永久停播。相对而言，南昌大型文化平台尚为缺乏，文化张力不够，如图书馆建设方面，至2019年底，江西公共图书馆114个、博物馆143个，在中部省份分别位居倒数第一、第二，南昌文化载体有限，文化软实力有待进一步提升。

"第一枪"品牌影响不大。省市各届领导高度重视"第一枪"品牌的打造，如南昌"第一枪"啤酒、建军雕塑广场等，还有"八一"起义战士卡通笔、兵娃娃钥匙扣、五星镂空笔筒、建军90周年的《建军伟业》金银纪念券大全套和《建军伟业》足银四连体纪念券等文创产品；2018年举办"八一"红色文化创意设计大赛，"八一"红色文化活动不少，但文创产品没有形成爆款或精品，创意大赛吸引力有限，没有形成"第一枪"的系列品牌力，在全国的响亮度不够，文化品牌力有待进一步增强。

"第一枪"品牌平台不足。2020年"全国文化企业30强"榜单显示，江西仅有省出版集团上榜，而湖南、安徽有2家企业上榜。在军乐节方面，南昌共举办6届，累计参演国家23个（含中国）、国内参演军乐团23支次、国外参演团队30支次、本地参演团队35支次、参演人员约7300人次，渐渐成为国际军乐文化交流的一个重要平台，但因届数不多、间隔时间偏长，尤其是疫情的影响下，线下举办具有局限性，"八一"起义资源的文化转化平台有待加强。

三、"第一枪"品牌赋能南昌助推新发展的建议

（一）亲清融合，打造南昌"第一枪"品牌的一流营商环境

一是以"第一枪"品牌助力"五型"政府办事窗口。窗口人员聘请退役军人，

统一服装，准军事化管理，以"第一枪"品牌武装"五型"政府办事窗口，打造一流南昌营商文化氛围。二是打造融南昌"第一枪"品牌元素的大数据中心平台和融媒体。学习贵州国家大数据中心和长沙融媒体发展的先进经验和好做法，打造高效、廉洁、服务的英雄城南昌数字化平台。三是促进"第一枪"资源与资本要素融合。设立江西省"第一枪"文创投资基金，鼓励社会资本成立文化投资基金，鼓励商业银行为"第一枪"资源品牌转化提供更多金融产品服务，构建亲清的政商关系。

（二）军民融合，打造南昌"第一枪"品牌的军民融合战略国家示范基地

一是以南昌为中心，打造军民融合的国家示范基地。划定区域，制订军民融合建设方案，开展以融苏区精神、井冈山精神和南昌起义红色文化于一体的学校思政实践课和军训活动。一方面，开展红色家书诵读、"八一"起义旧址的大中小学生思政实践教学活动；另一方面，定期组织退役军人参加军事训练，组织官兵走入高校思政课堂，走入社区文化大讲堂，传承和弘扬"八一"起义红色文化。二是以高校为依托，打造退役军人再就业创业培训的国家示范基地。依托高校继续教育学院，成立退役军人培训学院，一方面，全面开展"退役第一课"的培训，转变退役军人思维，提高认识，退役不退志、退役不退责，再铸"八一"军魂。另一方面，从学历、技能、创业政策及适应性等方面入手，对有志创业的退役军人，或排以上军转干部，或社区"兵支书"等人员，开展再就业创业培训，作示范、勇争先，全面打造退役军人培训的南昌国家级示范基地。三是以示范基地为抓手，开展军民融合战时模拟防护救治训练。模拟现代战争，对战争背景下开展群众性的伤员救治、防空演练、防火救灾等活动，锻造军民融合之魂，弘扬伟大建党精神，打造新时代军民融合国家级标杆基地。四是以示范基地为载体，开展军民融合"第一枪"品牌文化月或周活动。以"第一枪"品牌文化月为切入点，以弘扬苏区精神和井冈山精神，以文化讲座、演讲比赛、黑板报评比、红歌赛、纪念征文、红色家书诵读等为抓手，开展讲党史、说故事、读历史、话英雄等活动。五是

以示范基地为平台，着力打造南昌军民融合战略国家科研基地。鼓励和支持研学中心与产业相结合，设立一批军民融合课题，创立群众性团体实训项目，鼓励公司、企业和各类社会机构与军民融合实训示范基地建立合作关系，在军民融合的科研上着力，出成果、强影响、树品牌，全力服务于南昌都市文化经济。

（三）空间融合，打造南昌"第一枪"品牌的文化新地标

一是打造建设融"第一枪"品牌的标志性建筑。在南昌城各高速公路口（昌东、昌西、昌南、昌北高速路口和火车站），设计和建设"第一枪"品牌的地标性建筑，即城市 Logo，入城则入眼入心，展示"第一枪"品牌。二是打造融"第一枪"品牌的新地标和新业态。深入学习武汉首义 4A 景区空间规划及其建设经验，科学规划和拓展南昌起义旧址文化空间，充分借助 VR 技术，在南昌商业繁华主要地段或景观点，设立若干南昌起义旧址沉浸式情境体验站，融文化休闲、南昌起义文创精品购物和爱国教育于一体，打造以 VR 技术情境游南昌起义旧址的新业态。三是打造南昌"八一"起义国家主题文化公园。在红谷滩军事装备展示中心、军事国防教育新基地的基础上，建设融"八一"军魂、"八一"红色文化的主题公园，申报 4A 国家级景区，融国防教育、团建活动、素质拓展、群众体育、生态旅游、餐饮等一体，赋能南昌都市经济新发展。

（四）节庆融合，打造南昌"第一枪"品牌的文化新平台

一是打造纪念南昌"八一"起义的红色文化情景剧和音乐会。以建军节为抓手，依托高校和省戏剧团等艺术人才，打造南昌"八一"起义大型红色文化情景话剧和大型音乐会，打造南昌"第一枪"品牌的节庆经济。二是打造纪念南昌"八一"起义的露天军乐节和社区露天电影节。充分依托江西各高校军乐团、省内外军乐团及社区军乐爱好协会团体等，举办国内或国际性军乐节，打造南昌"第一枪"品牌的军乐节和露天电影节，打造南昌夜市经

济。三是打造纪念南昌"八一"起义的大型文化旅游博览会。借鉴武昌首义文化旅游博览会，打造南昌"第一枪"品牌的文化旅游博览会，吸引全国各大旅游机构、非遗项目和文旅企业参加，举办中国文化和旅游高峰论坛和"江西礼品"评选展示活动，发布"第一枪"品牌的"十大创意礼品"榜等，打造南昌"第一枪"品牌的节庆经济。

（五）产业融合，打造南昌"第一枪"品牌的文创产业园

一是以区融园，打造南昌社区文创产业园。将产业区和社区深度融合，一方面，让"第一枪"文创活动走入社区，激发文创空间的源头活水；另一方面，将社区经济和文创经济紧密结合起来，实现两者的深度融合、互融互进。二是以赛促创，打造南昌"第一枪"品牌的文创大赛。利用南昌"第一枪"品牌的文化价值，举办"第一枪"品牌的文创大赛，激发各种奇思妙想，产生各种高端创意，汇聚高端文创人才，落地创意"金点子"，助推南昌文创新产业。三是以园促创，打造"第一枪"品牌元素的VR和文创基地。引导VR产业和文创产业相链接、融合，将文创产业和VR的创新中心、云中心、体验中心、展示中心的"四大中心"相嫁接或链接，将入驻园区各高科技企业有机整合和系统集成，建立目标清单、任务清单、问题清单，全方位地有机联动，实现"1+1＞2"的叠加效应，推动VR技术和文创的有机联动和创新发展。四是以游促创，打造"第一枪"品牌元素的文创产业园旅游。将旅游与文创、社区等深度融合，开发背包客、独行客及情侣游的别致线路，推出"穷游"文创园，吃土菜、住民宿等，抓特色、重服务、推平价、接地气，生态环保，打造园区夜市经济、胡同经济、文创产品经济，助推南昌文旅深度融合。

（六）创意融合，打造南昌"第一枪"品牌的文创新街区

一是打造南昌"第一枪"品牌元素的创意街区。打造"第一枪"品牌的创意文化景观街区，从服务人员服饰、酒店布置和外景等方面强化创意设计，以"第一枪"品牌元素丰富创意街区，形成南昌街区文化新视点，吸引广大游客。

二是打造南昌"第一枪"品牌创意金点子周赛活动。鼓励游客深度参与创意金点子活动，每月评选创意金点子，一月一榜、一月一评，对获金点子奖的人员予以精神奖励，颁发证书，对落地转化的特别创意金点子，予以重奖。

（七）人文融合，打造南昌"第一枪"品牌的文化新标识

一是以评促建，评选新时代南昌"第一枪"先锋岗和模范人物。通过先锋人物评选和岗位评比活动，全面提升英雄城南昌"第一枪"品牌力。二是以文促进，寓"第一枪"品牌于南昌市民文体活动。定期举行南昌市马拉松、自行车骑行、南昌吉尼斯、征文比赛等活动，以"第一枪"冠名，强化"第一枪"品牌的人文互动活动，提升城市新形象。三是以标促形，强化南昌"第一枪"品牌影响力。通过对外卖、快递、出租、公交等城市公共服务系统等统一形成"第一枪"品牌的文化标识，全面打造南昌"第一枪"品牌力，全面树立南昌"八一"军旗升起地方的英雄城新形象。

作者：

程宇昌　江西省社会科学院马克思主义研究所教授，江西省军民融合研究院特约研究员，省情研究特聘专家

邱小剑　江西省军民融合研究院院长、副研究员

徐　亮　南昌大学继续教育学院院长、副教授、博士

陈付龙　南昌工程学院马克思主义学院教授、博士，江西服装学院党委书记

吴晓丽　南昌工程学院人民武装部副部长

江西省人才引进中存在的问题及对策建议

□龚剑飞　盛方富　谭若愚

摘要：近年来，江西深入实施新时代人才强省战略，始终把人才引进作为支撑高质量发展的关键举措，不断迭代升级人才引进政策、创新人才引进举措，推动人才成就江西、江西成就人才的良好态势日益巩固拓展。招引人才，短期看政策、中期看平台、长期看环境。为引进更多"第一资源"支撑江西高质量发展，报告从提升政策综合效能、拓宽引才渠道、提升人才平台承载能力、放权赋能激发用人主体引才活力、创新引才方式、构建一流引才生态等提出建议。

省委人才工作会议提出，抓人才就是抓核心竞争力，要始终把人才作为强省之基、转型之要、竞争之本，以不拘一格之举打造天下英才重要首选地。近年来，江西深入实施人才强省战略，始终把人才引进作为支撑高质量跨越式发展的关键举措，不断迭代升级人才引进政策、创新人才引进举措，推动人才成就江西、江西成就人才的良好态势日益巩固拓展。聚焦"作示范、勇争先"目标，围绕打造天下英才重要首选地任务，江西省人才引进面临新形势新任务新挑战。课题组走访20多家单位，访谈50多位人才，发放上千份问卷，在综合调研分析基础上，形成以下报告。

一、人才引进中存在的主要不足

（一）引才政策缺乏优势

一是引进"顶尖人才"和"顶尖团队"的力度不够大。"'大人才'主要靠引，要舍得投入""吸引人才，政策很重要"，这是调研中用人单位和人才的普遍心声。与湖南、安徽等周边省份相比，江西省人才引进政策吸引力不够强。如《湖南省芙蓉人才行动计划》明确对"在长株潭自主创新示范区内，按一事一议方式给予顶尖人才创新团队最高1亿元、杰出人才创新团队最高3000万元支持"。目前全省的人才政策以"普惠性"为主，虽然也提出"一事一议"政策，但支持力度、支持范围等不够明晰。二是"人才争夺战"下引才待遇"不升就是降"。2017年以来，各地人才政策逐渐从"抢人"向"抢人才"转变，而省内有些单位的引才待遇多年来"涛声依旧"。有受访人才调侃，"江西人才政策基本上没上过热搜"。从调研情况看，薪酬福利对人才的吸引力排在前位，是引进优秀人才的关键因素。调查显示，人才对江西省待遇非常满意、比较满意、一般满意的占比分别为27.11%、18.95%、30.30%。

（二）引才渠道不够丰富

一是引才信息平台功效有待增强。用人单位反映，影响力大、方便实用、效果好的统一引才信息平台比较缺，而用人单位自己发布招聘信息效果又不好。人才求职存在"信息孤岛"现象，如对有意向来江西求职但未被意向单位录取的人才，其信息在全省其他用人单位互推共享的渠道缺乏。二是"以才引才"作用激发还有较大空间。"'以才引才'是这些年比较重要的引才方式，效果也比较好"。人才们表示虽有意愿积极参与引才，但因缺乏明确的荐才激励政策，致使"以才引才"效能激发不够。三是主要依赖行政化手段引才。江西省引才仍以传统行政化渠道为主。浙江、江苏等发达省份借助猎头公司大力引才，成效明显。山东、深圳等地组建人才集团等人才运营综合平台，运用市场化、专业化手段引育大批人才。

(三)引才平台竞争力不强

平台是吸引人才的重要"磁场",尤其是"塔尖"人才更需要高端平台,而江西省引才平台无论在质量上还是数量上都与周边省份还有差距。

一是产业平台承载力不足。江西省还没有1个万亿级产业,而同处中部地区的湖南有3个、河南有2个,多数产业仍处于产业链价值链中低端,新兴产业体量小、实力弱。国家企业技术中心是目前国内规格最高、影响力最大的一类技术创新平台,2021年底江西省仅拥有31家,是中部地区中数量最少的省份,只有安徽的32.29%、河南的35.23%、湖北的41.33%、湖南的50%(见图4-1)。

二是高教平台集聚力不足。高校、职业院校是引才的重要载体,但江西省"双一流"高校仅1所,全省准一流(B-)以上学科仅13个、不及浙江大学(56个)的1/4,高教吸引人才的竞争力趋弱,疫情前全省高教每年可引进约1300名博士,疫情后每年仅引进约800名博士。高教集聚的"中国高被引学者""全球顶尖前10万科学家"在中部地区中居后,截至2022年5月,江西拥有的"中国高被引学者"仅18名、"全球顶尖前10万科学家"仅64名(见表4-1)。

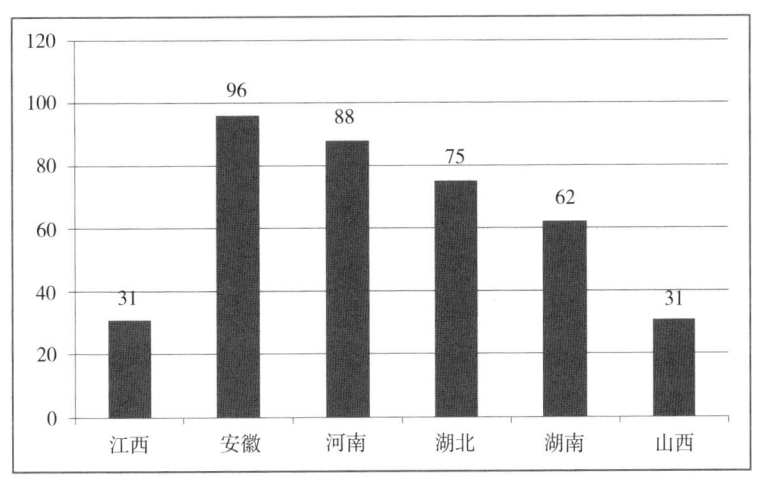

图4-1 2021年底中部六省国家企业技术中心比较(数量:个)

资料来源:根据公开资料整理

表 4-1　截至 2022 年 5 月底中部六省拥有高被引学者、科学家比较

省份	"中国高被引学者"数（名）	"全球顶尖前 10 万科学家"数（名）
河南省	36	122
山西省	13	95
湖北省	262	542
安徽省	120	298
湖南省	120	304
江西省	18	64

资料来源：根据公开资料整理

三是创新平台吸引力不足。2021 年底江西省仅有 6 个国家重点实验室，数量在中部地区中排名倒数第二，无国家大科学装置，大院大所仅有创建不久的中国科学院赣江创新研究院、中国中医科学院中医药健康产业研究所。国家级创新平台总数仅占全国的 1.3%，高端创新平台的缺乏，制约了人才引进吸引力。

（四）引才方式不够灵活

一是"项目引才"功效发挥不够充分。江西省实施"揭榜挂帅"项目，往往注重寻榜、发榜、揭榜等，以项目为纽带开展引才的机制不够健全。浙江省积极探索以项目方式引才留才，如温州市科技局与温州市委人才办联合印发《温州市重大科技项目攻关"揭榜挂帅·全球引才"实施方案的通知》，打通项目与引才之间的通道。二是"柔性引才"机制较为刻板。对欠发达地区来说，柔性引才是重要的引才方式。柔性引才是否有成效，关键在机制是否灵活。用人主体反映，江西省柔性引才机制仍较为注重"过程考核"。而深圳与柔性引进人才签订责任状，以结果为导向，中途不进行考核，充分信任人才。

（五）用人主体引才动力不足

一是引才授权不够充分。当前，人才引进与激励更多是由政府主导，企

事业单位作为用人主体的积极性没有充分调动起来。调研中,"想要的招不了,招进的不对口"是体制内用人单位特别是基层用人单位的普遍困惑;"需要的好用的反而算不上人才",是企业特别是民营企业反应比较强烈的问题。二是引才激励不够有力。针对人才项目落地亟须的配套资金、生活补贴等政策"干货"往往是"先引进后奖补",一定程度上制约了用人主体引才;引才实效与用人主体关心的重大人才工程指标倾斜、高级职称指标奖励等政策关联度不够,不利于激发用人主体引才积极性。

二、对策建议

招引人才,短期看政策、中期看平台、长期看环境。加快形成才涌赣鄱的生动局面,需重点在政策、平台、环境等方面持续发力。

(一)加大引才力度,提升政策综合效能

一是聚焦重点领域,重金引进"英才帅才"。大力推进以省"双千计划"为龙头的人才引进政策体系,精准锁定顶尖科学家、一流学术团队、科技领军人才、赣籍顶尖人才和顶尖技术创业团队等,量身定制专项保障计划,实行"一事一议""一人一策""专班服务",做到精准招引、精准匹配。二是比对邻近省份,构筑引才政策"比较优势"。在日益内卷的"抢才"大战中,引才政策比较优势至关重要,应跟踪调研和摸底周边省份高校、科研院所、医疗卫生机构、重点产业等领域引才政策信息,根据比对升级加码江西省相应领域人才政策,形成综合"比较优势"。三是运用财税工具,发挥引才撬动"杠杆作用"。在人才引进与激励方面加大财政支持力度,对企业经营管理、科技服务、技术技能等高层次人才和紧缺行业人才,在财政支持和个人所得税优惠减免等方面加大倾斜力度,为人才提供购房补助,以财政税收杠杆撬动吸引更多高层次人才来赣留赣。

（二）拓宽引才渠道，多措并举广纳英才

一是强化引才信息平台建设。提高"人才江西网"运维效能，尽快推出方便快捷的"人才江西"手机APP。构建人才求职信息的共享机制，打破"信息孤岛"，对来江西求职但未录用的博士以上高层次人才信息进行全省共享，让人才"既来之则安之"。二是大兴"以才引才"风尚。研究出台《江西省"以才引才"奖励实施办法》，营造人人都是招才大使、人人都是招才代言人的浓厚社会氛围。选聘行业领军人才、技术经纪人担任"引才大使""引才顾问"，定向引进人才。通过引进科研领域高端人才，带动该领域其他专家来赣工作。设立"人才伯乐奖"，对引进人才的单位或个人予以奖励。三是大力推进"市场+行政"引才。按照"招引一流猎头公司，为江西招引一流人才"的理念，加大"猎头引才"等市场化引才力度。建立健全完善租金、税收等政策体系，支持猎头机构来赣发展，打造引才服务队伍。以政府购买服务方式，鼓励引导海德思哲、中智等顶尖猎头机构，为江西省用人主体提供专业化优质引才服务。

（三）强化平台支撑，提升人才承载能力

一是打造人才服务集成运营平台。借鉴深圳、山东等地组建人才发展集团的做法，将江西人力经济技术合作集团有限公司打造成为全省人才服务集成运营平台，为14个省级重点产业链、专精特新企业和全省重点高校、科研院所提供专业化人力资源和引才服务。鼓励各设区市因地制宜组建人才发展集团，提升本地招引人才的平台集聚力。二是打造一流高教平台。实施高教平台攻坚突围行动，对江西省B-档及以上或涉及经济社会发展重点领域的重点学科，逐科制定学科升级计划，在省"双一流"建设中予以重点支持。对在国家学科评估中实现升级进位的予以重奖，奖励经费主要用于引进人才。三是打造重点产业链协同创新平台。学习借鉴德国Fraunhofor应用研究院、中国科学院深圳先进技术研究院、台湾工研院等全球一流产业技术创新平台的运营模式，按照"一产业一平台"原则，在14个产业链推动建立科技创新联合体，既"筑巢引凤"又"因凤筑巢"，推动高校及科研院所的技术人才与企业的研发人才互通、互融、互助。

（四）积极放权赋能，激发用人主体引才活力

一是赋予引才主体更大自主权。构建以结果为导向的人才引进信任机制，引才单位与引进人才或人才团队签订目标责任状，在周期内不进行或减少考核。赋予用人主体更大引才自主权，探索建立人才举荐制度，赋予高层次人才密集单位直接举荐权，所举荐人才经评估可直接纳入各级人才计划给予支持。二是加大引才保障激励力度。强化前端保障，探索推出"引才券"政策，以"引才券"形式予以提前兑现、兜底保障，为用人单位对接引进人才"强底气""添动力"。强化后端激励，将重大人才工程推荐名额、高级职称指标奖励名额等，与用人单位引才成效相挂钩，激发用人单位引才积极性。

（五）创新引才方式，打造聚才"强磁场"

一是推广运用"项目引才"。聚焦江西省重大战略、重要科技研发攻关、重点产业链等，鼓励科技部门与组织部门联合出台《重大科技项目攻关"揭榜挂帅·全球引才"实施方案》；深入摸排企业、产业需求，系统梳理、迭代完善、常态化建立《"揭榜挂帅·全球引才"攻关需求清单》，构建"企业出题、政府立题、人才破题"的协同机制；配套出台"揭榜挂帅"引才奖励机制，积极引导企业、中介机构参与"揭榜挂帅"引才活动；大力推动揭榜人才与张榜企业由短期项目合作转向长期技术合作，特别是借助重大区域项目，加强与长三角、粤港澳大湾区等地科技人才的合作和交流。二是大力推进"刚柔并济"招才引智。加大刚性引才力度，引进一批大院大所、名校名企的院士专家、高精尖科技人才团队。研究出台《江西省柔性引进人才实施办法》，鼓励用人主体通过顾问指导、兼职服务、揭榜挂帅、人才租赁等柔性方式引才。聚焦江西省"2+6+N"产业和重点产业链发展需求，鼓励高校、科研院所等与在赣相关企业探索"共同引进一人'双岗'、共同投入一人'双薪'"方式引进高层次人才。鼓励支持用人主体探索"预引进"在读博士的有效途径和办法。

（六）优化服务环境，构建一流引才生态

用好人才是最好的引才招牌，服务好人才是最优的引才生态。一是打响引才品牌。持续打响"才聚江西·智荟赣鄱"引才品牌，抓住海外引才"窗口期"，充分依托全球海外引才工作站、海外人才社团等资源渠道，加强与教育部留学服务中心的沟通协调，加大海外人才引进力度，鼓励与海外高校院所实验室、研发中心、技术中心等建立"人才飞地"，对其中聘用的高层次人才与本土人才享受同等待遇，打响"海智聚赣"品牌。完善招才引智和招商引资联动机制，强化驻外人才联络站、驻外机构、异地商会等网络体系建设，聚焦江西省重点高校、重点院所等，通过举办智库峰会暨国家级大院大所产业技术及高端人才进江西等活动精准引进项目团队和专家人才，打响"才涌赣鄱"品牌。全面梳理并构建"赣籍人才大数据中心"，制作赣籍人才在全国、全球分布的热力地图，每年面向海内外招引赣籍顶尖专业人才或科技领军人才，来江西省高校、医院、重点企事业单位兼职或全职工作，引入人才的年龄可放宽至70岁，特殊情况可"一事一议"，打响"赣才归巢"品牌。二是优化引才服务。探索构建《江西省省级人才政策清单》《江西省人才服务事项清单》等人才政策服务清单，推动承诺的引才政策及时、完整、全面兑现。依托"江西人才网""赣服通"等平台，围绕各类人才政务服务事项，打造线上与线下人才服务综合体，推动各项人才政策与服务集成化、智慧化，做到"一码通办""一键完成"。三是营造浓厚引才氛围。制作"人才成就江西、江西成就人才"的典型案例宣传片，发挥宣传社会效应。

本报告系江西省政府研究室2022年度委托研究课题暨江西省社会科学"十四五"（2022年）基金项目（22WT05）研究成果。

作者：

龚剑飞　江西省社会科学院副院长、研究员，省情研究特聘专家

盛方富　江西省社会科学院发展战略研究所副所长、副研究员，省情研究特聘专家

谭若愚　江西省社会科学院社会学研究所研究人员

加快推进江西省高职教育提质创优的对策研究

□熊花 段为松 欧阳锦 况小春

摘要：部省共建职教高地启动两年以来，江西省高职教育办学规模稳步增长，人才培养质量持续提升，但与中部地区及同为部省共建职教高地的山东、甘肃相比，还存在办学规模偏小、师资结构不优、办学条件较弱、财政投入不足、产教融合不深及国际影响力不够等问题。建议锚定建成"五个高地"目标任务，主动服务融入江西省发展和改革双"一号工程"，在完善职教体系、加强师资建设、鼓励多方投入、深化产教融合、强化国际合作等五方面再加力，加快推进江西省高职教育提质创优，为中国高职教育高质量发展提供"江西方案"。

2020年8月，教育部和江西省政府联合召开了部省共建职业教育创新发展高地启动大会，吹响了"整省推进职业教育综合改革提质培优"的号角。本文基于相关省份2020—2022年《高等职业教育质量年度报告》，分析了江西省高职教育的发展成效与存在问题，提出了加快推进全省高职教育提质创优的若干建议。

一、近年来江西省高职教育的发展成效与存在的主要问题

作为中部地区首个职业教育综合改革试点省份，江西探索建立全域推进"大格局"、一市一策"小切口"机制，将职业教育发展情况纳入全省高质量发展考核评价和省政府督导事项，推动设区市、县（市、区）党政领导干部

履行职业教育发展职责，强化 42 个省直部门、11 个设区市联动发力，搭建起职业教育发展的"四梁八柱"。目前，职教高地建设呈现良好态势，60 项试点任务、95 个改革举措进展顺利，项目实施率 100%，探索形成了 28 项制度创新成果，其中 6 项具有全国首创性，连续 2 年受到国务院通报激励。

截至 2021 年底，全省有高职专科院校 61 所，占全国的 4.1%，高于 GDP 占全国 2.59% 的比重；专科教育在校生 68.09 万人，占全国的 4.2%，高于人口占全国 3.19% 的比重；职教本科学校 3 所，分别是南昌职业大学、江西软件职业技术大学、景德镇艺术职业大学，占全国 32 所职教本科的 9.38%，职教本科试点走在前列；职业院校人才培养质量持续提升，毕业生就业率保持在 95% 以上。但要看到，与中部地区及同为第一批部省共建职教高地的山东和甘肃相比，江西省职教高地建设优势尚未完全发挥，存在一些问题亟待解决。

（一）从在校生人数看，虽增速强劲，但办学规模偏小

近三年，江西省高职院校全日制在校生年均增速为 21.76%，居中部地区第二，高出山东 10.59 个百分点，低于甘肃 3.21 个百分点。2021 年江西省高职院校校均新增全日制在校生 1710 人，是全国的 1.66 倍，居中部地区第一，分别是山东和甘肃的 1.56 倍、1.42 倍；校均全日制在校生人数是全国的 80.32%，居中部地区第四，分别是山东和甘肃的 78.86%、97.69%。可见，江西省高职院校在校生增速强劲但体量偏小，办学规模有较大拓展空间。

表 4-2 2021 年江西与相关省份高职教育办学规模比较

办学规模指标	江西省	安徽省	湖北省	湖南省	河南省	山西省	山东省	甘肃省
高职院校数（个）	64	75	56	77	100	50	83	29
全日制在校生数（人）	542860	603090	560882	752869	1005491	324876	892839	251823
校均全日制在校学生数（人）	8483	8042	10016	9778	10055	6498	10758	8684
校均新增全日制在校生数	1710	1192	1084	744	1645	1240	1094	1206
2019—2021 年全日制在校生平均增速	21.76	19.08	10.91	10.75	14.25	22.56	11.17	25.08

（二）从师资队伍看，专任教师配备增速较快，但师资结构有待优化

近三年，江西省高职院校专任教师占比逐年上升，2021年达到73.34%，居中部地区第三，比山东、甘肃分别低1.21和5.19个百分点；自主招聘的行业企业兼职教师年均增速为55.66%，2021年兼职教师占教职员工额定编制数的27.62%，高于国家要求7.62个百分点，初步形成了"固定岗＋流动岗"、双师结构与双师素质兼顾的专业教学团队。高职院校专任教师中的硕士以上学位教师占比居中部地区第三，分别低于全国和山东11.2和15.69个百分点；高级职称教师占比居中部地区末位，分别低于全国和山东4.96和8.21个百分点；双师素质教师占比居中部地区第四，分别低于全国、山东、甘肃9.32、22.53、4.79个百分点。

表4-3　2021年江西与相关省份高职教育师资配备比较

教职员工指标	江西省	安徽省	湖北省	湖南省	河南省	山西省	山东省	甘肃省
在岗教职员工总数（人）	31890	31114	30633	40538	64362	19598	55164	14398
专任教师总数（人）	23387	24903	20410	27140	48564	13642	41127	11307
专任老师占在岗教职员工比（%）	73.34	80.04	66.63	66.95	75.45	69.61	74.55	78.53
硕士以上学位教师占专任教师比（%）	51.76	56.25	51.86	68.15	48.84	/	67.45	/
高级职称教师占专任教师比（%）	24.13	27.61	30.71	31.83	25.37	25.74	32.34	/
双师素质教师占专任教师比（%）	46.44	47.61	59.53	65.67	46.17	46.19	68.97	51.23

（三）从办学条件看，处全国中位数水平，与兄弟省份相比较弱

近三年，江西省高职院校生均办学条件指标总体处于全国中位数水平，但随着在校生规模持续扩大，主要办学条件指标略有下降。2021年江西省高职院校生师比高出全国中位数0.88个百分点，居中部地区第四；生均教学科研仪器设备值高于全国中位数水平，是全国的1.12倍，但居中部地区末位，分别是山东和甘肃的69.05%和76.65%；生均校内实践教学工位数高于全国

中位数水平，是全国的 1.21 倍，但居中部地区末位，与甘肃相当，是山东的 74.29%。

表 4-4　2021 年江西与相关省份高职教育办学条件比较

办学条件指标	江西省	安徽省	湖北省	湖南省	河南省	山西省	山东省	甘肃省
生师比	17.51	16.09	16.3	22.21	16.56	19.06	14.57	22.27
生均教学科研仪器设备值（元/生）	8437	17310	9596	8623	9374	11083	12218	11007
生均校内实践教学工位数（个/生）	0.52	0.98	0.64	0.6	1.09	1.13	0.70	0.51

（四）从政府投入看，生均财政拨款水平稳定，但相对水平不高

近三年，江西省高职院校生均财政拨款水平保持在 12000 元，达到国家"各地高等职业院校年生均财政拨款水平应不低于 1.2 万元"的要求，但居中部地区末位，仅 2021 年略高于山西 83 元和山东 436 元，是甘肃的 89.37%；生均财政专项经费虽逐年增长，但连续三年居中部地区末位，均低于山东和甘肃。

表 4-5　2019-2021 年江西与相关省份高职教育生均财政拨款比较

政府投入指标	年度	江西省	安徽省	湖北省	湖南省	河南省	山西省	山东省	甘肃省
生均财政拨款水平（元）	2019	12000	14042	13774	13973	12911	13273	13003	15793
	2020	12000	14166	12381	13992	12987	12041	12861	14004
	2021	12000	18060	12026	14185	13580	11917	11564	13428
生均财政专项经费（元）	2019	2856	6293	4739	4662	4394	4112	3058	7453
	2020	3161	6010	4895	5066	3895	4957	3280	6798
	2021	3558	6903	4916	5287	3957	3920	4010	6449

（五）从产教融合看，校企合作持续加强，但整体水平偏低

近三年，江西省高职教育产教融合不断深化，校企订单培养人数年均增速达 19.35%，接收顶岗实习学生数年均增速为 5.22%；但因受疫情影响，企业接受毕业生就业基本持平，且略有下降。2021 年江西省高职教育校均企业

提供的校内实践教学设备值居中部地区末位，分别是山东和山西的11.67%和62.58%；校均企业兼职教师年课时总量居中部地区第五，是山东的37.73%、甘肃的2.59倍；校均横向技术服务产生的经济效益居中部地区第一，专利成果转化数量和到款额均居中部地区第二，校均横向技术服务和技术交易到款额均居中部地区第四，但都远低于山东。江西省"1+X"证书试点种类及院校数较少，落后于兄弟省份。

表4-6　2021年江西与相关省份高职教育校企合作比较

校企合作指标	江西省	安徽省	湖北省	湖南省	河南省	山西省	山东省	甘肃省
校均企业提供的校内实践教学设备值（万元）	102	155	311	403	5127	102	679	163
校均企业兼职教师年课时总量（课时）	11288	12929	25940	20020	16266	6858	31721	641
校均横向技术服务到款额（万元）	260.03	259.64	434	388	261	28	475	/
校均横向技术服务产生的经济效益（万元）	1730	265	1546	1496	1616	38	5643	/
校均技术交易到款额（万元）	71	90	218	124	66	51	149	31
专利成果转化数量（项）	109	164	52	66	85	31	259	/
专利成果转化到款额（万元）	993	360	722	479	1141	34	1868	/

（六）从国际交流与合作看，有微弱优势，但总体水平中等偏下

2021年，江西省国际合作科研平台数居中部地区第一，分别是山东的20%、甘肃的3.33倍；在国（境）外组织担任职务的专任教师数居中部地区第三，分别是山东的15.51%、甘肃的36倍；全日制国（境）外留学生人数（一年以上）、在校生服务"走出去"企业国（境）外实习时间、开发并被国（境）外采用的专业教学标准数、开发并被国（境）外采用的课程标准数、国（境）外技能大赛获奖数量等5个指标均居中部地区第四，都低于山东；非全日制国（境）外人员培训量居中部地区第五，是山东的10.66%。总体而言，江西省高职教育国际影响远低于山东，仅优于山西和甘肃。

表 4-7　2021 年江西与相关省份高职教育国际影响比较

国际影响指标	江西省	安徽省	湖北省	湖南省	河南省	山西省	山东省	甘肃省
全日制国（境）外留学生人数（一年以上）（人）	109	187	69	179	236	5	796	173
非全日制国（境）外人员培训量（人日）	22204	7848	7093	112253	152493	363	208322	284
在校生服务"走出去"企业国（境）外实习时间（人日）	10259	14071	11041	15802	8391	0	77865	8420
专任教师赴国（境）外指导和开展培训时间（人日）	1611	4100	358	4857	11418	140	15151	321
在国（境）外组织担任职务的专任教师人数（人）	36	1	23	76	85	0	232	1
开发并被国（境）外采用的专业教学标准数（个）	17	5	34	201	23	0	76	4
开发并被国（境）外采用的课程标准数（个）	44	7	329	456	257	0	386	154
国（境）外技能大赛获奖数量（项）	17	0	72	18	84	0	193	0
国际合作科研平台数（个）	10	2	5	9	9	0	50	3

二、加快推进江西省高职教育提质创优的对策建议

当前，江西省高职教育已进入提质培优的新阶段。建议锚定《教育部江西省人民政府关于整省推进职业教育综合改革提质创优的意见（赣府发〔2020〕16 号）》提出的建成"五个高地"目标，主动服务融入全省发展和改革双"一号工程"，在完善职教体系、加强师资建设、鼓励多方投入、深化产教融合、强化国际合作等五方面再加力，为全国高职教育高质量发展提供"江西方案"。

（一）在完善职教体系上再加力，不断提升高职教育吸引力

一是构建纵向贯通、横向融通的"立体交叉型"现代职业教育体系。纵

向贯通方面,尽快启动第二轮省级"双高计划"建设工作,谋划推动优质公办高职院校升格为本科层次职业院校,在应用型本科高校中开设一批职教本科专业,持续增加本科层次技术技能型人才和专业学位研究生人才培养规模,打破学历"天花板"。横向融通方面,优化高职院校的功能定位,根据普通高校、高职院校的特点,分类分级实施就业前培训及其他职业培训,逐步扩大一体化设计、长学制培养学生的比例,满足学生职业生涯可持续发展的多元需求。

二是构建灵活多样的职教考试招生体系。加快出台江西省职业教育分类考试实施方案,明确"双渠道"教师招聘制度和中职学校教师编制配备标准。针对生源结构多元、服务对象多样的现状,提供五年一贯制转段、中职生对口升学考试、综合评价录取、普通高考、单考单招等多种升学通道,构建"多样化评价、多元化录取、多渠道入学"的考试招生体系。建立健全职教高考和高职单招制度,完善"文化素质+职业技能"的高职教育考试招生办法,增强高职教育的吸引力,提前锁定优秀技能人才。

(二)在加强师资建设上再加力,不断提升教学质量

一是持续优化师资结构。进一步发挥江西省高等职业院校 G10 联盟的作用,深入实施职业院校教师素质提高计划,完善高职教育教师资格认定制度,整省推进"双师型"教师队伍建设。鼓励高职院校自主聘任有丰富实践经验的高素质技术技能人才担任专兼职教师,引导企业技术人员和高职院校教师交互锻炼、双向流动。在高职院校中推广实施学校和企业"双导师制"。加强对外引进和内部培养,不断提升硕士和高级职称教师占比。

二是统筹推进教师、教材、教法"三教"改革。牢固树立科学教学理念,塑造"三教"改革基本意识,推动高职院校教师队伍、教学内容、教学方式改革。开展教师定向培训,改革教师评价制度和考核标准,倒逼教师提升实践能力与专业素养。充分结合物联网、区块链、人工智能等,建构"数字课程+电子教材",有效将资源库及在线课程等资料体现在教材中,推动现代信息技术与教育教学深度融合。推广翻转课堂、混合式课堂等智能化教学模式,促进

教学方法多元化,组织专家点评、同行交流研讨等推动教法创新。

(三)在加大各方投入上再加力,不断提升办学条件

一是充分发挥财政资金的撬动作用。以实施"十四五"教育提质扩容工程为契机,以"双高计划"为基础,加快建设一批高水平高职院校和专业,提高职业教育转移支付水平,补齐历史欠账和高职扩招后的资源短板。用好财政专项支持经费,通过专项资金给予奖补支持,引导行业企业以合作共建方式参与高职教育项目建设。探索设立产教融合企业认证机制,为参与高职办学的企业适当提供资金、税收等方面支持。

二是拓宽筹融资渠道。健全高职院校筹融资机制,综合运用基金奖励、政府购买、土地划拨、税费减免、项目申报等政策手段,引导企业和社会力量兴办职业教育。凝聚校友力量,吸引校友参与捐资助学。通过产学研合作争取研究资金,推进研究成果转化为生产力,让校企双方都从中受益。借鉴广东经验,落实相关企业"金融+财政+土地+信用"组合式激励政策,支持行业企业深入参与高职院校人才培养工作。

(四)在深化产教融合上再加力,不断提升培养质量

一是创新产教融合模式。针对职业教育和产业发展"两张皮"、校企合作"一头热、一头冷"等问题,研究制定校企合作双向激励政策,推动教育链、人才链与产业链、创新链有机衔接,营造学校更加主动、企业更加支持的产教融合发展氛围。引企入校方面,鼓励品牌企业联合高职院校主导建立全国性、行业性职教集团,推进实体化运作;允许企业以资本、技术、管理等要素依法参与办学并享有相应权利,给企业吃下"定心丸"。引校入企方面,将产教融合作为高职院校资源配置和办学质量评价的重要依据,鼓励有条件的地方积极探索高职院校股份制、混合所有制改革并提供稳定持续的政策支持,保障相关主体的合法权益;引导高职院校主动与企业进行专业设置、就业方向等合作,推动校企共建共管产业学院、企业学院,设立工作室、实验室、创

新基地、实践基地等,形成高职院校与企业命运共同体。

二是发展专业融合集群。专业融合集群发展是"十四五"时期高职教育变革的新趋势。建议紧扣"2+6+N"产业高质量跨越式发展和14条重点产业链,加快建设产业人才需求数据平台,编制并适时调整江西省急需紧缺职业(岗位)目录,健全职业院校专业布局动态调整机制,引导高职院校科学设置专业。探索遴选新建10所左右对接高端产业和产业高端、有力支撑区域产业转型升级、培养紧缺技能人才的职业教育区域性产教融合型实训基地,形成覆盖全省的职业教育实训基地网络。围绕航空、电子信息、装备制造、中医药、新能源、新材料等重点产业和公共卫生、健康养老、家政服务、现代农业等领域,对相关专业进行升级与调整,培育一批契合江西省产业发展需求、企业主体作用发挥突出、人才培养模式创新的产教融合品牌,实现人才培养供给侧和产业发展需求侧的精准对接。

三是进一步规范"1+X"证书制度改革试点。借鉴天津经验,建立职业技能等级证书质量监管机制,形成权责明确、分工合作的证书管理体系。发挥行业协会在职业资格鉴定中的主体作用,支持多方主体参与职业技能认证、课程开发和人才培养工作,规范职业技能等级证书考核费用标准。推进证书标准与培训内容融入高职人才培养方案和课程标准,推动"岗课赛证"融通育人模式创新。如上海城建职业学院与养老机构合作,成立"1+X"证书制度试点养老类专业校企"双元主体"育人工作小组,实现"多课对一证",荣获"教育部'1+X'试点老年照护职业技能等级证书全国优秀试点院校"。

(五)在强化国际合作上再加力,不断提升国际影响

一是坚持"引进来"。在引人才方面,积极拓宽招收留学生渠道,创新本科与研究生贯通培养体系,通过打通学历体系吸引不同层次的留学生,打造"留学江西"职教品牌;加快组建中国革命老区职业教育与产业发展研究院,积极打造江西特色的国际合作交流平台,吸引国外职业教育高端专家、技术技能大师来江西交流。在引资源方面,引入国际优质教育资源、国际职业标准、

职业认证体系等，不断提升江西省培育国际化高水平技能人才的能力。

二是坚持"走出去"。推动校企协同走出去办学，持续输出江西省国际化专业标准体系和高品质国际在线课程，形成江西特色的"鲁班工坊"职教国际品牌。鼓励有条件的品牌企业在境外开办高职院校，按照"一行一校""一企一校"模式，整合省内优质高职教育资源，配套建设国际员工技能人才培训中心、中医药保健中心、陶瓷科技创新和文化艺术交流中心等。

三是加强国际合作办学。充分发挥江西高等职业院校 G10 联盟的引领和协同作用，通过学生互换、学分互认、教师互派、学术交流、课程开发、文化互动等多种国际合作形式，构建更全方位、更宽领域、更多层次、更加主动的职业教育对外开放格局。参照上海经验，以"汉语+文化+专业+产业"为培育理念，打造人文互通、专业技能、资源建设、产教协同"四位一体"的留学生培养模式，培养具备良好人文素养和扎实技术技能的人才。

本文系江西省社会科学"十四五"（2021 年）基金项目"加快构建具有江西特色的现代职业教育体系研究"（21JY24）研究成果。

作者：

熊　花　景德镇陶瓷大学继续教育学院院长、研究员、硕士生导师，省情研究特聘专家

段为松　景德镇陶瓷职业技术学院党委书记、省督导专员

欧阳锦　江西省政府研究室社会处三级主任科员

况小春　景德镇陶瓷大学机械电子工程学院高级工程师

社会民生

江西社会治理智能化现状与提升对策

□鲍韵

摘要：随着经济社会快速发展，传统以"人海战术"的社会治理模式难以适应现代社会治理的需要，必须依托现代信息技术变革治理理念和治理手段，有效创新公共服务提供方式，全面提升治理效能。江西省一批"互联网＋社会治理"应用场景在打击犯罪、治安防控、服务民生等社会治理方面的成功实践展现出日趋提高的社会治理体系智能化程度，但存在着数据共享不到位利用不深入、配套体制机制不健全、数字应用存在风险、数字思维意识不强数据人才缺乏等问题。提升江西省社会治理智能化建设还需做到：从统筹数据综合应用体系、突出五大重点领域，强化示范效应和标杆作用、健全数据资源共享体系、创新社会治理体制机制、构建数据安全保障体系、培育壮大数据人才队伍提升数据思维能力六个方面改善，全面提升全省社会治理智能化水平，助力"六个江西"建设取得实质性成效。

习近平总书记指出："运用大数据、云计算、区块链、人工智能等前沿技术推动城市管理手段、管理模式、管理理念创新，从数字化到智能化再到智慧化，让城市更聪明一些、更智慧一些，是推动城市治理体系和治理能力现代化的必由之路。"《中共中央 国务院关于加强基层治理体系和治理能力现代化建设的意见》（2021年4月28日）中强调要整合数据资源，实施"互联网＋社会治理"行动，要拓展应用场景，加快全国一体化政务服务平台建设，提高社会治理数字化智能化水平。党的二十大报告从加强矛盾风险源头防范化解、加快推进市域社会治理现代化、强化社会治安整体防控、发展壮大群防群治力量等方面，提供了进一步完善社会治理体系，不断提高社会治理社会化、法治化、智能化、专业化水平根本指引。因此，新时期的社会治理，必须把握以网络化、智能化为标志的技术革命带来的机遇，加强科技创新与社会治理深度融合，搭建信息互通、资源共享、线上线下互动的一体化社会服务平台，更好地利用技术手段预测社会动态、畅通人民群众诉求渠道、解决社会问题、辅助政府决策，推进社会治理专业化、智能化，增强治理的系统性、实效性。

一、社会治理智能化的实践

社会治理智能化是将大数据、人工智能、5G等前沿技术融合应用到社会治理之中，过去十年，一大批"互联网+社会治理"应用场景如雨后春笋般涌现，在打击犯罪、治安防控、服务民生等方面展现出强大动能，是社会治理资源整合、力量融合、功能聚合、手段综合的不懈创新，是从顶层设计到末端社会治理体系的日趋完善，是坚持固根基、补短板、强弱项治理效能的稳步提升，让社会治理更精准、更高效、更智能，更为社会治理提供了新经验、新思路。列举一些社会治理现代化的成功实践：

（一）"雪亮工程"深度应用守护百姓平安

按照"全域覆盖、全网共享、全程可控"的目标要求，江西省雪亮工程基本实现了重点公共区域、重点行业和领域的重要部位视频监控全覆盖，各设区市均建设了以市公安局为管理中心的平台，并与综治办的应急指挥中心平台对接共享。截至2022年10月，全省共有71万路视频线路像71万只"天眼"，守护着百姓平安，已建成的10238个智能安防小区基本实现"零发案"。其中，南昌市按照统一规划、统一标准、统一建设、统一管理，通过智能探头、智能门禁、智能道闸等前端感知设备，实现对基础数据的全采集，然后汇聚到全市智慧社区平台进行关联碰撞、比对沉淀，运用智能手段帮助排查核定出租屋及流动人口等信息，全力打造全域覆盖、全网共享、全时可用、全程可控的雪亮工程，形成了"建、联、汇、传、储、管、用"一体化运作体系。

（二）"赣服通"打造数字服务的"江西名片"

"赣服通"精简了办事程序、减少了办事环节、缩短了办理时限，持续深化了行政执法体制改革，重塑了执法结构、高效集成了执法事项、下移了执法重心，实现了省、市、县全覆盖和不同人群的办事需求，整体服务能力和发展速度在全国同类移动政务服务平台建设中稳居前列，入选了国务院办公厅《深化"放管服"改革优化营商环境典型经验100例》和《中国数字政府建设报告》蓝皮书，是江西省大力实施全面深化改革攻坚行动，深入推进营商环境优化升级"一号改革工程"的"江西名片"。截至2022年10月，"赣服通"已上线服务事项16000余项，电子证照240种，实名用户突破4300万，近期平均日活量突破120万人，各类应用累计访问量达38亿人次。围绕乡村振兴、碳达峰碳中和等国家战略的"赣服通"5.0版将发布全国首个政务服务数字人，成为助力数字政府建设、数字乡村振兴、数字经济发展的重要平台。

（三）"江西省社会治理大数据平台"推动社会治理迈向"智治"

集"智能汇聚、智慧研判、智辅决策"于一体的"江西省社会治理大数据平台"是以全省社会治理与前沿技术深度融合为关键，积极发挥大数据平台战略性、基础性和先导性作用，提升智慧治理能力，助推平安江西建设的重大举措。平台充分运用大数据、云计算、人工智能、区块链等现代科技，突出数据作用，具有业务数据更准确、监管服务更精细、研判决策更智能、使用体验更便捷、平台访问更安全等五大鲜明特点。该平台的上线运行，标志着江西社会治理从治安到"智安"，从管理到"智治"迈向大步。截至2022年10月，用2.3亿条数据信息构建起一条"数据大动脉"，推行重大决策社会稳定风险评估机制，对23884件重大决策事项开展了社会稳定风险评估，438件风险较高的事项被暂缓实施或不予实施，有效防范风险隐患。特别针对群众深恶痛绝的电信网络诈骗犯罪建立了预测预警模型，智能分析可疑电话，计算出疑似受骗者，及时阻止相关案件发生。"移动微法院"等新的场景不断涌现，让掌上立案、家门口解纷成为常态，让相距千里的当事人从"天涯"变为"咫尺"，让大大小小的矛盾化于未发、止于未讼。

（四）城市大脑"一网统管"城市运行

"城市大脑"示范工程在部分城市取得积极进展和成效。其中，南昌构建"六个一"城市大脑架构体系，即一云（政务云）、一中枢（数据中枢）、一视频、一批场景、一舱（领导数字驾驶舱）、一端（城市大脑客户端）、一热线（12345政府服务热线），打通了53个市直部门、11个省直部门1193类数据，实现了20多亿条数据的共享协同和跨部门、跨区域共同应用。鹰潭智慧新城决策指挥中心既是大数据资源展示中心，同时也是政府辅助决策指挥中心和城市运营管理中心，城市运行情况实时监测和可视化展现，应对突发事件统一调度公安、交通、医疗等行业应急部门协同处置，最终实现一图感知全域、一键可知全局。

二、社会治理智能化建设面临的问题

江西省社会治理智能化建设也面临一些问题，"2021数字化转型百强城市名单"显示全省仅有3座城市入榜，分别是南昌市第36位、赣州市第71位和宜春市第89位。从调研情况看，江西省社会治理智能化建设主要存在5个方面问题：

（一）数据共享不到位利用不深入

一是各平台建设各自为政导致交叉重复建设。缺乏省级层面系统规划。业务范围交叉重复，导致烟囱林立，平台基座没有打通，导致数据共享难。"条块分割、信息碎片、重复派单、分散指挥、多头考核"的传统治理模式仍未打破。

缺乏集中统一的大数据管理机构，数据整合工作由相关单位根据工作需要"点对点"协调解决，工作推进难度大，公共数据开放共享利用度不高。二是数据孤岛更加凸显、信息不对称更加明显。数据孤岛表现为政府各部门之间的数据或信息不共享、不互通，部分政府部门不愿将本部门数据与其他部门共享，不愿将本部门数据向社会开放，从而导致信息不对称。政府部门与个人之间的信息不对称更加明显。大量的数据掌握在政府部门手中，个人所能获取的信息仍非常有限，除了通过申请政府信息公开这一途径，制度层面并无其他可以从政府部门获取信息的途径。三是数据挖掘工具和运用模型还需进一步拓展，一些关于个人行为和社会状态的重要数据在数据库中"沉睡"，未能在决策咨询、公共管理、风险预警等社会治理领域有效利用。

（二）相关配套体制机制不健全

一是社会治理现代化配套的体制未能突出社会协同和公众参与。公众参与度不高突出体现在农民、老年人和文化水平较低的人群身上。由于城乡差异、受教育程度差异以及对新事物接受程度差异等因素，部分弱势群体由于不懂得使用信息技术，而无法享受到本应享有的公共服务。二是社会治理智能化过于依赖政策驱动，政府治理理念尚未完全转变，技术对社会治理的影响尚未得到正确认识。一些治理体制机制与信息化、动态化环境下的社会治理现状不适应，大数据应用与社会治理创新深度融合不够，亟须推进职能优化、机制变革。

（三）数字应用存在风险

一是个人隐私受到挑战，海量的数据汇集在一起，一旦数据库被攻击，不仅数据安全可能受到威胁，大量的个人隐私数据也可能遭到泄露。从技术层面而言，大数据中心还可以通过数据交换获取供水、供电、供气等公用事业单位提供的账单数据，而这些账单数据涵盖了每个个人用户的信息。如果没有对账单的个人信息进行技术处理，也可能使账单中的个人信息遭遇泄漏的风险。二是新技术的基础理论和标准体系研究缺乏，社会治理现代化存在的风险缺乏分析，为新技术的应用和发展提供指引的专门的法规和约束欠缺。

（四）数字思维意识不强数据人才缺乏

一是一些干部政府治理传统理念尚未完全转变，对"数字化"有畏难情绪，缺乏一定的科技素养、数据思维、法律知识等，调研中有基层干部表示"一看到系统平台、大数据、云计算等专业词汇，就头痛"。有的干部对能够通过数据共享或网络核验的材料，还是像传统办理途径一样，要求申请人提供各种证明材料。有的问题可以通过大数据分析采取更为精准的措施，但一些政府部门还是习惯于拍脑袋，凭过去的经验来决策。二是江西的数字人才总量仍然不大，竞争力不强；支持政策落实还不够到位，评价改革还需深入；数字人才产教融合培养机制不活；数字人才流动流失较大，缺乏有吸引力的引育留用政策。缺少数字经济、数字化转型研究平台机构，数字人才队伍建设的体制机制和服务平台还不够完善，政策环境和支持体系还有待进一步优化。全省本科高校共有 21 个省级产业学院，其中与数字经济密切相关的只有 4 个。全省高校近百所开设了数字经济相关学科和专业，江西省大学本科及以上毕业生中近 60% 选择到周边省份工作，人才流失严重，留下来的人才参与到社会治理岗位上就更加少。

三、提升社会治理智能化的对策

江西社会治理智能化是全省上下的"一号发展工程"的重要内容，顺应了社会治理数字化的时代趋势，结合江西实践和未来需要，当前和今后一个时期，提升社会治理智能化需要做到：以优化业务流程、促进数据共享、降低运营成本、提升协同效率、建设安全体系为目标导向，以重点领域和基础应用为问题导向，坚持适度超前、安全高效、统筹布局、重点突破，努力从以下六个方面改善，全面提升全省社会治理智能化水平，助力"六个江西"

建设取得实质性成效。

(一)统筹数据综合应用体系

1. 强化目标导向和问题意识,做好全省大数据平台顶层设计。一是坚持统一规划、统一平台、统一标准、统一网络,"一张图",按照统筹规划、整合共享、因地制宜的原则,规范标准、统一接口,采取省市分级建设,省级统一平台架构、市县基于省级大数据平台生态开发应用的模式,完善江西社会治理大数据平台。

2. 完善"数据+社会治理"运用场景。开展政务数据与业务、服务深度融合创新,增强基于大数据的事项办理需求预测能力,打造主动式、多层次、多元化创新服务场景。面向重点领域和群众需求,加快推进政务服务标准化、规范化、便利化,持续提升政务服务数字化、智能化水平,实现利企便民高频服务事项"一网通办"。

(二)突出五大重点领域,强化示范效应和标杆作用

聚焦公共卫生、社会安全、应急管理等重点领域,深化数字技术应用,推动大数据运用由初级运用向深度运用、个别运用向普遍运用转变。

1. 数字+决策咨询。借助大数据、云计算、人工智能等信息科技手段,对经济运行、社会发展、民生服务、社会治理等重点领域大数据,进行多角度研判、多层次分析,从而更加清晰地反映市场情况和公众需求,提高政府公共决策的科学性和精准度。

2. 数字+风险预警。加强社会安全风险感知与防控体系建设:党的二十大报告再次强调"强化社会治安整体防控"和"推动公共安全治理模式向事前预防转型",坚持安全第一、预防为主,建立大安全大应急框架,完善公共安全体系。这意味着公共安全治理要从事后补救惩罚向制度化、规范化、科学化、超前化的事前预防转型。江西省应根据不同安全风险的性质特点和规律趋势,通过雪亮工程、物流网技术、智能安防系统等,实时关联和感知风

险要素变化，建立社会安全风险排查预警指标体系，不断优化完善风险预警系统模型功能，找到传统技术方式难以展现的关联关系，提高开放、动态化条件下风险预测预警和防控能力。

3. 数字+安全监管。对危爆物品等重点物品和高铁、机场等重点场所，运用物联网、视频监控和地理信息技术等进行全方位、全视角、全覆盖巡视，抓取目标与样本库实时关联、自动比对，一旦发现工作目标偏离预先设置条件，立刻自动向监管后台发出预警、提醒处置，实现身份化、信息化、可追溯式管理。

4. 数字+公共服务。以面向公众真实的精准供给为方向，以"赣服通"为载体，持续推进政务服务数字化，加强公共服务的供给侧结构性改革，加快打造"前台综合受理、后台分类审批、综合窗口出件"的政务服务新模式，将更多行政审批、政务服务事项通过数字化平台来办理，向乡镇（街道）便民服务中心、村（社区）代办点延伸。

5. 数字+应急处置。以合成化、可视化、扁平化指挥处置为目标，充分运用科技手段，推动应急处置力量、资源等联动共享，并以可视化的形式标注上图进行直观展示，实现与一线处置力量的"点对点"精准扁平指挥，提高应急处置效率。

（三）健全数据资源共享体系

1. 组建数据管理机构。利用两年左右时间，成立覆盖省、市两级、垂直管理的大数据管理中心，统筹全省政务信息网络系统等项目的建设和管理以及政府数据采集汇聚、登记管理、共享开放等，为数据整合共享提供强有力的组织保证。

2. 完善数据资源共享机制。把握数据作为新型生产要素开放流动的特点，既积极构建立体化、智能化、全方位的信息采集网，全面获取社会治理要素基本信息数据建立科学数据标准体系，推进"小数字"汇聚成孕育智能文明的"大数据"。完善信息共享目录，编制完善政务数据目录和供需对接清单，规范数据类别、项目、内容、格式等，促进各类数据相互融合对接和有效汇总对比。

3.搭建数据资源共享体系。"一人一号、终身不变"的居民身份证号码是数字社会治理的重要支撑。在保证公民信息安全的前提下，建立完善以身份证号码为标识的数据资源共享体系，抓好各重点领域实名制的全面落实，建立身份证识读和人脸、指纹、声纹识别等多种身份认证方式和认证源，确保社会治理信息同根同源。

（四）创新社会治理体制机制

1.构建符合社会治理智能化要求的体制机制。充分发挥数据流对业务流、管理流的牵引作用，将其与促进治理模式转型升级深入融合起来，着力构建更加符合社会治理现代化要求的管理体制、组织机构和运行模式，努力使科技生产力成为提高治理效能的强大推动力。

2.建立数据规范运行管理体系。借鉴推广"智能安防小区""校园一键报警系统"等经验做法，推进社会治理制度机制标准化、数据化、流程化建设。

3.探索多方协同治理的管理模式。实施"互联网＋群众路线"治理模式，以现代技术增强传统方式的威力，以传统方式弥补现代科技的不足，使两者成为创新社会治理的"双引擎"。探索"政府投资＋金融资本＋企业服务"相结合的多元化融资与运营服务模式，吸引各类社会资本、金融资本参与数字社会治理。鼓励、引导平台企业和专业研究机构等力量积极参与数字社会治理。

（五）构建数据安全保障体系

1.正确处理共享应用与安全防护的关系。把安全可靠利用原则贯彻到"数据＋社会治理"的全过程和各个方面，综合运用法律、技术等方法手段有效防范、管控系统平台建设和数据开发应用中的安全风险，守好安全底线。坚持业务需求、场景谋划、业务流程等自主原则，强化软件开发等知识产权保护意识，确保数字社会治理掌握在党和政府手中。

2.建立较为规范有效的数据信息使用、搜集以及储存等数据安全保障体系。引导相关部门严格落实相关法律法规制度，对数据资源使用的道德底线建设，培养其建立个人隐私保护权益意识，并实现对数据资源的合理合法配置，避免出现滥用职权泄露隐私等行为。依法收集和使用个人、企业和行业部门数据。充分运用安全技术手段，强化社会治理大数据平台登录、应用等环节安全监管，加强对参与政府信息化建设和运营企业的规范管理，提升安全保障能力。明确数据全流程安全管理责任，构建全方位、多层级、一体化安全防护体系，形成跨地区、跨部门的协同联动机制。

3. 完善数据安全管理相关政策法规体系。健全涉及个人隐私的数据保护的法律制度。一是明确在社会治理环境下数据信息所有人的权利与义务，确保对个体的隐私进行全方位保护，使得个人对与自身相关的数据有主导权，将数据管控权掌握在个人手中，牢牢掌控包含个人隐私的数据信息的真实去向。二是建立较为规范有效的数据信息使用、搜集以及储存等行为体系。

（六）培育壮大数据人才队伍提升数据思维能力

1. 完善政策支持体系吸纳数据人才。鼓励将数字领域人才纳入各类人才计划支持范围，积极探索高效灵活的人才引进、培养、评价及激励政策，采取与高等院校、科研机构等加强人才交流、联合设立实验室等举措，打造高质量数字社会治理建设应用人才队伍。建立各级数字社会治理专家库，为数字赋能社会治理提供重要决策参谋和智力支撑。

2. 提升数据思维培养数字人才。一是运用产、学、研、用协同创新机制搭建数字技术研究院和应用平台，在数字经济高质量发展中培养和锻炼高端数字人才。二是加强数字化基础人才培养。全省相关高校增设数字经济相关专业，运用数字技术优化专业结构与课程体系。三是加强公职人员和基层干部数据能力培训，努力建设一支既精通社会治理又善于运用互联网技术和信息化手段开展工作的复合型人才队伍。把大众化数字技能培训纳入常态化科普活动。

本报告系国家社科基金（18BFX096）项目、江西高校人文社会科学研究（JC19217）项目阶段性成果。

作者：

鲍　韵　江西警察学院教育教学研究中心副主任、副教授、博士，省情研究特聘专家

当前江西城市功能与品质提升中存在的问题与思考

□余达锦

摘要：提升城市功能与品质，不断满足人民对美好生活的向往，是省委、省政府做出的重大战略部署。《江西省城市功能与品质提升三年行动方案》实施三年多来，江西省城市功能与品质得到全面提升。但调研分析发现仍存在不少问题，突出表现在城市建设思想观念落后、城市安全风险加大和城市产业同质化严重三大问题上。在从规划、交通、产业、生态、文化和治理六个方面分析当前江西城市功能与品质提升路径基础上，提出开展"城市更新、观念更新"活动、深入推进城市安全治理工作和加快构建具有城市特色的现代产业体系等政策建议。

《江西省城市功能与品质提升三年行动方案》实施三年多来，江西省以民为本，大力实施城市更新行动，推进老旧小区改造向纵深迈进，各城市环境得到有效整治，公共基础设施建设全面提速，全省城市"颜值"与"价值"共进，"宜居"与"宜业"齐飞，城市功能与品质得到全面提升。但调研发现，在取得了喜人成绩的同时，江西城市发展还存在较多问题。结合当前江西省发展实际和国际国内形势，城市建设思想观念落后、城市安全风险加大和城市产业同质化严重三大问题显得尤为突出和迫切，亟待缓解，以更好更快地推进城市功能与品质提升。

一、当前江西城市功能与品质提升中存在的三大问题

（一）城市建设思想观念落后

调研表明，城市建设过程中一些地方干部思想观念还未能跟上，尚未能充分认识到省委、省政府提出城市功能与品质提升的战略性、全局性和紧迫性。突出表现在：

1. 城市老旧小区改造中存在畏难思想，缺乏攻坚克难的精神。调研发现，全省所有城市老旧小区改造普遍挑选底子厚、管理好、易出彩的小区进行，缺少敢于"啃硬骨头"、敢于打硬仗的劲头。

2. 城市建设中服务意识不够，缺乏主动担当精神。城市建设中仍存在大量"形象工程""面子工程"，工作的前瞻性、系统性、统筹性、主动性和专业性不足，问需于民、问计于民和问效于民少。部分人员完全是为了完成上级下达的任务，"等、靠、要"心态严重。

3. 城市发展中市场意识不强，缺乏开放协作精神。没有充分发动社会资本和力量参与城市更新中，开拓和驾驭市场能力不强，大多数城市功能与品质提升项目都是政府投资并主导，市场化严重不足。

（二）城市安全风险加大

调研发现，随着城镇化进程加快和经济发展转型升级，江西省城市安全风险加大，影响城市功能与品质提升，突出表现在：

1. 各类安全生产事故仍然频发。今年1—6月，全省共发生各类生产安全事故328起，死亡278人；其中较大事故5起，死亡18人。

2. 城市洪涝现象严重。一下暴雨，很多市民就能在家门口"看海"，人民生命财产受到严重威胁。以今年6月份数据为例，江西省各大城市都发生过城市内涝，南昌、宜春、景德镇、上饶、赣州等尤为严重。上饶6.20特大洪涝灾害中，洪水淹没瑞东医院第一层，导致医疗设备报废、物资损失等总金额高达1201万元。

3. 各类传染病例激增。数据显示，2022年6月1日至6月30日，全省共报告法定传染病53232例，死亡87人。与去年同期和今年各月份相比，病例数增加约2倍，死亡人数增加约1倍。新冠疫情反复。从3月16日发现今年首例到5月15日清零两个月之间，增加了424个病例。6月底开始又出现相关新冠病例。

（三）城市产业同质化严重

工业结构相似系数测算表明，江西省各城市产业同质化严重，造成产能过剩加速，影响城市间要素的流通，阻碍城市产业结构的转型升级，削弱城市竞争力，增加了城市经济风险。突出表现在：

1. 各城市产业生态不协调。城市产业规划高度相似，未能构建优势互补、高效分工、错位发展、配套协作、有序竞争的区域产业生态。在承接发达地区产业梯度转移时搞拼政策、拼资源、拼地价等同质化竞争，部分行业"内卷"严重。

2. 各城市产业"集而不群"的现象普遍存在。不少地方的产业园区企业间的关联度不高，价值链衔接也不紧密，不能形成完整的产业链上下游配套关系，技术和信息等资源也无法共享，产业集而不群，造成产品低端同质现象。

3. 文旅产业融合度低，特色不够彰显。江西各城市文旅资源丰富，但文化产品和旅游产品同质现象较为突出。一方面造成文化产品不具备旅游属性，不能很好地搭乘旅游发展东风，发展受限；另一方面造成旅游产品缺乏城市文化内涵，商品属性太浓。

二、当前江西城市功能与品质提升路径分析

城市是有机的生命体，是区域的行政管理、经济、文化、科技、信息和各种社会经济活动集中的中心地和开发基地。更新城市发展理念，解决好城市安全和产业发展问题，能使城市各子系统及各子系统之间运行更加协调，提升城市功能与品质，最终达到城市高质量发展。当前，江西城市功能与品

质提升可从规划、交通、产业、生态、文化和治理六个方面着手。

提升城市功能与品质，一要做到规划先行。要加强城市规划，高起点、高标准、高质量引导城市建设。要落实主体功能区战略，优化城市发展空间格局，使城市发展水平与土地和空间容量和谐共生。要借老旧小区改造、城市更新等契机，强化公众参与，大力规划好基础设施和公共服务配套设施建设，统筹推进，把民生工程建成民心工程。城市规划要高度重视历史文化保护，不急功近利，不大拆大建，不挖山，不填塘，充分利用现有自然资源，突出地方特色。

提升城市功能与品质，二要做到交通顺畅。要提高公共交通的服务水平和管理的智能化水平，落实以公共交通为主导的城市交通发展战略，改善人民的出行条件。要加强城市轨道交通建设，完善江西省交通体系功能结构。要针对小汽车的"保有量高速增长、高强度使用、高密度聚集"的发展现状进行理性引导与调控。旧城改造、城市更新与新区建设要充分依托交通枢纽及公共客运走廊，相关车站建设要与城市功能区有效结合，解决综合交通枢纽接驳方式结构，打造便捷的一体化换乘方式，提高城市通勤速度，增强人民的获得感和幸福感。

提升城市功能与品质，三要做到产业强盛。产业是城市发展的基石。要充分把握城市建设与产业发展的互动规律，从经济、社会、生态等方面全面统筹，以城市功能与品质提升带动产业高质量发展。一方面，要优化调整产业结构，做好城市转型工作，实现资源型产业与非资源型产业的协调发展。江西要继续夯实工业强省基础，狠抓创新驱动发展战略，促进制造业升级和服务业发展。同时要保证劳动密集型产业的平稳发展，吸纳更多农业转移人口就业。另一方面，要发挥赣江新区等国家级新区和各地产业园区的优势，继续加大招商引资力度，引导产业集聚和合理布局，打造城市发展的新增长极，促进产城融合，全面提升城市功能和品质。

提升城市功能与品质，四要做到生态优美。功能完善、品质高的城市必然是一座生态宜居的城市。生态绿是最耀眼的城市底色。城市建设要落实生态优先、绿色发展理念，坚持绿水青山就是金山银山，全面加快污染防治进程，全面加强生态环境保护，全面推进环境整治。要结合旧城改造、城市更新等，采取见缝插绿、拆违建绿、破硬增绿等方式，千方百计增加城市绿地，因地制宜建设街头游园，塑造园林景观，打造层次丰富、色彩缤纷的城市公共空间，不断提升城市生态品质，走一条经济社会生态和谐共赢的城市发展之路。

提升城市功能与品质，五要做到文化繁荣。文化是城市的灵魂。一座高品质的城市必然是文化繁荣兴盛的城市。江西各城市的古色、红色和绿色文化资源丰富，要保护和传承好，使三者充分融合，交相辉映，城市特色才能更加彰显。当前，中国社会主要矛盾发生变化，人民对于丰富而有品位的城市文化需求更加旺盛。地方政府要改变观念，开发新区是政绩，保护历史文化遗产并经营好是政绩，保护好绿水青山、做好山水文章也是政绩。城市发展要面向未来，在继承和发展历史文化的同时，促进城市文化推陈出新，不断提升城市文化内涵。

提升城市功能与品质，六要做到治理有序。完善的城市公共治理体系的建立，是国家治理体系的重要体现。城市功能和品质不高实质上就是公共治理有序存在问题。城市的快速发展，直接体现在大量的人口和经济活动在有限空间中的聚集，从而导致城市发展中普遍的外部性（溢出效应）和公共产品的供给问题。构建一个既公平公开有序又具竞争力的城市公共治理系统，对保障城市的可持续发展具有重要意义。要创新思路，变革城市发展的激励机制，强化权力制衡与监督机制，建立权责对应的财政制度，充分运用现代信息技术，构建高效、包容、可持续城市公共治理体系，不断提升城市治理社会化、法治化、智能化、专业化水平。

三、当前江西城市功能与品质提升相关政策建议

（一）开展"城市更新、观念更新"活动

观念一变天地宽。城市更新首先要思想观念更新。要认识城市功能与品

质提升的重要性，树立高标准的工作理念，提高服务意识，强化市场意识，拓宽发展路径。要坚决放弃躺平思想，克服畏难思维、避责思维，大力倡导干成思维、创新思维、争先思维，扎实推进城市功能与品质提升。具体建议包括：

1. 相关部门开展习近平总书记关于城市工作的指示精神学习讨论活动。通过学习讨论，解放思想，深刻领会习近平总书记关于城市工作的新思想新理念，不断推进城市治理体系和治理能力现代化。

2. 每年选派50名青年干部到发达城市蹲点式学习相关管理经验。要将发达城市优良的工作作风、科学的工作方法和开放的思想理念带回来，更好地服务江西省城市高质量发展。

3. 开展城市工作先进人物宣传、评选和学习活动。要在全省倡导"功成不必在我，功成必定有我"的责任担当，深入推进城市功能与品质提升。

4. 加大城市功能与品质提升宣传工作。如开展文明城市大家谈和社区干部进小区等活动，举办各类相关竞赛和征文活动，了解人民群众的真实需求，充分发动他们参与建设美好家园的积极性。

（二）深入推进城市安全治理工作

安全是发展之本，安全是幸福之源。城市发展面临各种灾害、安全风险，要密织保障市民生命财产安全的防护网，提高城市安全治理水平，深化大城细管、大城众管、大城智管，夯实城市可持续发展的安全基底，不断增强城市发展韧性，提升城市功能与品质。具体建议包括：

1. 积极推进海绵城市建设。要优化管网系统布局，集中整治排涝通道瓶颈段，提高管网运行效能，积极推进末端优化，包括在易发生内涝的地方安装监控预警设备、新建雨水泵站等，提高部分区域雨水排放能力，保障人民生命财产安全。

2. 加强安全生产检查，特别是化工、建筑等高危生产行业。如开展安全生产大检查"百日攻坚"行动，加强城市危险源调查登记工作，突出抓好隐患排查整改,落实责任清单。要健全安全生产长效管理机制,助力省委"稳住、进好、调优"的经济工作思路,夺取全年胜利目标。

3.加大城市生命线安全工程平台建设力度。要利用现代科技手段,按照全主体、全周期、全过程的风险管理理念,打造全方位、立体化、无盲区的风险隐患全域感知、动态监测系统,做到城市安全风险早研判、早预警、早发现、早处置,确保城市安全运行和突发事件高效应对。

4.大力建设城市生态隔离带。生态隔离带能有效防护病毒、细菌、真菌等。人类与包括新冠病毒在内的各类传染病病毒长期共存已是共识。要借助山水林田湖草,因地制宜,在城市之间和城市内部各功能区之间甚至有条件的居住小区之间要着力设置生态隔离带,改善城市生态环境的同时,有效减少传染病的扩散传播。

(三)加快构建具有城市特色的现代产业体系

现代产业体系以实体经济、科技创新、现代金融、人力资源协同发展为主要特征,能有效缓解产业同质化。要构建具有城市特色的现代产业体系,增强产业链韧性和竞争力,推动城市高质量发展。要强化城市功能区规划、产业布局等方面的管理与协调,努力构建分工、互补的产业格局,走差异化发展之路。要把产业发展重点放在推动产业转型升级上,加快产业基础高级化和产业链现代化,促进经济循环和产业链畅通。具体建议包括:

1.加大精准化招商力度,狠抓"龙头"招商和补链强链招商,提高产业集聚度。要围绕重点产业集群,对接梯度转移,着力引进对城市产业发展有重大影响的龙头项目,提升产业集群发展层次和水平,加快形成特色产业集群和集聚区,推动产业合理布局和优先发展。

2.加强相关产业研究院建设,不断提升产业创新能力。各城市要为产业研究院建设提供充分政策支持,力争打造成为产业发展的助推器、招才引凤的梧桐树和创新要素的资源池。要加大资源整合力度和科技成果产业化力度,加快创新创业孵化平台建设,为企业孵化提供便利。

3. 大力推动数字经济与实体经济、传统制造业的融合发展。各城市要借"双一号工程"建设契机,推动实体经济、传统制造业在生产管理、市场研判、精准营销等方面的数字化融合和数据应用,进一步释放产业数字化的潜力。要避免产业同质化竞争,积极引导企业进行跨区域产业链间重组和并购,走区域产业协同发展之路。

4. 出台更多支持城市商圈发展的文件与规划,打造更多高品质夜间经济集聚区。商圈对城市经济影响重大,且与夜间经济存在较大互补性。在大力发展城市商圈的同时,要做大做强夜间经济,促进城市消费升级,倒逼城市功能与品质提升。要以民为本,坚持民生导向,不断提升管理服务水平,打造既有"烟火气"又不失有序、特色和美观的夜间经济集聚区,促进城市经济高质量发展。

作者:

余达锦　江西财经大学区域发展与统计科学研究中心主任、统计与数据科学学院教授,省情研究特聘专家

江西推动共同富裕的基础分析
——打造"富裕江西"专题研究之一

□张启良　陈全才

摘要：本报告从综合经济实力、区域协调发展、社会保障、生态文明、社会治理体系建设等方面，分析了当前江西推动共同富裕的现实基础，总结和揭示江西推进共同富裕拥有的优势、存在的短板。按照共同富裕的基本内涵与要求，对如何走出一条具有江西特色共同富裕之路，提出推动经济高质量发展，补发展不足短板；推动居民持续增收，补收入水平不高短板；坚持协调发展，补"三大差距"过大短板；着力社会建设，补公共服务均等化短板等对策建议。

共同富裕是社会主义的本质要求，是中国式现代化的重要特征，是人民群众的共同期盼。本文从综合经济实力、区域协调发展、社会保障、生态文明、社会治理体系建设等方面，分析了当前江西推动共同富裕的现实基础，总结和揭示江西推进共同富裕所拥有的三大优势，存在的四大短板。最近10年来，江西经济规模快速壮大、人均水平稳步攀升、财政实力日益增强、居民收入持续增长、生活质量稳步提升，共同富裕的基础日渐牢固。同时，生态环境优美、文化底蕴深厚、社会治理良好等也是江西推进共同富裕的有力支撑。但发展仍然不足、发展不平衡，居民收入水平不高、后劲不足等短板也较为突出。

一、江西推动共同富裕的基础分析

（一）综合经济实力不断增强

经济规模快速壮大。近年来，江西主要经济指标增速持续稳居全国"第一方阵"；2011—2020年，全省经济总量先后迈上1万亿元和2万亿元台阶，按照党的十八大提出的到2020年实现GDP和城乡居民人均收入比2010年翻一番目标，江西GDP翻番目标已于2018年提前实现。2021年全省生产总值进一步扩大到2.96万亿元，占全国GDP份额由2.27%提高到2.59%。

人均水平稳步攀升。2011—2021年，江西人均GDP相当于全国平均水平的百分比，由70.4%上升至80.9%，提高了10.5个百分点。2021年，全省人均GDP达到65516元，首次突破1万美元大关，达到10162美元，实现了具有重大历史意义的量的跨越与质的飞跃。

财政实力日益增强。"十三五"时期，随着经济快速增长江西财政收入迈上新台阶。2020年，全省财政总收入实现4048亿元，人均一般公共预算收入由4832元提高到5551元。全省一般公共预算支出达到6674亿元，人均支出水平由9844元提高到14774元。财政在民生领域支出达5301亿元，占一般公共预算支出的比重近八成。财政在为增强教育、社会保障和就业、城乡社区建设、节能环保等公共服务能力，加强区域宏观调控，发挥了重要作用。

居民收入持续增长。到2020年全省居民人均可支配收入比2010年翻一番的全面小康目标于2019年提前实现，2021年进一步提高到30610元，比上年增长9.3%。2013—2021年，全省居民人均可支配收入相当于全国平均百分比由82.5%稳步提升到87.1%。

生活质量稳步提升。2021年，全省居民人均消费支出为20290元，比上年名义增长13.0%。城乡居民家庭常规耐用消费品基本普及，私家车快速进入寻常百姓家，2021年，全省平均每百户家用汽车拥有量，城镇43.1辆，农村26.4辆。

(二)区域协调发展格局初步形成

全省区域发展日趋协调。坚持区域协调发展,"一圈引领、两轴驱动、三区协同"发展格局总体形成,赣南等原中央苏区振兴发展取得重大进展。贫困人口比较集中的赣州、上饶、吉安和九江4个设区市的生产总值占全省比重,由2010年40.2%提高到2020年的45.5%,提高了5.3个百分点;其中赣州占比提高了2.3个百分点。2020年,赣州、上饶、吉安和九江4个设区市的农村居民人均收入水平相当于全省平均的百分比,分别比2010年提高了4.5、0.9、1.7和4.0个百分点。从省域内人均GDP最高的设区市与最低的设区市倍数看,2020年江西为2.29倍,中部地区的湖南5.44倍、湖北4.22倍、安徽3.66倍、山西3.04倍、河南2.96倍,东部地区的广东5.14倍、江苏2.84倍。与周边省份比较,江西地区发展差距相对较小。

表5-1 周边省份设区市人均GDP最高与最低之比(2020)

地区	设区市人均GDP(元)			地区	设区市人均GDP(元)		
	最高	最低	收入比		最高	最低	收入比
浙江	136617	61811	2.21	湖南	148902	27368	5.44
江苏	187673	66068	2.84	安徽	122673	33965	3.61
福建	123962	74903	1.65	江西	92697	40391	2.29
河南	115971	39142	2.96	湖北	139300	33000	4.22
山西	93123	30607	3.04	广东	159309	31011	5.14

数据来源:表中所列地区省统计局编印的2021年统计年鉴

城乡发展差距逐步缩小。到2021年末,全省城镇常住人口达到2776万人,城镇化率达到61.5%。以人为核心的新型城镇化加快推进,城市功能和品质明显提升,城乡面貌发生深刻变化。持续加大对"三农"的投入,不断推进农业高质高效、农村宜居宜业、农民富裕富足,城乡收入差距逐步缩小。"十三五"以来,全省城乡居民收入比由2.38:1进一步缩小到2.23:1,江西成为全国城乡收入差距较小的省份之一。

表5-2　全国城乡收入差距较小的地区居民收入情况（2021）

地区	居民可支配收入（元）		城乡收入比	地区	居民可支配收入（元）		城乡收入比
	城镇	农村			城镇	农村	
天津	51486	27955	1.84	江苏	57743	26791	2.16
黑龙江	33646	17888	1.88	河北	39791	18259	2.18
浙江	68487	35247	1.94	福建	51140	23229	2.20
吉林	35646	17642	2.02	湖北	40278	18259	2.21
河南	37095	17533	2.12	海南	40213	18076	2.22
上海	82429	38521	2.14	江西	41684	18684	2.23

数据来源：各省市2021年统计公报，城乡收入比：以农村为1

随着乡村振兴战略深入实施，农村基础设施建设得到明显加强与改善，农村水泥路、动力电、光纤网等实现村村通。农村教育、卫生、信息化、饮水安全、人居环境、养老医疗社会保障等建设不断加强，居民生活质量持续提高。

农村绝对贫困历史性消除。通过"精准扶贫"，创新脱贫攻坚机制与方式，加大对贫困地区经济社会发展的支持力度，对贫困人口脱贫致富的帮扶力度，促进了贫困地区经济、社会、文化、生态的全面发展，贫困人口的收入明显增加，生活水平明显改善，"两不愁三保障"水平进一步提高和巩固。到2020年，全省25个贫困县全部摘帽，3058个贫困村全部退出，现行标准下385万贫困人口全部脱贫，历史性解决了省内区域整体贫困和群众绝对贫困。

（三）社会保障体系进一步完善

养老保险人数持续增加。"十三五"时期，建立全省统一的城乡居民基本养老保险制度，大力实施全民参保计划。到2020年末，全省有1168万城镇职工参加基本养老保险，同2015年相比（下同），参保人数增加了345万人；全省有2078万城乡居民参加基本养老保险，参保人数增加了248万人；城乡基本养老保险参保率达到95%。

医疗保险实现全民覆盖。到 2020 年末，全省有 599 万城镇职工参加基本医疗保险，同 2015 年相比，参保人数增加 14 万人；有 4181 万城乡居民参加基本医疗保险，同 2015 年相比，参保人数增加 3.4 倍；城乡基本医疗保险参保率达到 102.5%。

失业等保险惠及人群扩大。2020 年，全省生育保险年末参保人数达 372 万人，同 2015 年相比（下同）增加 121 万人；工伤保险年末参保人数达 553 万人，增加 53 万人；失业保险年末参保人数达 292 万人，增加 11 万人；全省社会保障卡持卡人口覆盖率达到 99.2%。

社会救助体系逐步完善。2020 年，全省有提供住宿的社会福利机构 1883 个，比 2015 年增加 216 个；收养人数 8.4 万人，床位数 17.2 万张，养老床位中护理型床位比例占到一半。社区服务机构和设施总数 43489 个，城市和农村的社区综合服务设施覆盖率均达到 100%。城乡居民最低生活保障水平大幅提高，2015—2020 年，城市低保标准由每人每月 450 元增加到 705 元，提高 57%；农村低保标准由 240 元提高到 470 元，几近翻倍。

（四）"三大优势"助力江西共同富裕

1. 良好的生态优势为共同富裕提供可持续发展源泉

"十三五"时期，按照"环境就是民生，青山就是美丽，蓝天也是幸福"的理念，江西持续打好蓝天、碧水、净土保卫战，主要污染物减排目标如期完成。江西的天更蓝了，水更清了，生态环境持续改善，全省森林覆盖率、河流水质、城市空气质量与城市绿化等指标持续提高，明显高于全国平均水平。江西生态环境状况综合指数（EI）高于全国 20 多个百分点，位居全国前列。优良的生态环境不仅是高品质生活的重要基础，也是有序实现生态产品价值转化、推动经济可持续发展的源泉。

2. 深厚的文化底蕴为共同富裕提供强有力精神支撑

在江西这块红土地上，孕育着中国共产党人精神谱系，红色文化丰富内涵闪耀着时代光辉。江西素有"物华天宝、人杰地灵"的美誉，悠久的文明，孕育了"天人合一""道法自然"的生态文化,"红古绿"文化交相辉映。江西人民勤劳奋斗,创新争先,将文化与旅游等多产业融合发展,赋予文化新的表现形态与体验,寓教育于游乐之中,为共同富裕提供强有力的精神支撑。

3.良好的社会治理为共同富裕提供坚实安全保障

"十三五"以来,深入推进平安江西、法治江西建设,全省持续维护好政治安全和社会稳定,社会大局持续保持"五个未发生"良好态势。扫黑除恶专项斗争综合绩效位列全国第一方阵,刑事立案数显著下降,公众安全感、满意度高位稳中有升;在全国综治考评中,江西连续16年为优秀省份。为经济社会发展创造良好社会环境和营商环境,为共同富裕提供坚实安全保障。

二、共同富裕必须补"四大短板"

经过21世纪头20年的奋斗,到2020年江西与全国同步建成了全面小康社会,全省经济社会多个领域成就斐然,实现了具有历史意义的突破与跨越,创造了江西发展史上的新辉煌。但与人民美好生活需要相比,发展不足、发展不平衡问题依然突出,人民生活富裕水平仍有待大力提升,三大差距亟待进一步缩小。

（一）推动经济高质量发展,补发展不足短板

本世纪尤其是"十三五"以来,江西经济社会得到较快发展,但经济总量偏小、人均水平偏低、发展结构不优、创新能力有待加强的问题依然突出。虽然最近10年江西经济总量占全国的份额一直在上升,但规模依然较小。到2021年,全省生产总值占全国比重为2.59%,在中部地区仅比山西高。改革开放初期,江西的生产总值规模与浙江差不多,现在只相当于浙江的四成。江西人均GDP只相当于全国平均的81%,在中部地区仅高于山西和河南,在东部地区不到邻省浙江的六成。

表 5-3 江西 GDP 及人均水平的地区比较（2021）

	GDP（万亿元）	占全国比重（%）	人均 GDP（万元）	（万美元）	为全国平均（%）
全 国	114.37	100	8.10	1.26	100
江 西	2.96	2.6	6.55	1.02	81
山 西	2.26	2.0	6.47	1.00	80
安 徽	4.30	3.8	7.04	1.09	87
河 南	5.89	5.1	5.93	0.92	73
湖 北	5.00	4.4	8.66	1.34	107
湖 南	4.61	4.0	6.93	1.07	86
浙 江	7.35	6.4	11.39	1.77	141
广 东	12.44	10.9	9.87	1.53	122

数据来源：表中所列地区省统计局发布的 2021 年统计公报

从 R&D 经费投入情况看，2020 年，江西为 431 亿元，占全国总额比重不到 1.8%；在中部地区，不到安徽、河南、湖北和湖南的一半；仅为浙江的 23%，广东的 12%。R&D 经费投入强度 1.68%，明显低于全国的 2.40%，安徽的 2.28%，浙江的 2.88%，广东的 3.14%。

从服务业增加值占 GDP 比重来看，2021 年，江西服务业比重 47.6%，比全国低 5.7 个百分点，比浙江低 8.3 个百分点；在中部地区仅高于山西（44.7%）。

因此，必须通过实施创新驱动发展，推动全省经济结构、产业结构转型升级；加快推动高质量跨越式发展，做大总量、提高人均经济水平，从而进一步提高居民收入的水平。

（二）推动居民持续增收，补收入水平不高短板

"十三五"以来，江西居民收入得到较快增长，但与全国和其他地区比较，收入水平仍然偏低。一是江西居民收入与全国和中部地区等省份比较，仍有较大差距。2021 年，全省居民人均可支配收入相当于全国平均水平的 87.1%（其

中城镇 87.9%，农村 98.7%）；全省居民人均消费支出只相当于全国平均水平的 84.2%。

表 5-4　江西居民收入及与全国平均水平的比较（2021）

	居民人均可支配收入		以全国平均为 100
	绝对额（元）	名义增速（%）	
全　国	35128	9.1	100
江　西	30610	9.3	87.1
山　西	27426	8.8	78.1
安　徽	30904	10.0	88.0
河　南	26811	8.1	76.3
湖　北	30829	10.6	87.8
湖　南	31993	8.9	91.1
浙　江	57541	9.8	163.8
广　东	44993	9.7	128.1

数据来源：表中所列地区省统计局发布的 2021 年统计公报

二是江西原贫困地区居民的收入水平仍普遍较低，是全省居民收入的洼地。通过对 2020 年江西 100 个县（区、市）居民收入水平分布情况分析显示：有 14 个县的城镇居民人均可支配收入只相当于全省平均水平的四分之三及以下，有 24 个县的农村居民人均可支配收入只相当于全省平均水平的四分之三及以下；其中大部分在原国家级贫困县。

三是在江西 GDP 分配格局中，政府获得的生产净税、企业获得的营业盈余占 GDP 比重持续上升、占比扩大，导致居民收入所占份额偏低。1978 年，全省劳动者报酬在 GDP 中的占比高达 65.9%，此后持续下滑，到 2014 年降至 40.4%；"十三"时期有所回升，到 2020 年全省劳动者报酬占 GDP 比重为 43.8%。

四是居民收入增长后劲不足，预期变弱。居民收入分为工资收入、经营收入、财产收入和转移收入四个部分，其中工资收入占全部可支配收入的

57%。2020年江西居民人均可支配收入比全国低4172元，其中工资收入低1916元，影响（贡献）率达46%。2019—2020年，江西平均工资增速有明显放缓的迹象；2020年江西城镇非私营单位就业人员平均工资相当于全国平均的80.3%，比2016年下降2个多百分点。特别是疫情对经济产生冲击，对农民工工资增长影响大。生猪等农产品价格大起大落，农村家庭经营性收入增长较慢；居民家庭财产性收入增收渠道少、增长难，农村的情况尤为严重，农村家庭财产性收入仅为城镇的十分之一。

（三）坚持协调发展，补"三大差距"过大短板

地区发展差距仍然较大，不利于区域协调发展。2020年，全省11个设区市中人均GDP最高的是最低的2.3倍；居民收入是2.27倍。从居民收入按五等分分组的差距来看，高收入组的平均收入为低收入组的6倍左右，农村居民内部收入差距大于城镇；但"十三五"以来城镇居民的内部收入差距也呈快速扩大之势。不同行业、不同所有制单位就业人员的工资水平差距也较大，如：从事住宿餐饮行业的职工年工资收入不到从事金融行业职工的四成，在城镇集体单位就业的职工年工资收入不到国有单位职工的六成。

（四）着力社会建设，补公共服务均等化短板

与人民群众对美好生活的需求相比，目前全省基本养老、医疗、教育等民生保障、公共服务领域还有诸多短板，并且地区之间、城乡之间、行业之间以及个人之间，也存在较大差距。如在义务教育的师资力量与教学质量方面，城市好于县城、县城好于乡镇、乡镇好于村庄的特征较明显。在医疗卫生条件方面，农村每万人口拥有的卫生技术人员数、执业（助理）医师数和卫生机构病床数多不及城市等。以2020年全省医疗卫生技术人员在城乡的分布为例：每千人口拥有的卫生技术人员数，城市是农村的2.3倍；执业（助理）医师数，城市是农村的2.1倍；注册护士数，城市是农村的2.8倍。

作者：

张启良　江西省统计局三级研究员

陈全才　江西省统计局高级统计师，省情研究特聘专家

加快城乡融合发展 扎实推动共同富裕
——来自鹰潭的调查

□盛方富 项志成 朱羚 刘东 杨鹏 李清

摘要：推进城乡融合发展，是缩小城乡发展差距、扎实推动共同富裕的必由之路。江西省要在新时代革命老区共同富裕上作示范、走前列，需加快推动城乡融合发展。作为全国城乡融合发展试验区，鹰潭市坚持不破法规破常规、不触红线守底线，推动闲置土地"活"起来、金融要素"动"起来、基础设施"联"起来、公共服务"通"起来，城乡发展差距和居民生活水平差距明显缩小。鹰潭的实践探索，为全省加快城乡融合发展提供五点启示：一是规划同"框"，抓好城乡融合发展"衣领子"；二是改革破"土"，牵住城乡融合发展"牛鼻子"；三是要素赋"能"，激发城乡融合发展"活力源"；四是设施并"网"，畅通城乡融合发展"经脉络"；五是成果共"享"，奏响城乡融合发展"协奏曲"。

习近平总书记在中央财经委员会第十次会议上就"扎实推动共同富裕"提出明确要求，今年全国"两会"对"扎实推动共同富裕"作出重要部署。推进城乡融合发展，是缩小城乡发展差距、扎实推动共同富裕的必由之路。江西要在新时代革命老区共同富裕上作示范、走前列，需加快推动城乡融合发展。作为全国城乡融合发展试验区（以下简称"试验区"），鹰潭市坚持不破法规破常规、不触红线守底线，以"融"的气魄、"合"的招数，改革突破，先行先试，推进城乡融合发展见实效，城乡差距不断缩小，为江西省以高质量城乡融合发展助推共同富裕提供地方实践，具有启示意义。

一、鹰潭市推进城乡融合发展的做法与成效

鹰潭市围绕试验任务，推动闲置土地"活"起来、金融资源"动"起来、基础设施"联"起来、公共服务"通"起来，城乡发展差距和居民生活水平差距明显缩小，2021年全市城乡居民人均可支配收入分别为42048元、20686元，城乡居民人均可支配收入比为2.03∶1，低于全国的2.50∶1、全省的2.23∶1，城乡发展实现同步提升、差距缩小。

（一）重点突破，农村闲置土地"活"起来

鹰潭市聚焦农村集体性建设用地入市这一最需要也最有可能突破的领域，选取一小批基础较好、基层组织有力的镇、村进行试点，先后出台入市管理、收益分配、入市储备等制度体系，2021年全年入市成交集体经营性建设用地41宗，面积587.8亩，成交价款6251.7万元；累计入市成交62宗，面积806.45亩，成交金额8285.67万元，乡镇覆盖率100%，创新建立锦江精密制造入市产业园、文坊竹产业园，初步建立城乡统一的建设用地市场，入市工作实践得到国家发改委城乡融合发展试验区第三方评估组的高度肯定。

（二）赋权增能，金融资源加速"动"起来

为打破乡村振兴"有项目没资金"的困境，鹰潭市聚焦"完善农村产权抵押担保权能"试验任务，建立健全价格评估、风险补偿、交易流转、收益分配等一整套制度体系，打通资产变现渠道，建立"一权一品""信易+"和"党建+金融服务"三种模式，引导银行机构根据不同农村产权抵押创新推出贷款产品，拓宽担保授信范围。截至2021年底，全市涉农贷款余额同比增长14.3%，其中农户信用贷款余额同比增长20%，累计发放农村产权抵押贷款近1.4万笔、超54亿元，贷款余额19亿元以上、超过前5年累计之和。

（三）全域一体，城乡基础设施"联"起来

鹰潭市把城乡作为一个有机整体来打造，围绕"建立健全城乡基础设施一体化发展体制机制"，完善城乡基础设施一体化规划、建设和管护的制度体系，通过共享"花桥水库"优质水源推动城乡用水同质、同标准、同服务，建立健全"一把扫帚管全市，一座电厂管全域"的城乡垃圾处理体系，构建"市—县—乡—村"四级配送网络,建立城乡电商物流"六个一"配送模式（网点、人员、车辆、标识、价格、配送），推出"物业下乡+农村公路"养护模式，推进城乡供水、城乡垃圾、城乡物流、城乡污水、城乡公路"五张网"加速"联"起来。

（四）共建共享，城乡公共服务"通"起来

鹰潭市按照物质富裕和精神富有相统一要求，有力推进教育联合体、医共体等建设，截至2021年底，"乡聘村用""医共体"改革全市域覆盖，乡镇卫生院诊疗人次同比增长21%；组建36个教育联合体，75所中小学加入联合体,交流教师428名,农村学生回流速率同比提升23%；完善市、县、乡镇(街道)、村公共文化服务体系，嵌入式建设"城市书房""文化驿站"等新型文化空间，使城市的优质文化资源不断向乡村延伸，缩小城乡公共文化服务差距。

二、启示与建议

鹰潭市以系统观念推进城乡融合发展的做法，对江西省推进城乡融合发展、扎实推动共同富裕具有一定启示意义。

（一）规划同"框"：抓好城乡融合发展"衣领子"

鹰潭市注重将城乡规划同框作为推进城乡融合发展的"第一粒扣子"。对全省而言，一是强化城乡全方位多维度规划统筹衔接。在省城乡融合发展领导小组机制中，进一步突出规划统筹衔接的重要性，推动国土空间规划、生

态红线划定、耕地红线、基础设施建设等在规划上有机衔接。二是推进乡镇空间规划及村庄规划编制。借鉴成都实施乡村规划师的有益做法，出台江西省乡村规划师队伍建设的专项政策举措，探索打造一支切合村镇实际需要的乡村规划师队伍，提高村镇建设质量和水平。三是补齐村镇规划建设技术标准体系短板。建立健全江西省村镇市政公用设施规划导则、村镇市政公用设施技术规范等规范性文件，以县域为单位组织编制村庄公共基础设施管护责任清单，优化城镇开发边界，合理布局农村生产生活生态空间。

（二）改革破"土"：牵住城乡融合发展"牛鼻子"

鹰潭市注重将盘活农村土地作为城乡融合发展突破的关键。对全省而言，一是创新拓展集体经营性建设用地途径。学习借鉴广州、深圳和东莞等地做法，尝试将集体经营性建设用地入市用途拓宽为工矿仓储、商服、旅游等，围绕新兴产业发展需求，探索实行新型产业用地（M0）制度；针对乡村休闲旅游等对土地零散需求的现实，探索实行点状供地制度。二是稳妥推进异地入市。对全省异地入市复垦指标实行专项管理，在村庄规划中预留宅基地以外的村庄建设用地范围内的集体建设用地可纳入复垦范围，通过设立异地入市产业园、"飞地经济"等带动城乡融合发展。三是完善集体经营性建设用地入市收益分配制度。在充分考虑各参与主体利益的基础上，探索建立健全江西省集体经营性建设用地入市收益分配制度体系。

（三）要素赋"能"：激发城乡融合发展"活力源"

鹰潭市注重引导资金、人才等要素进入农业农村领域，增强城乡融合发展活力。对全省而言，一是推动金融资源盘活农村产权价值。参照国家关于林权价值评估的标准手册，探索构建全省农村产权价值评估标准手册，鼓励设立专门从事农村产权价值评估的第三方机构。按照财政惠农信贷风险补偿机制模式，构建抵押担保风险补偿金机制，降低金融机构从事农村产权抵押贷款的风险成本。二是鼓励引导规范工商资本参与乡村发展。借鉴江苏省、湖南省等地做法，制定出台全省鼓励和规范工商资本参与乡村振兴的意见，健全工商资本流转农村土地审查审核和风险防范机制，优化乡村营商环境，激发城市工商资本规范有序参与乡村产业发展。三是探索人才入乡下乡返乡的创新形式。探索出台全省鼓励城市人才下乡服务乡村振兴的政策举措，支持村集体经济组织以"合伙人"等形式，引进新知青、艺术家、创新创业等各类急需人才和团队。

（四）设施并"网"：畅通城乡融合发展"经脉络"

鹰潭市注重将畅通"五张网"作为城乡融合的基础支撑。对全省而言，一是加大基础设施建设项目统筹协调力度。充分发挥省、市、县、乡城乡融合发展领导小组统筹协调的功能作用，定期或不定期协调解决城乡基础设施一体化推进中因跨区域、跨领域等出现的协调难题。二是多措并举筹措资金。抢抓国家强化基础设施建设的有利机遇，争取更多项目资金支持，做好专项债、企业债等融资方式对接；设立江西省城乡融合发展基金，采取政府购买服务方式，引导社会资本参与建设城乡融合发展典型项目。三是强化城乡数字基础设施建设。加快推进数字乡村建设，探索搭建城乡一体的农产品供需信息、物流公共信息等智慧平台，整县推进农产品产地仓储保鲜冷链物流设施建设，鼓励发展"多站合一"的乡镇客货邮综合服务站、"一点多能"的村级寄递物流综合服务点，推进县乡村物流共同配送。

（五）成果共"享"：奏响城乡融合发展"协奏曲"

鹰潭市注重将发展成果共享作为城乡融合发展的出发点和落脚点。对全省而言，一是推进城乡学校共同体、紧密型县域医疗卫生共同体建设。深入推进"县管校聘"改革，健全完善教师交流轮岗的配套待遇保障政策，推动教育联合体组建与"县管校聘"改革相结合，推动城乡教育资源均衡配置；推进医共体内人、财、物统一管理，推进紧密型县域医疗卫生共同体建设，建立健全村医"乡聘村用"乡村一体化管理体制机制。二是推进城乡公共文化共同体建设。鼓励建设城乡公共数字文化服务平台，推动文化惠民项目与群众文化需求有效对接；鼓励支持一批类似鹰潭余江区春涛镇坞桥村"板车宣讲团"等文化宣传服务民间志愿者队伍。三是强化城乡产业协同平台载体建设。充分发挥全省各地特色优势产业，积极打造以工促农发展示范区、以文促旅发展示范区、农旅融合发展示范区等城乡融合发展产业平台，将符合要求的乡村休闲旅游项目纳入科普基地和中小学学农劳动实践基地范围。四是完善城乡紧密型利益联结机制。探索在市级层面成立农村集体经济发展（集团）有限公司，搭建以县（市、区）级分公司（农村合作经济联合总社）、乡镇合作经济联合社、村级合作社为支撑的农村集体资产市场化平台，架设起小农户连接城市大市场的桥梁，以推动农村集体经济壮大提质、农民持续增收，助力乡村振兴。

作者：

盛方富　江西省社会科学院江西发展战略研究所副所长、副研究员，省情研究特聘专家

项志成　鹰潭市社联主席

朱　羚　江西省社会科学院江西发展战略研究所助理研究员

刘　东　江西省社会科学院江西发展战略研究所助理研究员

杨　鹏　鹰潭市城乡融合办副主任

李　清　鹰潭市社联副主席

江西省推进紧密型县域医共体改革的调查与建议

□王立元 章德林 万晓文

摘要：推进紧密型县域医疗卫生共同体建设，是落实分级诊疗制度、满足群众健康需求的重要举措。通过对江西部分代表性县区深入走访调研，发现江西省紧密型县域医共体改革进展成效好，在管理统一、服务能力提升、特色发展、数字手段运用等方面取得明显效果，但同时也存在认识不到位、部分县市进度慢、政策落实难度大、信息化建设滞后、人才不足等问题。根据江西省情，建议在进一步完善领导机制、运行机制、服务机制、保障机制、人才机制等五个方面下功夫，推进紧密型县域医共体改革，全面提升基层医疗服务质量。

推进紧密型县域医疗卫生共同体（简称"医共体"）建设，是落实分级诊疗制度、切实破解基层群众"看病难、看病贵"问题的重要举措。江西省共有丰城、分宜、修水、芦溪等15个县市被列为国家级紧密型县域医共体建设试点。此外，于都、鄱阳等县，也开展了医共体改革试验。试点工作开展3年来，在"强基层 强县域"目标指导下，医共体改革在提升县域医疗卫生服务能力、构建有序就医格局等方面取得了重要进展，但也存在一些不足。为进一步推动江西省县域医共体持续健康发展，江西中医药大学课题组深入代表性县区和医疗机构开展调研，现将调研情况和建议报告如下。

一、江西省建设紧密型县域医共体的成效

根据《江西省人民政府办公厅关于推进医疗联合体建设和发展的实施意见》（赣府厅发〔2017〕42号），试点县市围绕建设责任共同体、管理共同体、服务共同体、利益共同体，打造县乡村三级联动的紧密型县域医共体。到2021年底，试点县共成立25个医共体，大部分试点县县域就诊率达到90%（成绩最好的县达到98.8%），基层门急诊人次占比全部超过65%的建设要求。全省县域就诊率从2018年的86.6%提升至2021年的近89%。2020年，全省公立医院门诊次均费用、平均住院费用比全国平均水平节省7.4%、9.05%，门诊和住院患者满意度均超过90%，个人卫生支出占比下降到26%。

（一）"五把钥匙"破解紧密型县域医共体改革难题。以资源融合、医保支付、人事薪酬、绩效考核、协同联动这五把钥匙加强医共体内部联系，推进行政、人员、资金、业务、绩效、药械管理"六统一"。丰城、分宜和东乡等县区取得较好的改革成效。2020年，分宜县县域内就诊率稳定在90.6%左右，2021年，全国推广三明医改经验现场会暨培训班重点推介了分宜县医改经验。2021年，丰城市县域内就诊率达到97.07%，东乡区达到97.88%。

（二）推进医疗服务由"强县级"向"强县域"转变。通过紧密型医共体改革，各地县、乡医疗机构变成"一家人"，实现医疗服务效率整体提升。基层医疗卫生机构开展的技术项目以及诊疗水平普遍提升，县域医共体改革与城市医联体建设实现无缝对接。全省医联体数量从2018年的372个增长到2021年的467个，实现了网格化全覆盖，三级公立医院全部参与组建医联体，极大提升了医共体建设质量。

（三）根据各县地域特点、发展水平，差异化推进改革。江西省县域差异较大，各地坚持因地制宜、百花齐放，试点县实行不同改革方案，每一个医共体都有自己的特色。东乡区、瑞金市、南昌县县域较大，经济实力较强，三县市成立总医院统筹医共体建设。分宜县、信丰县、瑞昌市、于都县发挥县人民医院综合实力较强的优势，由县人民医院牵头带动基层卫生院发展。

丰城市、吉水县、贵溪市、乐平市、兴国县等地分别以县人民医院、县中医院牵头组建医共体，充分发挥中医药在治未病、治已病和疾病康复中的重要作用，彰显中医药特色。

（四）互联网+、大数据、人工智能等手段助力医共体改革。紧密型医共体利用互联网和大数据手段整合内部信息管理，实现医共体内部人财物统一调配、医疗医保医药统一管理、信息系统互联互通。如丰城打造信息化集成管理模式，实现药品调配优化、用药实时点评、医保支付监督、绩效精准考核等功能，深化了医疗、医保、医药"三医联动"。万载县区域医疗健康综合管理服务平台，实现了县域平台与各医院信息系统的互联互通、数据共享。

二、紧密型县域医共体改革存在的问题

（一）一定程度上存在对医共体改革认识不到位的情况。医保统筹、人事编制等部分权限在地级市层面，县级政府无法自主调整，加之个别部门认为医共体改革是卫健部门的工作，与自己无关，导致医共体存在责权利不统一现象，"六统一"推进困难较大。

（二）部分县区推进医共体改革进度偏慢、落实不力。如东乡区组建了医疗集团，但集团定位仍存在争议；于都县至2021年才真正启动紧密型医共体改革，建设进度偏缓；德兴市计划成立总医院推进医共体改革，至今落实不佳；贵溪市基层卫生院人员大量被借调，影响基层服务能力提升。

（三）"六统一""双向转诊""DIP支付""医防融合"落实困难多。各县普遍反映推进行政、人事统一困难多，打破原有体制机制阻力大。分级诊疗过程中，县级医院自身"吃不饱"，不愿意将病人转诊至基层卫生院；个别基层卫生院对上级医院"虹吸"病人有抵触。个别县级医院对DRG付费（按疾病诊断相关分组付费）和DIP付费（按区域点数法总额预算和按病种分值付费）不熟悉，还保留过去业务越多收入越多的老观念、老做法。公立医疗机构医防融合不到位，在协同管理、开展服务、信息互通等方面存在脱节。

（四）信息化建设滞后影响医共体改革进程。不同医疗机构信息化水平不一，影响医共体统一管理。各县需要投入大量信息化改造资金，财政压力较大，影响了医共体信息互联互通进展。医共体建设必然要求接入全省乃至全国网络，后续还要接入分级诊疗平台、绩效考核系统、数字诊疗系统等，必将面临二次改造升级的要求。

（五）基层专业人才不足，制约基层服务水平提升。医疗卫生系统普遍存在上级机构"虹吸"人才的现象。村级卫生室留不住人，乡镇卫生院留不住专业技术人员，县级医院留不住业务骨干。部分县乡镇卫生院在编人员被长期、大量借用，最严重的地方甚至超过50%，只能聘用临时工维持正常运转。

三、加快县域医共体改革的对策建议

（一）完善领导机制，不断凝聚县域医共体建设合力。一是加强医共体改革领导。明确改革责任，由省级党委、政府负责统筹推动，市级党委、政府负责协调落实，县级党委、政府负责具体实施，共同推进卫健、人社、财政、编制、医保等相关部门共同落实改革举措，督促责任落实到位。二是深化"放管服"改革。进一步下放设区市级管理权限，增强县域医共体开展人事、医疗机构、医保基金使用、医药物资调配自主权；做好城市医联体与县域医共体对接工作，实现设区市级层面健康服务信息和健康电子档案互通共享。三是加大医共体建设支持力度。把每年的县域医共体综合考核成绩与县域经济社会发展绩效考核挂钩。加大定向培养基层医疗卫生人员力度，支持有条件的县开展药品"二次议价"，营造分级诊疗和有序就医良好社会氛围。

（二）完善运行机制，根据县情推动改革举措落地。一是总结推广分宜"1+6+6"全域医共体模式和丰城信息化集成管理模式的核心经验。在全省推广"三医联动"好做法，并不断总结县域综合医改的"江西经验"。二是根据县情制定、落实医共体改革方案。将紧密型县域医共体改革纳入县域综合医改规划。从人事薪酬精准化、药械采购集中化、医疗服务价格动态化、医保

管理精细化入手深化改革。做好 2025 年医保支付 DIP 改革预案，建立控成本有效机制。三是强化基层应急能力。为县、乡两级医疗卫生机构编制转诊工作指导手册，列出建议不向上转诊的病种和建议向下转诊病种。根据高发病、常见病调整当地医疗卫生资源配置侧重，提升基层医疗机构对心脑血管疾病、呼吸系统疾病和意外伤害的应急处置和康复治疗能力。四是做好监测数据填报和汇总工作。把医共体数据纳入全省卫生统计信息网络直报系统，预留全省县域医共体信息联网端口；运用大数据、云计算等手段为改革提供信息化保障。

（三）完善服务机制，开展全链条服务推进综合医改。一是推动从"以治病为中心"向"以健康为中心"的转变。利用好疫情防控网格管理，依托乡村医疗卫生机构推广家庭医生签约服务，加强基层医疗卫生人员与当地居民和病患的感情联络，通过巡诊、出诊送健康上门。提供上门（在线）就诊、检查报告推送、在线支付等服务。二是医防融合提升居民健康水平。以慢性病病人和妇幼孕残等重点人群为突破口，利用大数据、物联网、智能穿戴设备、家庭医生 APP 等技术精准提供健康教育、健康监测、早期干预指南，建立上级医院与基层医疗卫生机构之间的健康教育、预防干预、疾病管理、临床诊断治疗、监测评估等一体化服务通道。三是布局全人群参与的健康体系。发挥中医治未病的特色优势，鼓励群众通过简单练习气功、导引术等养成健康、积极的生活方式。对糖尿病早期、老年人脑卒中后遗症、骨关节病、办公室（久坐）人群脊柱亚健康、运动损伤等 5 类人群试点开展运动康复、热敏灸干预。

（四）完善保障机制，用活政策杠杆支持医共体改革。一是医改政策向基层倾斜。建立科学确定、动态调整的医疗服务价格形成机制，引导轻症、康复、慢性病患者留在基层就医。在基层卫生院实施"日间病床"付费，实现患者"白天在院治疗，晚上回家休息"的愿望。将慢性病药品目录下沉到乡镇卫生院，让慢病患者在基层医疗机构就能买到"县级药品"。二是引导优质医疗资源下沉。完善县级医院上挂下派、驻点服务和轮岗制度，对下沉的机构和个人在绩效考核、职称晋升、评优评先方面进行倾斜。在乡镇卫生院建立远程诊疗服务终端、检测服务终端，落实医共体总药师制度。探索基层医疗卫生机构与老年医疗照护、家庭病床、居家护理等相结合的服务模式。三是强化医共体公共卫生管理职能。明确医共体负责公共卫生事务的部门，以考核医共体代替考核原承担基本公共卫生服务的基层机构。发挥牵头医院临床专科规范诊疗、疾病诊断等优势，为公共卫生服务提供技术支撑。建立县乡村分工协作机制和考核奖励制度。支持民营医院加入医共体。

（五）完善人才发展机制，提升基层机构自我造血能力。一是落实基层机构专项补助。加大对基层的补助力度，合理安排基层机构人员经费、培训和招聘等所需支出。免费定向培养本科医学生服务农村，由县级财政承担其规范化培训期间工资。二是实行基层卫生人才政策倾斜。落实乡镇卫生院人员乡镇工作补贴，优先支持全科医生特岗计划。开辟绿色通道，具有本科学历的医学毕业生可免试进入乡镇卫生院工作，对艰苦边远地区适当放宽条件，并优先落实编制。强化基层医务人员的定期业务培训，实现医共体内部医疗质量和服务同质化目标。三是建立县、乡两级人才双向流动制度。县级部门、公立医疗卫生机构可通过公开招考等方式，从乡镇选拔卫生人才并办理人事调动手续。对部分服务人口多且需求迫切的卫生院，将其建设升级为二级医院进行管理。医共体设立"人才池"，统一招录和调配专业技术人员，实行县、乡两级工作单位轮转调换。四是严格管控乡镇卫生院人员借用。开展"借用乡镇卫生院人员专项清理行动"，借用人员须县级以上组织人事部门书面同意，借用期不超过2年，且借用人数不超过所属卫生院编制数的10%。

作者：

王立元　江西中医药大学中医药与大健康发展研究院副教授，省情研究
　　　　特聘专家
章德林　江西中医药大学中医药与大健康发展研究院教授
万晓文　江西中医药大学经济与管理学院副教授

后 记

本书的顺利出版，得益于广大省情研究特聘专家的辛苦劳动和无私奉献，得益于江西人民出版社的鼎力支持和辛勤付出。因篇幅有限，我们仅收录了部分省情研究特聘专家的调研报告。本书中的纰漏、错误之处，恳请社科界同仁和广大读者批评指正。

编者

2022 年 12 月